Dr. phil. Oskar Ruf studierte Philosophie in Paris und Zürich, Psychologie, Germanistik und Religionsgeschichte in Zürich, er lernte am C.-G.-Jung-Institut und anschließend bei den damaligen Daseinsanalytikern (ohne ein Diplom anzustreben) und gehörte zu den ersten privat praktizierenden Gruppentherapeuten in Zürich. Zwischen 1978 und 1986 befaßte er sich vorwiegend mit Reinkarnationstherapie. Er führt seit 25 Jahren eine psychotherapeutische Praxis in Zürich – in den letzten zwölf Jahren in Verbindung mit astrologischer Analyse und Astrologiekursen – und widmet sich heute außerdem therapeutischen Gesprächen mit Klienten, die bereit sind, ihr Leben auf der Basis der Eigenverantwortung zu betrachten. Seine Freizeit dient ihm zum Lesen, Schreiben, Malen, Tanzen und Reisen.

Esoterik

Herausgegeben von Gerhard Riemann

Dieses Buch wurde auf chlor- und säurefreiem Papier gedruckt.

Originalausgabe April 1992

Umschlaggestaltung Peter F. Strauss
Satz DTP ba · br
Druck und Bindung Ebner Ulm
Printed in Germany
ISBN 3-426-86007-4

2 4 5 3 1

Oskar Ruf

Die esoterische Bedeutung der Märchen

Zum Menschenbild in den Königs- und Zaubermärchen

Vorwort von Rüdiger Dahlke

Knaur

Inhalt

Vorwort

Nachdem ich Sie schon vor Jahren im privaten Kreis kennenlernen konnte, ist es mir eine Freude, dieser Arbeit ein Vorwort vorauszuschicken. Oskar Ruf ist damit dankenswerterweise dem Wunsch nachgekommen, seine An- und Einsichten über Märchen vielen zukommen zu lassen. Mir persönlich hat diese Arbeit einen ungleich tieferen Zugang zu den Märchen ermöglicht und darüber hinaus Vertrauen und Verständnis zu den Stufen des Weges und der eigenen Entwicklung gegeben. Ich halte dieses Buch für so wichtig, nicht weil es ein weiteres psychologisches Werk über Märchen wäre, sondern weil die vermittelten Erkenntnisse viel weiter reichen.

Über die Märchen wird der Leser mit den wesentlichen Stationen des Weges konfrontiert auf dem Hintergrund der archetypischen Muster, die die Wurzeln eines jeden Volkes bilden. Der Verdacht, daß Märchen wichtig für die Entwicklung des Kindes sind, erhärten sich zur Gewißheit. Märchen sind Seelennahrung, da sie den Weg beschreiben und dessen Muster dem Bewußtsein einprägen. Aus verschiedenen psychologischen Untersuchungen wissen wir, daß nichts so schädlich für Heranwachsende ist wie Orientierungslosigkeit. Untersucht man Menschen, deren Suche zur Sucht und damit zur Flucht verkommen ist, findet man häufig, daß ihnen der Rahmen für ihren Lebensweg gefehlt hat. Entweder wurden sie so verwöhnt, daß sie keine Frustrationstoleranz erwarben, oder aber so vernachlässigt, daß sie alle Orientierung auf dem Weg entbehrten. Neben Wegweisern fehlte ihnen vor allem der Ausblick auf das Ziel des Lebens. Es wäre eine lohnenswerte Forschungsaufgabe, einmal nachzuprüfen, inwieweit Süchtige und in anderer Hinsicht auf dem Weg Gescheiterte in ihrer Kindheit auf Märchen verzichten mußten. Diese liefern in *unverbesserlicher* Weise Orientierung für die kindliche Seele. Oskar Rufs Arbeit gibt dafür Belege in Fülle.

Als Psychologe schält er aus dem Urmuster der Königs- und Zaubermärchen, wie sie die Brüder Grimm gesammelt haben, Erkenntnisse, die in der Lage sind, unser festgefügtes Weltbild zu erschüttern. Die zerrütteten Verhältnisse in den allermeisten Märchenfamilien werden zum Beispiel als wichtige Absprungbasis für die Helden erkennbar. Die schwierige Rolle der Eltern erscheint in einem neuen Licht. Unter dem Aspekt der Polarität können gerade die an bürgerlichen Kriterien versagenden Eltern zu jenen werden, die ihre Kinder wider Willen auf den Weg zu sich selbst bringen. Die Problematik des Erwachsenwerdens läßt Oskar Ruf im Licht der Übergangsriten archaischer Kulturen, mythologischer Bilder wie der Parzivalgeschichte und der Märchenmuster aufscheinen. Dabei kristallisiert sich ganz automatisch die tiefe Krise heraus, in die wir Modernen geraten sind. Kinder versuchen Kinder zu erziehen in einer Gesellschaft, die aus Verständnismangel für die wirkenden Muster in der Kindlichkeit steckenbleiben muß.

Als Reinkarnationstherapeut folgt der Autor den Märchenhelden über die Niederungen der Tiefenpsychologie hinaus, wie sie in den Sagen und Mythen zum Ausdruck kommt, in Bereiche, die den Namen Höhenpsychologie verdienen. Er läßt uns im Märchenhelden den Menschen erkennen, der mit sich in Einklang gekommen ist, der die Tiefen der eigenen Seele und damit die Tiefenpsychologie überwunden hat. Angstfrei und heiter beschwingt folgt er seinem Weg gemäß seiner Eigenart. Regungen wie Rache und Verbissenheit hat er hinter sich gelassen, die Bestrafung der Bösewichte überläßt er ebenso dem Schicksal, wie er auf die Helfer vertraut, die ihm immer zur rechten Zeit gesandt werden. Als ein Versöhnter tritt er bewußt in den Strom des Schicksals ein und läßt sich treiben. Die Entwurzelung durch seine schwierige Familiensituation wird zum Dünger des Weges. Sie führt ihn in eine heilsame Isolation, ist er doch in der Heimat von aller Unterstützung abgeschnitten. Ohne ein Drama daraus zu machen, macht er sich auf den Weg, und aus der Isolation wird Allverbundenheit. Jeder Hinweis wird von ihm dankbar und demütig aufgegriffen, er vertraut auf sich und sein Schicksal und läßt sich helfen, und so wird ihm geholfen, wann immer er der Hilfe bedarf. Nur so ist es ihm möglich, die Gefahren der Nachtmeerfahrt, die vor ihm wie vor jedem jungen Menschen liegt, zu bewältigen. Er findet schließlich seine andere, »bessere Hälfte« in Gestalt der Königstochter und erringt sein Heil. Ganz am Ende des Weges feiert er die chymische Hochzeit, indem er sich mit seinem weiblichen Seelenanteil, seiner Anima, vermählt.

In dem Maße, wie der Autor den Stationen dieses zeitlosen Weges folgt, entsteht weit mehr als ein Buch über Märchen. Es ist ebenso ein Buch über die verschiedenen Entwicklungsstufen der Psyche wie der Psychologie im allgemeinen und letztlich eines über esoterische Psychologie. Es wird dem Leser sehr anschaulich bewußt, daß es nicht *eine* Wahrheit im wissenschaftlichen Sinne gibt, sondern verschiedene Wahrheiten, die sich auf verschiedene Stationen des Weges beziehen. Erst wenn diese Stationen Schritt für Schritt bewältigt sind, wird der Mensch reif für die eine Wahrheit.

Durch unzählige Querverbindungen von Sagen und Mythologien über moderne Psychotherapierichtungen bis zu Alchemie und Tarot veranschaulicht der Autor die Universalität des Musters »Weg« und zeigt, wie die Märchen dieses letzte Wissen in genial einfacher Form zugleich präsentieren und verbergen. Mitten in der Öffentlichkeit halten sie die höchste Lehre für *hermetisch* geheim, ähnlich wie der Entwicklungsweg des Tarot auf den Spielkarten immer präsent und doch in seiner letzten Tiefe verborgen bleibt.

Der für mich als Therapeut spannendste Teil des Buches ist die Beschäftigung mit den Helfern im Märchen. Ähnlich wie bei den anderen Themen kommt Oskar Ruf auch hier zu radikalen Einsichten, weil er sich nicht scheut, zum Beispiel auf den Spuren der Sprache bis in Wurzelbereiche hinabzusteigen und tiefes Wissen zu fördern oder ganz unverfroren auszusprechen und zu demonstrieren, daß auf dem Erkenntnisweg Bildung *not*wendig ist. Am Beispiel des Froschkönigs zeigt sich die *fragwürdige* Rolle des Therapeuten, die in ihrer Problematik der der Eltern nicht nachsteht. Zum Schluß und nach der Betrachtung des antiken Kunstmärchens »Amor und Psyche« bleibt »nur« die Erkenntnis, daß der Therapeut lediglich helfen kann, »wenn er dem ›wahren Helfer‹ im anderen Menschen ›dient‹«. Dazu ist es *not*wendig, daß er im Dienste des höheren Selbst des Patienten steht.

Da das Märchen das ganze Muster des menschlichen Entwicklungsweges umfaßt, wird es keinem Leser möglich sein, unbetroffen von dieser Thematik zu bleiben. Ich wünsche dem Buch, daß es viele Freunde finde, und uns allen, daß wir es zum Anlaß nehmen, die Märchen und damit unsere Wurzeln und Ziele wiederzuentdecken.

Rüdiger Dahlke

Einleitung

Anhand des Manuskriptes dieses Buches habe ich ein paar Jahre lang Vorlesungen vor einem kleinen Kreis gehalten. Die Anregung zu dieser Arbeit ging aus den Astrologiekursen hervor, die ich zwischen 1980 und 1991 auf der Basis der »Münchner Rhythmenlehre« von Wolfgang Döbereiner hielt. Da ich selber mehrere Jahre Schüler von Wolfgang Döbereiner war und mich in meiner psychotherapeutischen Praxis wie auch als Kursleiter intensiv mit seinem Deutungssystem beschäftigte und es täglich zur Anwendung brauchte, sind einige Begriffe, die Döbereiner neu geschaffen hat, in meinen Sprachschatz eingeflossen und damit auch Bestandteil dieses Buches geworden.

Und nun zu unserem Gegenstand: Durch die Beschränkung auf die Märchen wird der Anspruch auf esoterisches Wissen in Grenzen gehalten. Gleichwohl wird durch die Erforschung des eigentlichen und tieferliegenden Inhaltes der Märchen eine Türe aufgestoßen, die zu wesentlichen Einsichten führt, welche das Bild des Menschen erhellen, der sich auf dem Pfade zum Einssein mit sich und der Welt befindet.

Zu den Grenzen esoterischen Wissens, das hier illustriert werden soll, will ich noch dies sagen: Die benützten Quellen sind jedermann zugänglich, sie sind auch für jeden Interessenten überprüfbar. Es wird hier nichts gesagt, das irgendwie wirklich geheim wäre. Was sich aus den Märchen herauslesen läßt, das kann auch nur relativ geheim sein, es kann durch jeden Forschenden erschlossen werden. Auch wenn der Titel dieses Buches »Die esoterische Bedeutung der Märchen« heißt, wird die Ausbreitung dieser Bedeutung keiner Enthüllung von Geheimnissen gleichkommen.

Unleugbar aber ist in den Märchen (den Königs- und Zaubermärchen, die wir hier betrachten) eine Botschaft enthalten, die mindestens so lange für geheim gelten darf, als sie dem Bewußtsein von uns Menschen verschlossen bleibt. Es muß während der Beschäftigung mit den Märchen einem Kenner der esoterischen Grundprinzipien der Verdacht kommen, solcherart jahrhundertelang überlieferte Erzählungen könnten eine tiefere Weisheit enthalten oder in ihrer ungedeuteten Tiefe etwas bergen, das es wert ist, von Geschlecht zu Geschlecht weitererzählt zu werden. Ja, es drängt sich die Frage auf, ob denn nicht die naive und unverfängliche Form der Erzählungen besonders dafür geeignet sein könnte, eine »hehre Botschaft« durch die Zeiten zu tragen und jenen zugänglich zu machen, die dafür empfänglich sind.

Es würden nicht über Jahrhunderte dieselben Geschichten erzählt, wenn sie nicht etwas enthielten, das die menschliche Seele zentral betrifft und angeht und das sie auch hören will. Dies sind die Gründe, warum die Botschaft der Königs- und Zaubermärchen enträtselt werden soll. Ihr Inhalt und ihre Weisheit mögen gewissen Zeiten oder Gesellschaftsschichten oder gar bestimmten Zivilisationen verschlossen sein. Es ist gleichgültig, wie lange das Wesentliche einer allen Leuten bekannten Erzählform verborgen bleibt. Aber irgendwann einmal beginnt eine völlig neue Aufmerksamkeit.

Und seit diese Erzählungen aufgeschrieben waren, wurden sie zur Literatur, genauer zur Volksliteratur, stellten die Märchen Lesestoff dar. Davor waren sie nur

Hörstoff. Jene, welche diese Art Literatur ins Leben riefen, ordneten sie zugleich. Sie ordneten und »versorgten« diese Geschichten. Die Gebrüder Grimm versorgten sie in einer Schatulle mit dem Namen »Kinder- und Hausmärchen«. Dieses Ordnen entspringt nicht nur einem Sammeltrieb, sondern vor allem einer wissenschaftlichen Neugierde, wenngleich die geistige Grundlage dafür im romantischen Lebensgefühl und seiner Dichtkunst lag, welchen die Welt der Märchen verwandt schien.

Die Märchen wurden dem überlieferten Erzählen entrissen. Durch das Aufschreiben der Märchen entstanden sie als Literatur und sind damit der Forschung innerhalb verschiedener Disziplinen zugänglich. Sie erhielten eine völlig neue Dimension. Nur was geschrieben steht, wird der wissenschaftlichen Analyse zugänglich. Es verfällt der Interpretation. Denn eigentlich werden Märchen – wie schon gesagt – erzählt, nicht interpretiert. Deuten und Auslegen ist das Geschäft jener, die nicht mehr unmittelbaren Zugang haben. Zu diesen gehören wir heutigen Leser der Märchen.

Wesentliche Anregungen für unsere Betrachtung des esoterischen Gehaltes der Märchen verdanken wir der wissenschaftlichen Erforschung der Märchen. Dabei handelt es sich vor allem um eine literaturkundliche Quelle, welche wir noch hinreichend erwähnen werden. Diese ist dem Geheimnis der Märchen, wie es hier entborgen werden soll, kaum auf der Spur. Sie untersucht vielmehr, wie diese Art von Volksliteratur gebaut ist. Diese von uns benutzte Analyse vertritt also andere Anliegen, als wir sie hier verfolgen. Und doch arbeitet sie uns fruchtbar in die Hand.

Märchen bergen geheimes Wissen. Dies ist für uns gewiß. Und doch hat dies wiederum nur eine relative Geltung. Wer über ein – nicht einmal allzu großes –

esoterisches Wissen verfügt und Märchen liest, findet darin Teile dieses Wissens wieder. Wer jedoch ohne diesen Hintergrund Märchen liest, der wird vermutlich durch die Lektüre allein nicht auf die Esoterik stoßen. Treibt er seine Erforschung der Märchen genügend weit voran, wird er auf alte Mythen und Mythologien stoßen, zu denen in den Märchen ohne Zweifel Analogien vorliegen. Diese Ähnlichkeiten werden uns hauptsächlich beschäftigen. Damit wäre in gewisser Weise ein religionsgeschichtlicher Zusammenhang aufgezeigt, aber immer noch kein esoterischer. Ob also die Märchen geheimes Wissen bergen, diese Frage kann nur relativ zum Leser und zu dessen Bewußtsein beantwortet werden. Der Esoteriker sieht eben in den Märchen einen Niederschlag seines Wissens.

Ist nun also das Geheimnis mit Absicht in diese Erzählform verborgen worden? Lassen wir die Frage offen. Der Leser möge sich am Ende der Lektüre die Antwort selber geben.

Die Botschaft, die wir in den Märchen finden, bleibt allerdings einer solchen Betrachtung verborgen, die in dieser Literatur nur für Kinder gedachte Erzählungen sehen will. Diese Haltung gehört zum Zeitalter der rationalen Aufklärung. Im neunzehnten Jahrhundert haben die Gebrüder Grimm in ihrer eigenen Gegenbewegung gegen den Rationalismus der Volksliteratur zum Durchbruch verholfen.

Die Sammlung der deutschen Volksmärchen war ein Signal. Ein weltweites Sammeln der Märchen begann und ist noch keineswegs abgeschlossen. Es kommt aber noch etwas anderes hinzu. Es bedurfte der Wiederentdeckung der Märchen als einer von uns Erwachsenen ernst zu nehmenden Aussage. Daran waren die Psychologen ebensosehr wie die Volkskundler und Literaturwissenschaftler beteiligt. Jede dieser Disziplinen vergegenwärtigt aber gesonderte Interessen. Die esoterische Deutung der Märchen meint, ein darüber hinausführendes Unternehmen zu sein, versteht sich gewissermaßen als Betrachtung der Märchen vom höchsten einzunehmenden Standort aus, gleichgültig, ob die hier vorliegende Deutung ihre Fehler haben mag. Nun will jede Wissenschaft den Gegenstand, den sie bearbeitet, für sich in Anspruch nehmen. Das ist kein Fehler. Auch hier soll kein Alleinanspruch geltend gemacht werden. Aus esoterischer Sicht hat ohnehin alles eine siebenfache Bedeutung. Deshalb reden wir Menschen so gerne aneinander vorbei, weil wir davon ausgehen, alle würden dieselbe Bewußtseinsebene einnehmen.

Die starke Position der heutigen psychologischen Deutung der Märchen soll nicht unerwähnt bleiben. Sie sieht in den Märchen Spiegelbilder unserer seelischen Verfassungen und Entwicklungen. Unsere Betrachtung ist damit verwandt und wiederum anders. Für uns sind die Märchen eine Fundgrube für ein Menschenbild. Dieses beschäftigt uns. Diesem wollen wir auf der Spur sein. Die Königs- und Zaubermärchen enthalten es, und es ist ein sehr hohes Bild des Menschen. Dieses hohe Bild ist nicht jenes der Tiefenpsychologie. Wir müßten dafür eher das Wort »Höhenpsychologie« schaffen, denn wir gelangen bei der Zeichnung dieses Menschenbildes auf eine gewisse Höhe. Diese entspricht dem esoterischen Denken, welches eine Höhenlage einnimmt, von der aus Über- und Weitsicht gegeben ist. Aus dieser Höhe läuten die Glocken nicht alles zu Tale, eine gewisse Verschwiegenheit gehört zu ihr. So wie auch der Bergler nicht der Gesprächigste ist. Die naive und unverfängliche Erzählform der Märchen entspricht in ihrer Kürze und Knappheit dieser Höhenlage.

Und nun noch ein Wort über die Esoterik. Esoterik ist immer zweierlei: eine Lehre und ein Weg. Die Lehre entspricht einer relativ einfachen Einsicht. Der Weg aber ist deren Vollzug. Wenn auch die Lehre in ihren Grundzügen – nicht in ihrem gesamten Bau – einfach und verständlich ist, so braucht es doch eine seelische Empfänglichkeit dafür. Es ist eine innere Vorbereitung nötig. Damit ist nicht eine intellektuelle Bereitschaft gemeint. Es braucht ein offenes Herz. Die Botschaft der Märchen ist herzzentriert. Sie hat einen hochdynamischen Charakter. Sie bewegt, sie will in Bewegung setzen, sie will uns auf den Weg bringen.

Wir beginnen nun, die Türe aufzustoßen, welche auf ihre Weise in die Esoterik führt. Ich spreche zum Herzen des Lesers, wenngleich der Verstand dabei nicht zu kurz kommen wird. Ansprache an das Herz des Lesers sei dieses Buch, es soll das Zentrum unseres Lebens in Anspruch nehmen. Dies geschehe nicht aus der Eitelkeit des Autors, sondern im Dienste der Botschaft, welche die Märchen wohl verschlossen (eukalyptisch, damit also heilsam) beherbergen. Wir begeben uns nun in ihr verschlossenes Reich, in ihr verzaubertes Schloß, und wir wollen es entzaubern, wir wollen ihre Botschaft aus dem jahrhundertelangen Dornröschenschlaf wecken.

Erster Teil

Der Teufel mit den drei goldenen Haaren

oder

das Gelingen des Erwachsenwerdens

1 Das Licht in der Finsternis

Text des Märchens »Der Teufel mit den drei goldenen Haaren«

Es war einmal eine arme Frau, die gebar ein Söhnlein, und weil es eine Glückshaut um hatte, als es zur Welt kam, so ward ihm geweissagt, es werde im vierzehnten Jahr die Tochter des Königs zur Frau haben. Es trug sich zu, daß der König bald darauf ins Dorf kam, und niemand wußte, daß es der König war, und als er die Leute fragte, was es Neues gäbe, so antworteten sie: »Es ist in diesen Tagen ein Kind mit einer Glückshaut geboren: was so einer unternimmt, das schlägt ihm zum Glück aus. Es ist ihm auch vorausgesagt, in seinem vierzehnten Jahre solle er die Tochter des Königs zur Frau haben.« Der König, der ein böses Herz hatte und über die Weissagung sich ärgerte, ging zu den Eltern, tat ganz freundlich und sagte: »Ihr armen Leute, überlaßt mir euer Kind, ich will es versorgen.« Anfangs weigerten sie sich, da aber der fremdc Mann schweres Geld dafür bot und sie dachten: Es ist ein Glückskind, es muß doch zu seinem Besten ausschlagen, so willigten sie endlich ein und gaben ihm das Kind.

Der König legte es in eine Schachtel und ritt damit weiter, bis er zu einem tiefen Wasser kam; da warf er die Schachtel hinein und dachte: Von dem unerwarteten Freier habe ich meiner Tochter geholfen. Die Schachtel aber ging nicht unter, sondern schwamm wie ein Schiffchen, und es drang auch kein Tröpfchen Wasser hinein. So schwamm sie bis zwei Meilen von des Königs Hauptstadt, wo eine Mühle war, an dessen Wehr sie hängenblieb. Ein Mahlbursche, der glücklicherweise dastand und sie bemerkte, zog sie mit einem Haken heran und meinte große Schätze zu finden, als er sie aber aufmachte, lag ein schöner Knabe darin, der ganz frisch und munter war. Er brachte ihn zu den Müllersleuten, und weil diese keine Kinder hatten, freuten sie sich und sprachen: »Gott hat es uns beschert.« Sie pflegten den Findling wohl, und er wuchs in allen Tugenden heran.

Es trug sich zu, daß der König einmal bei einem Gewitter in die Mühle trat und die Müllersleute fragte, ob der große Junge ihr Sohn wäre. »Nein«, antworteten sie, »es ist ein Findling, er ist vor vierzehn Jahren in einer Schachtel ans Wehr geschwommen, und der Mahlbursche hat ihn aus dem Wasser gezogen.« Da merkte der König, daß es niemand anders als das Glückskind war, das er ins Wasser geworfen hatte, und sprach: »Ihr guten Leute, könnte der Junge nicht einen Brief an die Frau Königin bringen, ich will ihm zwei Goldstücke zum Lohne geben?« – »Wie der König gebietet«, antworteten die Leute und hießen den Jungen sich bereithalten. Da schrieb der König einen Brief an die Königin, worin stand: »Sobald der Knabe mit diesem Schreiben angelangt ist, soll er getötet und begraben werden, und das alles soll geschehen sein, ehe ich zurückkomme.«

Der Knabe machte sich mit diesem Briefe auf den Weg, verirrte sich aber abends in einen großen Wald. In der Dunkelheit sah er ein kleines Licht, ging darauf zu und gelangte zu einem kleinen Häuschen. Als er hineintrat, saß eine alte Frau beim Feuer ganz allein. Sie erschrak, als sie den Knaben erblickte, und sprach: »Wo kommst du her, wo willst du hin?« – »Ich komme von der Mühle«, antwortete er, »und will zur Frau Königin, der ich einen Brief bringen soll; weil ich mich aber in dem Walde verirrt habe, so wollte ich hier gerne übernachten.« – »Du armer Junge«, sprach die Frau, »du bist in ein Räuberhaus geraten, und wenn sie heimkommen, so bringen sie dich um.« – »Mag kommen, wer will«, sagte der Junge, »ich fürchte mich nicht: ich bin aber so müde, daß ich nicht weiter kann«, streckte sich auf eine Bank und schlief ein. Bald hernach kamen die Räuber und fragten zornig, was da für ein fremder Knabe läge. »Ach«, sagte die Alte, »es ist ein unschuldiges Kind, es hat sich im Walde verirrt, und ich habe ihn aus Barmherzigkeit aufgenommen: er soll einen Brief an die Frau Königin bringen.« Die Räuber erbrachen den Brief und lasen ihn, und es stand darin, daß der Knabe sogleich, wie er ankäme, sollte ums Leben gebracht werden. Da empfanden die hartherzigen Räuber Mitleid, und der Anführer zerriß den Brief und schrieb einen anderen, und es stand darin, sowie der Knabe ankäme, sollte er sogleich mit der Königstochter vermählt werden. Sie ließen ihn liegen, und als er aufgewacht war, gaben sie ihm den Brief und zeigten ihm den rechten Weg. Die Königin aber, als sie den Brief empfangen und gelesen hatte, tat, wie es darin stand, hieß ein prächtiges Hochzeitsfest anstellen, und die Königstochter ward mit dem Glückskind vermählt; und da der Jüngling schön und freundlich war, so lebte sie vergnügt und zufrieden mit ihm.

Nach einiger Zeit kam der König wieder in sein Schloß und sah, daß die Weissagung erfüllt und das Glückskind mit seiner Tochter vermählt war. »Wie ist das zugegangen?« sprach er, »ich habe in meinem Brief einen ganz anderen Befehl erteilt.« Da reichte die Königin den Brief und sagte, er möchte selbst sehen, was darin stände. Der König las den Brief und merkte wohl, daß er mit einem anderen war vertauscht worden. Er fragte den Jüngling, wie es mit dem anvertrauten Briefe zugegangen wäre, warum er einen anderen dafür gebracht hätte. »Ich weiß von nichts«, antwortete er, »er muß mir in der Nacht vertauscht sein, als ich im Walde geschlafen habe.« Voll Zorn sprach der König: »So leicht soll es dir nicht werden; wer meine Tochter haben will, der muß mir aus der Hölle drei goldene Haare von dem Haupte des Teufels holen; bringst du mir, was ich verlange, so sollst du meine Tochter behalten.« Damit hoffte der König ihn auf immer loszuwerden. Das Glückskind aber antwortete: »Die drei goldenen Haare will ich wohl holen, ich fürchte mich vor dem Teufel nicht.« Darauf nahm er Abschied und begann seine Wanderschaft.

Der Weg führte ihn zu einer großen Stadt, wo ihn der Wächter an dem Tore ausfragte, was für ein Gewerbe er verstünde und was er wüßte. »Ich weiß alles«, antwortete das Glückskind. »So kannst du uns einen Gefallen tun«, sagte der Wächter, »wenn du uns sagst, warum unser Marktbrunnen, aus dem sonst Wein quoll, trocken geworden ist und nicht einmal mehr Wasser gibt.« – »Das sollt ihr erfahren«, antwortete er, »wartet nur, bis ich wiederkomme.« Da ging er weiter und kam vor eine andere Stadt, da fragte der Torwächter wiederum, was für ein Gewerbe er verstünde und was er wüßte. »Ich weiß alles«, antwortete er. »So kannst du uns einen Gefallen tun und und sagen, warum ein Baum in unserer Stadt, der sonst goldene Äpfel trug, jetzt nicht einmal Blätter hervortreibt.« – »Das sollt ihr erfahren«, antwortete er, »wartet nur, bis ich wiederkomme.« Da ging er weiter und kam an ein großes Wasser, über das er hinüber mußte. Der Fährmann fragte ihn, was er für ein Gewerbe verstünde und was er wüßte. »Ich weiß alles«, antwortete er. »So kannst du mir einen Gefallen tun«, sprach der Fährmann, »und mir sagen, warum ich immer hin und her fahren muß und niemals abgelöst werde.« – »Das sollst du erfahren«, antwortete er, »warte nur, bis ich wiederkomme.«

Als er über das Wasser hinüber war, so fand er den Eingang zur Hölle. Es war schwarz und rußig darin, und der Teufel war nicht zu Hause, aber seine Ellermutter saß da in einem breiten Sorgenstuhl. »Was willst du?« sprach sie zu ihm, sah aber gar nicht so böse aus. »Ich wollte gerne drei goldene Haare von des Teufels Kopf«, antwortete er, »sonst kann ich meine Frau nicht behalten.« – »Das ist viel verlangt«, sagte sie, »wenn der Teufel heimkommt und findet dich, so geht dir's an den Kragen; aber du dauerst mich, ich will sehen, ob ich dir helfen kann.« Sie verwandelte ihn in eine Ameise und sprach: »Kriech in meine Rockfalten, da bist du sicher.« – »Ja«, antwortete er, »das ist schon gut, aber drei Dinge möchte ich gerne noch wissen: Warum ein Brunnen, aus dem sonst Wein quoll, trocken geworden ist, jetzt nicht einmal mehr Wasser gibt; warum ein Baum, der sonst goldene Äpfel trug, nicht einmal mehr Laub treibt; und warum ein Fährmann immer herüber und hinüber fahren muß und nicht abgelöst wird.« – »Das sind schwere Fragen«, antwortete sie, »aber halte dich nur still und ruhig, und hab acht, was der Teufel spricht, wenn ich ihm die drei goldenen Haare ausziehe.«

Als der Abend einbrach, kam der Teufel nach Hause. Kaum war er eingetreten, so merkte er, daß die Luft nicht rein war. »Ich rieche, rieche Menschenfleisch«, sagte er, »es ist hier nicht richtig.« Dann guckte er in alle Ecken und suchte, konnte aber nichts finden. Die Ellermutter schalt ihn aus. »Eben ist erst gekehrt«, sprach sie, »und alles in Ordnung gebracht, nun wirfst du mir's wieder untereinander; immer hast du Menschenfleisch in der Nase. Setze dich nieder und iß dein Abendbrot.« Als er gegessen und getrunken hatte, war er müde, legte der Ellermutter seinen Kopf in den Schoß und sagte, sie solle ihn ein wenig lausen. Es dauerte nicht lange, so schlummerte er ein, blies und schnarchte. Da faßte die Alte ein goldenes Haar, riß es aus und legte es neben sich. »Autsch«, rief der Teufel, »was hast du vor?« – »Ich habe einen schweren Traum gehabt«, antwortete die Ellermutter, »da habe ich dir in die Haare gefaßt.« – »Was hat dir denn geträumt?« fragte der Teufel. »Mir hat geträumt, ein Marktbrunnen, aus dem sonst Wein quoll, sei versiegt, und es habe nicht einmal Wasser daraus quellen wollen, was ist wohl schuld dran?« – »He, wenn sie's wüßten«, antwortete der Teufel, »es sitzt eine Kröte unter einem Stein im Brunnen; wenn sie die töten, so wird der Wein schon wieder fließen.« Die Ellermutter lauste ihn wieder, bis er einschlief und schnarchte, daß die Fenster zitterten. Da riß sie ihm das zweite Haar aus. »Hu. Was machst du?« schrie der Teufel zornig. »Nimm's nicht übel«, antwortete sie, »ich habe es im Traume getan.« – »Was hat dir wieder geträumt?« fragte er. »Mir hat geträumt, in einem Königreiche stände ein Obstbaum, der hätte sonst goldene Äpfel getragen und wollte jetzt nicht einmal Laub treiben. Was war wohl die Ursache davon?« – »He, wenn sie's wüßten«, antwortete der Teufel, »an der Wurzel nagt eine Maus; wenn sie die töten, so wird er schon wieder goldene Äpfel tragen, nagt sie aber noch länger, so verdorrt der Baum gänzlich. Aber laß mich mit deinen Träumen in Ruhe; wenn du mich noch einmal im Schlafe störst, so kriegst du eine Ohrfeige.« Die Ellermutter sprach gut zu ihm und lauste ihn wieder, bis er eingeschlafen war und schnarchte. Da faßte sie das dritte goldene Haar und riß es ihm aus. Der Teufel fuhr in die Höhe, schrie und wollte übel mit ihr wirtschaften, aber sie besänftigte ihn noch einmal und sprach: »Wer kann für böse Träume?« – »Was hat dir denn geträumt?« fragte er und war doch neugierig. »Mir hat von einem Fährmann geträumt, der sich beklagte, daß er immer hin und her fahren müsse und nicht abgelöst würde. Was ist wohl schuld?« – »He, der Dummbart«, antwortete der Teufel, »wenn einer kommt und will überfahren, so muß er ihm die Stange in die Hand geben, dann muß der andere überfahren, und er ist frei.« Da die Ellermutter ihm die drei goldenen Haare ausgerissen hatte und die drei Fragen beantwortet waren, so ließ sie den alten Drachen in Ruhe, und er schlief, bis der Tag anbrach.

Als der Teufel wieder fortgezogen war, holte die Alte die Ameise aus der Rockfalte und gab dem Glückskind die menschliche Gestalt zurück. »Da hast du die drei goldenen Haare«, sprach sie, »was der Teufel zu deinen drei Fragen gesagt hat, wirst du wohl gehört haben.« – »Ja«, antwortete er, »ich habe es gehört und will's wohl behalten.« – »So ist dir geholfen«, sagte sie, »und nun kannst du deiner Wege ziehen.« Er bedankte sich bei der Alten für die Hilfe in der Not, verließ die Hölle und war vergnügt, daß ihm alles so wohl geglückt war.

Als er zu dem Fährmann kam, sollte er ihm die versprochene Antwort geben. »Fahr mich erst hinüber«, sprach das Glückskind, »so will ich dir sagen, wie du erlöst wirst«, und als er auf dem jenseitigen Ufer angelangt war, gab er ihm des Teufels Rat: »Wenn wieder einer kommt und will übergefahren sein, so gib ihm nur die Stange in die Hand.« Er ging weiter und kam zu der Stadt, worin der unfruchtbare Baum stand und wo der Wächter auch Antwort haben wollte. Da sagte er ihm, wie er vom Teufel gehört hatte: »Tötet die Maus, die an seiner Wurzel nagt, so wird er wieder goldene Äpfel tragen.« Da dankte ihm der Wächter und gab ihm zur Belohnung zwei mit Gold beladene Esel, die mußten ihm nachfolgen. Zuletzt kam er zu der Stadt, deren Brunnen versiegt war. Da sprach er zu dem Wächter, wie der Teufel gesprochen hatte: »Es sitzt eine Kröte im Brunnen unter einem Stein, die müßt ihr aufsuchen und töten, so wird er wieder reichlich Wein geben.« Der Wächter dankte und gab ihm ebenfalls zwei mit Gold beladene Esel.

Endlich langte das Glückskind daheim bei seiner Frau an, die sich herzlich freute, als sie ihn wiedersah und hörte, wie wohl ihm alles gelungen war. Dem König brachte er, wie er verlangt hatte, die drei goldenen Haare des Teufels, und als dieser die vier Esel mit dem Golde sah, ward er ganz vergnügt und sprach: »Nun sind alle Bedingungen erfüllt, und du kannst meine Tochter behalten. Aber, lieber Schwiegersohn, sage mir doch, woher ist das viele Gold? Das sind ja gewaltige Schätze.« – »Ich bin über einen Fluß gefahren«, antwortete er, »und da habe ich es mitgenommen, es liegt dort statt des Sandes am Ufer.« – »Kann ich mir auch davon holen?« sprach der König und war ganz begierig. »Soviel Ihr nur wollt«, antwortete er, »es ist ein Fährmann auf dem Fluß, von dem laßt Euch überfahren, so könnt Ihr drüben Eure Säcke füllen.« Der habgierige König machte sich in aller Eile auf den Weg, und als er zu dem Fluß kam, so winkte er dem Fährmann, der sollte ihn übersetzen. Der Fährmann kam und hieß ihn einsteigen, und als sie an das jenseitige Ufer kamen, gab er ihm die Ruderstange in die Hand und sprang davon. Der König aber mußte von nun an fahren zur Strafe für seine Sünden.

»Fährt er wohl noch?« – »Was denn? Es wird ihm niemand die Stange abgenommen haben.«

(Aus den »Kinder- und Hausmärchen« der Gebrüder Grimm, Nr. 29.)

Dem hier vorliegenden Deutungsversuch zum Geleit:

Volksmärchen gehören dem Volk. Sie sind unser aller Besitz. Ihr Schatz an Wissen ist zwar verborgen, aber nicht elitär. Das Menschenbild in den Volksmärchen, besonders in den Königs- und Zaubermärchen, enthüllt eine Daseinsform, die für uns eine höhere Schwingung vorsieht, als wir in unserer materiellen Verstricktheit zu ahnen wagten. Dies ist der verborgene Schatz im Besitze des Volkes.

Nachdem wir das Märchen gelesen haben, gilt es, sich eine gewisse Übersicht zu verschaffen, indem wir es in einer Kurzfassung noch einmal an unserem inneren Auge vorüberziehen lassen.

Armen Leuten wird ein Sohn geboren, dem geweissagt wird. Es handelt sich um eine glückliche Weissagung, nämlich, daß er in seinem vierzehnten Jahre die Tochter des Königs zur Frau bekommen werde. Der König, der sich inkognito das Kind kauft, um es zu vernichten, wirft es in einer Schachtel in den Fluß. Es bleibt aber erhalten und wird von Müllersleuten aufgezogen. Der König begegnet dem Jungen ein zweites Mal, als dieser vierzehn Jahre alt ist. Er schickt ihn mit einem Brief ins Schloß, in welchem geschrieben steht, man solle ihn gleich töten. Der Junge verirrt sich im Walde, übernachtet bei den Räubern, die ihm nichts antun, aber seinen Brief gegen einen neuen austauschen, worin die Weissagung als Befehl steht. Am Königshofe wird der Jüngling mit der Königstochter vermählt.

Dies ist der erste Teil des Märchens. Nun kommt der zweite Teil. Der König kehrt zurück, stellt fest, daß sich die Weissagung erfüllte und nicht sein Vernichtungsplan. Er läßt das, was sich ereignet hat, nicht gelten. Er will also alles rückgängig machen und seinen verhaßten Schwiegersohn loswerden, indem er ihm eine Aufgabe stellt, die er dafür auszuführen hat, daß er seine Frau behalten darf. Der König nimmt an, daß der junge Mann davon nicht zurückkehren werde. Er muß in die Hölle absteigen und drei goldene Haare vom Haupte des Teufels holen. Der junge Mann macht sich furchtlos auf, diese Aufgabe zu erfüllen. Er erhält unterwegs gleich noch drei weitere Aufträge, bewältigt alle Prüfungen mit Hilfe der Großmutter des Teufels und kehrt mit den drei goldenen Haaren und goldüberhäuft zurück. Nun muß der König ihm seine Tochter überlassen. Aus Gier nach solchen Schätzen, wie der junge Mann sie mitbringt, geht der König zuletzt selber den Weg, auf den er den Tochtermann geschickt hatte. Der König aber kehrt davon nicht mehr zurück.

Wir können uns auch eine andere Kurzfassung denken, zum Beispiel wie sie von Walter Scherf in seinem »Lexikon der Zaubermärchen« vorliegt, aber darauf können wir hier nicht eingehen. Es kommt immer darauf an, was man in der Kurzfassung darstellen will, was man betont, worauf man den Finger hält, wir gehen jetzt hier unseren eigenen Weg der Betrachtung. Das Märchen hat zwei Teile, und in beiden Teilen geht es um die glückliche Überwindung einer Todesgefahr. Im ersten Teil haben wir zwei Anschläge des Königs auf das Leben des Knaben, einmal als er ihn in der Schachtel in den Fluß wirft, und dann, als er ihn mit dem Brief ins Schloß schickt.

Im zweiten Teil handelt es sich um den Weg in die Hölle. Dieser Weg könnte ein Weg in die Vernichtung sein, wie die zwei vorangegangenen, aber auch von der Bedeutung des Ortes her gesehen. Es ist ja ein Ort der

Illustration von Otto Ubbelohde aus der Ausgabe der Grimmschen Märchen, Marburg 1922, zu »Der Teufel mit den drei goldenen Haaren«. Das in der Schachtel daherschwimmende Glückskind wird vor einer Mühle gerettet.

Toten. Doch es ist ein Ort der Vernichtung des Menschenfleisches, das der Teufel dauernd in der Nase hat. Wenn der Teufel sagt: »Ich rieche, rieche Menschenfleisch«, so ist er ein Menschenfresser. Er tritt als »Sarkophagos« auf, also nicht als Seelenvernichter, sondern als Fleischfresser. Der griechische Vorgänger des Teufels ist der Unterweltsgott Hades, der war ein einfacher Gott des Todes. »Sarx« ist das Fleisch am Körper, »phagein« heißt essen/fressen. Der Herrscher der Unterwelt ist hier also der Fleischvernichter. – In diesem Zusammenhang und was den Namen des Unterweltgottes betrifft, so dürfen wir auch der Stelle im Märchentext Beachtung schenken, an der die Ellermutter den Teufel mit den Worten beschimpft: »Eben ist erst gekehrt und alles in Ordnung gebracht, nun wirfst du mir's wieder untereinander.« Diese Textstelle ist wirklich beachtlich, heißt doch der Teufel der »Untereinanderwerfer«. Der »Diabolos«, le diable, das ist der Durcheinanderwerfer, von griechisch »dia« (durch) und »ballein« (werfen). In der Ordnung der Ellermutter hat der Mensch Platz, ja auf eine äußerst heilsame Art und Weise Spielraum, während der Teufel diese Ordnung durcheinanderwirft, bei ihm hat der Mensch keinen Raum, er ist hinter ihm her.

Das Grundthema in beiden Teilen des Märchens, von denen wir eben sprachen, besteht darin, daß der Held in Todesgefahr gerät. Aber gerade dadurch gelangt der Märchenheld zu einem volleren, höheren Dasein. *Das Märchen vom Glückskind* armer Eltern, das den Aufstieg zum Königtum erlebt und allen Gefahren unterwegs trotzt, wird hier beispielhaft erzählt.

Schon bei dem ersten Tötungsversuch, einem Motiv, das wir auch aus anderen Quellen kennen – worauf wir zurückkommen werden –, ist die schicksalhafte Gabe, feindlichen Mächten zu widerstehen, exemplarisch dar-

Illustration von Otto Ubbelohde zu »Der Teufel mit den drei goldenen Haaren«. Die Ellermutter laust den Teufel nach dem Nachtessen und rupft ihm, während er schläft, dreimal ein goldenes Haar aus. Sie tut dies für das Glückskind. Es gehört zum Glückskind, auch in der Unterwelt seine Helfer zu haben.

gestellt. Der Märchenheld wird in einem Kistchen ins Wasser gestoßen, damit er darin umkomme, ohne daß sein Mörder sich dabei die Hände beschmutzt. Aber das Wasser, das für den kleinen Jungen tödlich sein müßte, schwemmt die Schachtel wieder an Land, bringt das Kind zurück, zurück ins Leben. Das Wasser will das Kind gar nicht. Wir werden später sehen, daß damit etwas ganz Bestimmtes dargestellt wird, nämlich daß der Märchenheld mit einer Wesensverfassung auf die Welt kommt, die darin besteht, daß das Wasser bereits überwunden ist. Das verschlingende Element Wasser hat keine Macht mehr über ihn, es trägt ihn. – Nun sagt Max Lüthi, der Zürcher Märchenforscher, den ich im dritten Teil noch näher vorstellen werde, es handle sich hier um eine Art »Auferstehung aus dem Dunkeln zum Licht, aus dem Tode zum Leben«, womit das Leben unseres Märchenhelden gleich nach der Geburt gekennzeichnet ist. Die Nähe zum Tode macht das heroische Dasein aus. Dies kommt in unserem Märchen mehrmals überdeutlich zum Ausdruck. Es ist ein Motiv, das auch außerhalb der Märchenliteratur in Erzählungen und Geschichten vorkommt, von denen wir sagen können, daß wir in ihnen initiatische Inhalte wiedererkennen. Wir werden im Verlauf unserer Untersuchung solche Literatur kennenlernen.

Auch dem Wasser und der in den Fluß geworfenen Schachtel werden wir wiederbegegnen. Ich kenne zum Beispiel die Lebensgeschichte eines heute lebenden, wirklich initiierten Mannes, der schon bei der katholischen Taufe ins Taufbecken fallen gelassen wurde und später wiederholt in Bäche und Flüsse fiel und fast ertrank und immer wieder wie durch ein Wunder gerettet wurde. Auch mit Wassereinbrüchen im Haus oder in Hotels, wo er gerade wohnte, wurde er immer wieder konfrontiert.

In der Grimmschen Wiedergabe unseres Märchens

folgt die nächste Lebensbedrohung. Max Lüthi sagt, der König schreibe einen sogenannten Urias-Brief. Im Alten Testament scheibt König David an den Kriegshauptmann: »Stellt Uria an den Streit, da er am härtesten ist, und wendet hinter ihm euch ab, daß er erschlagen wird.« Und Uria, den der König beseitigen will, um die Liebschaft mit dessen Frau nicht aufgeben zu müssen, wird tatsächlich erschlagen. Der König des Märchens schreibt, sobald der Knabe mit diesem Schreiben eintreffe, solle er getötet und begraben werden.

Aber er wird gerettet, und zwar ausgerechnet durch Räuber, durch jene also, die eigentlich von ihrer Existenz her für den Helden eine Bedrohung sein müßten. Räuber und Mörder werden in Märchen öfter zu Rettern. »Es ist, als ob ein inneres Gesetz die Dinge in ihr Gegenteil umschlagen ließe«, schreibt Max Lüthi. Während der Knabe vertrauensvoll schläft, wird sein Todesurteil umgeschrieben. Im Schlafe – ohne sein Zutun – ereignet sich sein Heil. Das erinnert an das Sprichwort »Den Seinen gibt's der Herr im Schlafe«. Es fällt auf, daß der Junge immer dann, wenn er auf eine Gefahr aufmerksam gemacht wird, wie zum Beispiel durch die alte Frau im Räuberhause, antwortet: »Mag kommen, wer will, ich fürchte mich nicht«, und daß er seinem Schwiegervater sagt: »Die goldenen Haare will ich wohl holen, ich fürchte mich vor dem Teufel nicht«, oder daß er auch gegenüber den Warnungen der Großmutter des Teufels keinerlei Angst zeigt.

Angstlosigkeit ist ein Kennzeichen des wahren Helden. Das ist ein Satz, den wir an dieser Stelle noch unauffällig einschieben, weil er sich aus dem Zusammenhange ergibt. Warum dies aber so ist, können wir jetzt nicht überlegen, wir stellen einfach fest, daß es so ist.

Anstelle der Angst steht beim jungen Helden vielmehr

eine heitere Zuversicht. Diese spricht nicht nur aus diesem Märchen. Sie ist in allen Zauber- und Königsmärchen zu Hause. Sie wird uns ebenfalls noch des näheren beschäftigen.

Wir können jetzt erst einmal feststellen, daß der Held im Märchen von Anfang an in einer *furchtlosen Todesnähe* beschrieben wird. Max Lüthi verweist bezüglich des Urias-Briefes auf die dänische Hamlet-Chronik, worin der dänische König Fengo den Prinzen Hamlet durch zwei Höflinge nach England begleiten läßt, welche Runentafeln bei sich führen, worauf geschrieben steht, der König von Britannien solle den Jüngling, den man ihm schicke, töten. Auf der Reise, während die Begleiter schlafen, untersucht der Jüngling deren Gepäck und findet den Auftrag. Er schabt das Geschriebene aus und setzt dafür den Auftrag ein, daß die Begleiter getötet werden sollen, und fügt die Bitte hinzu, der Jüngling möge des Königs Tochter zur Gemahlin erhalten. In England angekommen, geschieht es so, wie geschrieben steht. – Das Märchenschema findet sich hier wieder: Anstelle des Todes ereignet sich das Fest des Lebens. Nur ist der dänische Held seines Schicksals eigener Schmied, während unser Märchenheld in all den verschiedenen Fassungen dieses Motivs ein Begnadeter, ein Begabter ist. Es geschieht ihm Heil ohne sein Dazutun. – Wir werden im Laufe unserer Betrachtungen der Märchen sehen, ob mit diesem Begnadetsein so etwas wie Gnade im christlichen Sinne gemeint ist oder ob wir damit etwas ganz anderes bezeichnen müssen. Unser Thema ist im Augenblick dasjenige der Verkehrung ins Gegenteil. Das ist aber zugleich die Wendung zum Besseren, die glückliche Wende oder, wie Max Lüthi sagt, das *Umschlagen ins Gegenteil.*

Das Umschlagen ins Gegenteil ist eines der großen Themen der Märchen. Damit sind die Märchen Quelle der

Einsicht in völlig andere Lebenszusammenhänge und Gesetzmäßigkeiten, als sie vielleicht von ihrer äußeren Form her suggerieren. Sie sind Quelle der Einsicht in ein Leben ganz anderer Art, und dies ist das Überraschende für uns. – Darum noch einmal: Wo Tod droht, da wird das Leben gefeiert (Hochzeit), und anstelle von Strafe ergibt sich der höchste Lohn, oder weil der Held sich verirrt, findet er die richtigen Helfer. Das Falsche führt zum Richtigen. Das Mißgeschick, im Walde den Räubern in die Hände zu laufen, würde jeden anderen gnadenlos umbringen, den Märchenhelden aber nicht. Wenn ihm dies geschieht, erweist es sich als das größte Glück. *Böses führt zu Gutem.* Das ist ein in den Märchen wiederkehrendes Moment. Leiden und Todesnähe sind ein Durchgang zu höherem Leben. Unser Gewährsmann, Max Lüthi, formuliert dies ausdrücklich: »Das Märchen glaubt daran, daß es die Bestimmung der Gefahr, des Dunkels, des Übels sei, den Menschen emporzuführen ins Licht.« Auch auf diese Aussage werden wir zurückkommen. Doch »glaubt« das Märchen dies, oder ist es Dokument eines Wissens? »*Per aspera ad astra.* Über rauhe Pfade zu den Sternen.« Dieses Wortspiel aus der Antike, das zum geflügelten Wort geworden ist, weist in prägnanter Form auf die überall geltende Gesetzmäßigkeit hin. Häufig wird dieser Satz einfach mit »Durchs Dunkle zum Licht« übersetzt, womit der Sinn richtig wiedergegeben ist, auch wenn die Übersetzungskunst mangelhaft ist. Doch diese Kurzfassung bezeichnet etwas ganz global Geltendes. Auch das Samenkorn wächst in einer lichtlosen Erde dazu heran, die Erdoberfläche zu durchstoßen, um dann dem Lichte entgegenzustreben zu jener Größe, die in ihm angelegt ist.

Mit anderen Worten, was dem Lichte entgegenwächst, muß im lichtlos dunklen Erdreich »wurzeln«.

Im zweiten Teile schickt der heimkehrende König den unerwünschten Schwiegersohn in die Hölle. Die Märchenforscher reden hier von einem uralten Motiv, nämlich von demjenigen der *Jenseitsfahrt.* Erinnert wird an die auf den Niniveh-Keilschrifttafeln erzählten Jenseitswanderungen des Helden Izdabul, ein Fund aus dem siebenten Jahrhundert vor Christus. Wir werden noch sehen, was dieses Motiv in seiner Tiefe bedeutet.

Warum also die Höllen- oder Jenseitsfahrt? Als vorliegendes und deutbares Phänomen haben wir die Tatsache, daß unser Held noch nicht an dem Punkte angelangt ist, wo er die Herrschaft über sich selber erlangt hat. Der Schwiegervater hat ja noch Macht über ihn. Abgesehen davon, daß mancher Vater seinen Schwiegersohn, den er nicht selber für seine Tochter ausgewählt hat, zum Teufel wünscht, ist in diesem Wunsche bereits ein neues Thema angekündigt, in welchem das Motiv des Ins-Gegenteil-Umschlagens auftritt. Eine paradoxe Gegebenheit. Doch wir werden sehen, daß das Märchen mit der *Paradoxie* arbeitet. Der Wunsch des Königs, derb formuliert: »Zur Hölle mit dir«, hat einen tieferen Sinn. Dieser Wunsch ist in einer Ebene der Betrachtung eindeutig, in einer anderen aber mehrdeutig. Dies durchschaut man eigentlich erst, wenn man einen Standort der Betrachtung einnimmt, der jenseits von Gut und Böse ist.

Der Vernichtungswunsch des Königs hat den tieferen Sinn, daß der Held in die Lage komme, sich die untere Welt anzueignen. Der Gang in die Unterwelt dient also der Verwurzelung, damit wahrhaftig dem Lichte entgegengewachsen werden kann. Wurzelt das Leben nicht im Dunkeln, so ist der Sonnenweg nur Illusion. Der Weg in die jenseitige Welt oder in die untere Welt geschieht dann, wenn der Held ihn unternimmt, um seine Geeignetheit für das Dasein in beiden Bereichen unter Beweis zu stellen. Der Abstieg in die Hölle oder in die Unterwelt oder diese Jenseitsfahrt ist ein hohes »initiatisches« Thema. Der Held soll nicht nur über der Erde, er soll auch unter der Erde zu Hause sein. Oben und unten gehören zusammen zu unserer Vollständigkeit. Seine Furchtlosigkeit ist Ausdruck davon. Denn was können wir Menschen denn fürchten? Doch immer nur das, was wir noch nicht in unser Bewußtsein integriert haben. Furcht oder gar Angst können wir immer nur vor dem haben, »was zu unserer Vollständigkeit gehört«, das wir aber »noch außerhalb von uns selber haben«. Furcht, Angst und Bedrohung kann ausschließlich von dorther kommen. Wirklich Fremdes kann nicht bedrohlich sein. Nur das Eigene, das noch außerhalb ist, ist angstmachend. Und das Eigene müssen wir alle in der Kindheit veräußern, anders geht es nicht. Mehr darüber im letzten Teil des Buches.

Doch zurück zu unserem Märchenhelden. In ihm ist ein anderes Bild entworfen: Er ist der Furchtlose. Damit ist angesprochen, daß er eine Art Vollständigkeit und Ganzheit von Anfang an mitbringt, er wird so geboren. Das ist das Thema des Glückskindes, und darum ist unser jugendlicher Held im Märchen durch keinen Anschlag verwundbar. – Was im Gemüt des König ein primitiver Tötungswunsch ist, erweist sich als eine innere Notwendigkeit für den Helden selber, wofür er aber den Anstoß von außen braucht. Denn *das Kind im Helden muß sterben.* Erst nachdem der junge Mann die Unterwelt aufgesucht und die Begegnung mit ihr unversehrt überstanden hat, ist er selbständig, ist die Vorherrschaft anderer zu Ende.

Die Reifeprüfung, welche hier durch des Königs Forderung in Gang gebracht wird, entspricht den althergebrachten Formen der Königs- und Priester-Initiation. Dies ist immer eine individuelle Initiation. Die Jünglingsweihe der Naturvölker, welche kollektiver Art ist, hat als Grundthema die Wiedergeburt und darum davor die Regression in den Mutterleib. Die Königsweihe und die Initiation zum Priestertum jedoch verlangt den Abstieg in die Unterwelt oder die Jenseitsfahrt, genauer: den *Abstieg in das Reich der Mütter*. Dies ist bei weitem mehr als die Regression in den Uterus. Doch wie dem auch sei, uns interessiert an dieser Stelle nur, daß Erwachsenwerden nach einer zweiten Geburt ruft, denn das Kind in uns muß sterben. Der junge Mann, der durch die Begegnung mit der Unterwelt erwachsen geworden ist, hat das untere und das obere Reich in sich integriert, er ist somit mit der Polarität der Welt vertraut und mit dieser versöhnt. Die Anlage zu dieser Versöhnung bringt der Märchenheld von Anfang an mit. Dem wahren Menschen ist nichts fremd im Himmel und auf Erden. Diese Vertrautheit lernen wir später unter dem Titel »Allverbundenheit« noch besser kennen.

Wir wollen uns mit diesem unteren Bereich weiter beschäftigen. Wir sagten, der Gang in die Unterwelt sei eine Prüfung, denn dort trifft der Held auf den Teufel. Der Teufel ist der *Allwissende.* Unterwegs dorthin erklärt der junge Mann, wenn ihm die drei Fragen gestellt werden: »Ich weiß alles.« Das Alles-Wissen ist seine Antwort auf die Frage nach seinem Gewerbe. Das ist sein Beruf. Wir wollen uns dies für später merken, denn es ist eine unglaublich wichtige Aussage. Da der Teufel der wirkliche »Alleswisser« ist und unser Königs-Schwiegersohn das Allwissen zu seinem Ausweis macht, stellt der junge Mann mit dieser Antwort seine »Zugehörigkeit zur jenseitigen Welt des Allwissens« dar. Verkürzt gesagt, er weist sich als zur Hölle gehörig aus. Diese Aussage ist eher befremdend. Doch sie ist zwingend für jemanden, dem nichts fremd ist, der mit allem verbunden ist. Oder anders gesagt: der Märchenheld hat seine Affinität zu diesem unteren Bereich. Er erweist sich als darauf hin bezogen, und dieser Bezug gehört sozusagen zu seiner »Konstitution«. Ein solcher Mensch hat überall einen Helfer, also eben auch in der Unterwelt. (Mehr darüber im Abschnitt »Der Märchenheld und seine Helfer«.) Und es ist bei einem männlichen Helden nicht unbedeutend, daß es Helfer*innen* sind, sowohl im Räuberhaus als auch in der Hölle.

Überall dort, wo ein gewöhnlicher Mensch, der kein Glückskind ist, oder überall, wo wir Menschen der diesseitigen Psychologie umkommen würden, sei es im Räuberhause oder in der Hölle, hat der Märchenheld seine Helfer. Der Helfer gehört als zentrale Figur zum Märchenhelden oder zur Märchenheldin.

Wir sind jetzt auf dem Wege, aufgrund unseres ersten Märchens wesentliche Züge des heroischen Daseins zu sammeln, die uns nachher noch tiefer beschäftigen werden. Mit diesem Ausdruck »heroisches Dasein« sind keinerlei politische Assoziationen verbunden. Es handelt sich vielmehr um das Dasein des Menschen, den wir in den Zauber- und Königsmärchen kennenlernen wollen, und um das Bild des »initiatischen Menschen«.

Kommen wir jetzt zurück auf den zweiten Teil unseres Märchens. Hier liegt ein anderes Thema vor als im ersten. Im ersten Teil handelt es sich um den gefahrvollen Aufstieg zur Königsfamilie. Am Ende dieses Aufstiegs ist der junge Mann aber noch nicht selbständig. Das Erringen seiner Selbständigkeit setzt das Bestehen einer erneuten Prüfung voraus. Diese Prüfung haben wir nun mit verschiedenen Titeln versehen, wir können natürlich im psychologischen Sinne auch von »Schatten-Integration« sprechen. Das weist darauf hin, daß wir Menschen erst vollständig selbständig sind, wenn wir unsere dunkle Seite kennen. Im Märchen wird mit den drei goldenen

Haaren das Licht im Dunkel erobert und ins Licht einbezogen. Max Lüthi formuliert: »Noch einmal wird der Held ins Dunkel geschickt, in die Todesnacht, die Höllennacht – aber der Teufel hat goldene Haare, das Dunkel birgt eine leuchtende Kostbarkeit.« Bezogen auf die Jahreszeiten wäre dies der Lichtkeim des zunehmenden Lichtes zur Wintersonnenwende, das am meisten verborgene Licht während des Jahres, am kürzesten Tage. Für uns im Westen ist ja Weihnachten genau dieses Fest, ob wir uns dessen bewußt sein mögen oder nicht: das Fest der Auffindung des herrlichen Lichtkeimes in der Zeit größter Dunkelheit.

Bevor wir in unseren Betrachtungen der Jenseitsfahrt weitergehen, möchte ich hier einige Ergänzungen zu gewissen Motiven, die uns begegnet sind, einfügen:

Das Motiv der Haare (nach dem Lexikon »Die Religion in Geschichte und Gegenwart« III,1). Haar gilt wie Nägel als wichtiger Träger des Seelenstoffes. Im Haar ist Lebenskraft verkörpert. Hier ist der Begriff »Mana« zu assoziieren. Die im Haar verkörperte Lebenskraft ist zum Beispiel in der Geschichte von *Simson* im Buche Richter im Alten Testament berichtet:

> Es war ein Mann zu Zora von einem Geschlecht der Daniter, mit Namen Manoah; und sein Weib war unfruchtbar und gebar nicht. Und der Engel des Herrn erschien dem Weibe und sprach zu ihr: Siehe, du bist unfruchtbar und gebierst nicht; aber du wirst schwanger werden und einen Sohn gebären. So hüte dich nun, daß du nicht Wein noch starkes Getränk trinkst und nichts Unreines essest; denn du wirst schwanger werden und einen Sohn gebären, dem kein Schermesser soll aufs Haupt kommen. Denn der Knabe wird ein Geweihter Gottes sein von Mutterleibe an; und

er wird anfangen, Israel zu erlösen aus der Philister Hand (Richter 13.2–5).

Später sagt Simson von sich selber:

»Es ist nie ein Schermesser auf mein Haupt gekommen; denn ich bin ein Geweihter Gottes von Mutterleibe an. Wenn man mich schöre, so wiche meine Kraft von mir, daß ich schwach würde und wie alle anderen Menschen.« (Richter 16.17)

Im zitierten Lexikon erfahren wir weiter: Bei einigen primitiven Völkern werden Haarwaschen und Haarschneiden vermieden, während Haarschneiden die Regel ist bei gewissen Angelegenheiten. Im Islam ist es verboten während einer Pilgerfahrt und während der Dauer eines Gelübdes. Wir kennen die Opferung der Locken bei Initiationsriten, vor allem bei den »Rites de passage«. Das Scheren von Bart und Haar ist eine entehrende Strafe. Die Tonsur der Mönche hingegen ist ein symbolisches Todesopfer: Man ist für diese Welt gestorben. Die Muslimin bedeckt ihr Haar in Gegenwart Fremder; es muß verschleiert werden, weil es kraftgeladen ist.

Die Glückshaube (»Caput galeatum«, nach Meyers Enzykl. Lex., Bd. 10, S. 497). »Glückshaube« heißen die den Kopf eines Neugeborenen nach Ausbleiben des termingerechten Blasensprunges haubenartig überziehenden ausnehmend festen Eihäute. Die Glückshaube bedeutet für das Kind eine erhöhte Aspirations- und Erstickungsgefahr. Nach dem Volksglauben kennzeichnet die Glückshaube die Glückskinder. Die Bedeutung der Glückshaube als Helm oder Siegeshaube deutet auf die Vorstellung von Tapferkeit und Kampfesschutz hin, was auch für diejenigen gilt, die sie erwerben und zum Beispiel in ihre Kleider eingenäht bei sich tragen. So dient die Glückshaube neben verschiedenen Praktiken des Glückszaubers besonders als Talisman für Soldaten, welche von Hebammen heimlich entwendete Stückchen einer Glückshaube erwarben.

Was wir unter dem Stichwort Glückshaube lesen, erinnert an gewisse Aussagen des Astrologen Wolfgang Döbereiner, der von der Pluto-Uranus-Konstellation im Geburtshoroskop, welche das Schlagwort »das Allwissen« als wichtiges Kennzeichen hat, die Beschreibung liefert: »Sauerstoffmangel für das Neugeborene durch ›Trockengeburt‹, indem die Fruchtblase sich zu früh öffnet oder dadurch, daß sie sich zu spät öffnet, was wie ›zu lange Preßwehen‹ oder wie ›die Nabelschnur um den Hals‹ zur Erstickungsgefahr führt.« Und wir wissen aus der Phänomenologie solcher Geburtskonstellationen, daß Pluto-Uranus die doppelte Symptomatik enthält, dem Geborenen dadurch zu einer besonderen Befreiungsintensität zu verhelfen. Mit anderen Worten, die vorgeburtliche oder natale Erstickungsgefahr weckt im Menschen das »Nicht-Stehenbleiben«, das »dauernd Unterwegssein«, das »immer wieder zu neuen Horizonten Aufbrechen«, diese agile Flexibilität und Wanderbereitschaft, bei einmal Errungenem nicht stehenzubleiben. Döbereiner nennt dies auch den »ständigen Mutationsdrang«. Eine derartige Einengung, das heißt eine derartige »frühe Todesgefahr« ist das Paradoxon zu der späteren Möglichkeit, den Weg der Befreiung zu gehen. Todesgefahr und Todesnähe gehören zum Glückskind. Denn die Todesgefahr und deren Überwindung kennzeichnen das Dasein des heroischen Menschen. Das Menschenbild im Märchen gipfelt im Sieg über den Tod. – Die astrologische Konstellation gibt uns

Illustration von Otto Ubbelohde zu »Der Teufel mit den drei goldenen Haaren«. Hier wird die im Märchen nicht erzählte Szene gezeigt, in welcher die Weisen der Stadt darüber nachsinnen, warum »der Brunnen keinen Wein mehr fließen läßt«.

noch weitere Aufschlüsse. Wir müssen das Glückskind eindeutig als Pluto-Uranus-Kind bezeichnen, und da Pluto der Name ist für den Gott der Unterwelt, den Nachfolger des griechischen Gottes Hades, und Uranus der griechische Name ist für den Himmel, so enthält das Glückskind die Antinomie von Unterwelt und Himmel, also von Himmel und Hölle.

Nach diesem Exkurs in die Erörterung bestimmter Begriffe, die uns begegnet sind, setzen wir den Gang der Betrachtung fort.

Der Weg in die Hölle ist der Gang zu einem bestimmten Wissen. Der Jüngling, der mit vierzehn Jahren schon heiratet, muß sich die Würde des reifen Mannes erst erwerben. Er muß ein Wissender werden. Zu Recht will der König einem Kinde seine Tochter nicht geben. Ein Wissender wird der Mensch erst durch Abstieg in die untere Welt. Natürlich handelt es sich bei der Begegnung mit dem Teufel um eine List, welche der Held der Helferin verdankt. Wir sind damit in der Nähe des Themas »Der betrogene Teufel«, welches wir vor allem durch Goethes Faust II kennen. Dort aber will der Mephistopheles die Seele des Menschen. Sie wird ihm versprochen, wenn er dafür das gibt, was der Teufel eben hat, nämlich magische Macht und Wissen. Das Motiv vom betrogenen Teufel ist das Thema des Austrittes aus dem Teufelspakt, ohne die Seele dabei zu verlieren. Dieses Motiv hat aber mit dem unseren nur einen losen Zusammenhang. Die Teufelspaktthematik spielt nur eine zentrale Rolle innerhalb eines strengen Dualismus, also in der christlichen Philosophie vom Gegensatz zwischen Gott und Teufel. Die Märchen spielen in einer anderen Welt, in der dieser Dualismus überwunden ist. Das zeigt sich ganz deutlich darin, daß der Held in der »anderen Welt« Mitspieler hat.

Wir sagten, der zweite Teil unseres Märchens sei ein Gegenstück des ersten Teiles. Dies zeigt sich zum Beispiel in der Tatsache, daß der Held im ersten Teil auf Hilfe angewiesen ist, während er im zweiten Teil bereits selbst zum Helfer wird. Auch da braucht er noch eine enorme Hilfe, aber er ist auch Helfer. Er begegnet Bitten um Befreiung und Heilung, auf welche er nach seiner Rückkehr aus der Welt des Teufels antworten kann. – In mancher Psychoanalyse geht es um dasselbe Thema, nämlich herauszufinden, »wo die Kröte hockt«, die den Brunnen zum Versiegen gebracht hat, oder »wo und an welcher Wurzel die Maus nagt« an dem Baume, der einst goldene Äpfel trug. Und wie in unserem Märchen muß in der Psychoanalyse auch der Klient den »Gang in die Unterwelt« auf sich nehmen, um danach ein Wissender zu sein, denn die eigene Unterwelt, das eigene Unbewußte, enthält die wahren Motive unserer Handlungen. – Der Teufel ist der Herr der Unterwelt. Ja, genauer noch: Er ist überhaupt der Herr der Welt. Er kennt die psychosomatischen Störungen genau, denn er sitzt an deren Wurzel. Er weiß bestens Bescheid. Er ist der Herr über unsere nichtintegrierte Seite, er ist der Herr über unsere ungelebten Bilder und über unseren abgespaltenen Teil, den wir zu unserer Vollständigkeit noch brauchen. Er ist der Herr der Krankheiten, denn Krankheiten zeigen immer an, daß uns etwas fehlt; und das, was wir noch nicht in unsere Vollständigkeit einbezogen haben, das fehlt uns eben. So ist der Teufel der Herr über das, was uns fehlt, er ist der Herr unserer Fehler. Und wenn wir nun hinabsteigen in den Bereich des Teufels, der die psychosomatischen Störungen kennt, so wissen wir nachher, wie diese Welt gebaut ist.

Im Buch des Religionsforschers Mircea Eliade »Das Mysterium der Wiedergeburt« (womit nicht die Reinkarnation gemeint ist) gibt es unter dem Titel »Individuelle Initiation und Geheimbünde« einen Abschnitt mit der Überschrift »Abstieg zur Hölle oder Helden-Initiation«. In den mittelalterlichen Darstellungen ist die Hölle oft als ein riesengroßes Ungeheuer nach dem Vorbilde des biblischen Leviathans ins Bild gesetzt. Oder eine Reihe paralleler Bilder zeigt: den Bauch einer Riesin, einer Göttin, eines Meeresungeheuers, der die chthonische Gebärmutter symbolisiert. In der griechischen Mythologie sind die »chthonischen Götter« im Gegensatz zu den himmlischen Mächten die geheimnisvollen Gewalten der Erdtiefe, deren düsteres Wirken die Griechen mit ehrfurchtsvollem Grauen respektierten. Aber, das dürfen wir nie vergessen, es gibt Götter und Göttinnen der Erdentiefe, wie Demeter und Persephoneia, welche mit Zeus, dem lichten olympischen Gott, verbunden sind. Nach Mircea Eliade ist also das lebendige Eindringen in diesen Riesenkörper gleichbedeutend mit dem Abstieg in die Hölle oder mit dem Aufsichnehmen der für die Toten bestimmten Prüfungen. *Gelingt eine solche Heldentat, so fürchtet man den Tod nicht mehr.* Hier ist ein absolut esoterisches Zentralthema enthalten, denn die Jenseitsfahrt dient *dem Erlangen der Unsterblichkeit. Und letztlich ist sogar die körperliche Unsterblichkeit das höchste Ziel aller Heldeninitiation* seit dem Heldenepos Gilgamesch und davor. Ich zitiere Eliade wörtlich:

»Das Jenseits ist auch die Stätte, wo Wissen und Weisheit zu finden sind. Der Herr der Hölle ist allwissend, die Toten kennen die Zukunft.« Eliade bestätigt, was wir aus dem Märchen erkannt haben. Warum aber ist die Hölle allwissend? Weil die sogenannte Höllen- und Jenseitsfahrt aus dem Bereiche der Zeit hinausführt, und jenseits der Zeit weiß man die Zukunft, weil es jenseits der Zeit ja die Auseinanderfaltung von Vergangenheit-Gegenwart-Zukunft nicht gibt, dort ist das »auf uns Zukommende« schon da. Wir sehen an dieser Stelle, daß das Allwissen und das Wissen der Zukunft wiederum das Thema aus dem ersten Teil aufnehmen, wo der Märchenheld als einer vorgestellt wird, dem geweissagt wurde. Dies ist ein Beispiel auch dafür, wie unglaublich kunstvoll die Märchen gebaut sind. Von wem?

Sie heißen Volksmärchen. Eignet diese Kunst dem Volke? Oder irgendwelchen seiner Märchen erzählenden, Märchen weitergebenden Mitglieder? – Max Lüthi schreibt in einem Text über die Erzählweise des Volksmärchens: »Über die Ursprünge des Volksmärchens weiß man wenig. Alle Theorien darüber sind umstritten. Während die einen Forscher Grund zu haben glauben, die Entstehung der Gattung Märchen in die jüngere Steinzeit zu legen, sehen andere erst im späten Mittelalter den Nährboden, der das eigentliche Märchen wachsen ließ. Die einen denken *an priesterliche Weisheitsdichtung,* die dem Volke in Urzeiten dargereicht worden sei, andere nehmen an, ritterliche Epen (›Epos‹ = altgriechisch: Erzählung, Kunde) seien ins Volk gedrungen und von ihm in charakteristischer Weise umgeformt, umgeschliffen worden.« – Das ist in der Tat eine für die Wissenschaft unklärbare Frage. Im Vergleiche zu den Volksmärchen überzeugen zum Beispiel die Kunstmärchen uns bekannter Dichter niemals in dem Maße wie diese überlieferten Erzählungen. Gerade ein solches Märchen wie das unsrige übersteigt an Kunstfertigkeit und Tiefe des Gehaltes und an Dichtheit und Konzentration alles irgendwie Vergleichbare, welches individueller dichterischer Absicht entstammt. Ich sage dies voll eingedenk der Tatsache, daß die »wahren Dichter« natürlich zu alledem, was wir hier besprechen, ja zur ursprünglichen Wahrheit, die eine geoffenbarte Wahrheit ist und die verborgenerweise immer weitergegeben wird, von Geschlecht zu Geschlecht, immer einen Bezug haben, sonst wären sie keine Dichter. Der wahre Dichter ist dem esoterischen Wissen immer sehr nahe.

Wir wissen heute, was an einem wahren Volksmärchen richtig und was daran falsch ist, also zum Beispiel durch nicht stilgerechtes Erzählen fälschlicherweise beigefügt ist. Auch den Sammlern und Aufschreibern Grimm konnte man solche fehlerhaften Ergänzungen oder Ausschmückungen nachweisen, die zum eigentlichen Märchen nicht gehören. Man weiß heute klar, wie ein Volksmärchen gebaut ist. Und man staunt vor der Klarheit und Dichtheit. Aber man weiß nicht, wer diese Dichtheit gedichtet hat.

Wir werden uns über den *Märchenerzählstil* jetzt einige Gedanken machen, auch wenn wir nicht vollständig in diesen Themenkreis einsteigen wollen.

Wir sagten, daß das Volksmärchen sich durch Dichtheit und Verknappung, Verkürzung, durch eine Zeitraffung und ein Stenogramm, wie es sich andere Dichtung kaum erlauben kann, hervorhebt. Warum ist eine Dichtung, die aus dem Volke stammt, so dicht? Wir wollen einmal andersartige Mittel für ein mögliches Verständnis einsetzen. Nehmen wir die Astrologie. Astrologisch gesehen, ist das Volk mit dem Tierkreiszeichen Krebs und dem Himmelskörper Mond identifiziert. Damit ist das Volk das »Empfängliche«. So scheint einleuchtend zu sein, daß die Gegenposition des Krebses, nämlich der Steinbock, zu dem der Planet Saturn gehört, das Verdichten und Bewahren anzeigt. Der Mondbereich ist jener des schnellen Wechsels, das Lunare ist das schnell-lebig Launische. Der Saturnbereich dagegen ist die Beständigkeit, die unerschütterbare Norm, das Dauerhafte des Gesetzmäßigen, die Reduktion auf das Grundsätzliche und Notwendige.

Somit kann astrologisch erklärt werden, wofür denn die Volksseele empfänglich sein muß, nämlich eben für das Saturnische. Saturn und Steinbock können durch folgende Schlagwörter gekennzeichnet werden: Maßstab, Norm, Form – Tradition, Strenge, Dichte, Festigkeit – Geradlinigkeit, Konzentration, Einsparung, Magerkeit, Kargheit, Dauer – Genauigkeit, Kühle, Trockenheit, Stein, Wald, Stadt, Blei. Und diese Wortreihen rufen nach einem weiteren Begriff, demjenigen der »Kristallisation«. Somit werden wir es mit der *Kristallklarheit der Märchen* zu tun haben. – Mir scheint nun diese Achse im Tierkreis »Krebs–Steinbock« das Wesen des Märchens einordnen und verstehen lassen zu können. Hier muß die Welt der Märchen wirklich kosmisch eingeordnet werden. Wir werden dies noch deutlicher sehen.

Ein anderes zum Steinbock gehöriges Schlagwort heißt »Magistrat« oder der »Einzelherrscher«. Denn diese Tierkreiszeichenachse enthält *die Antinomie von Volk und König.* Sie enthält auch jene von »unten und oben« oder jene von »unerlöst und erlöst«. Wir werden sehen, daß der Astrologe Wolfgang Döbereiner einen für uns fruchtbaren Grundansatz anbietet in seiner Quadrantenlehre. Denn die erwähnte Antinomie ist ja auch jene vom zweiten zum vierten Quadranten, und diese Achse der Quadranten ist jene, die im Döbereinerschen Deutungssystem besonders betont wird.

Wenn das Volk Hüter der Märchen ist, Bewahrer dieser Steinbock- und Saturn-Weisheit, so erhalten wir ein Verständnis für das Märchen, welches der literarischen Märchenforschung nicht zugänglich sein kann.

Noch einmal zur Dichte und Ver-Dichtung der Form der Märchen: Max Lüthi ist der Meinung, daß die Märchen kaum dem einfachen Volke entspringen, wie etwa die *Sage,* sondern bei hohen Dichtern, vielleicht bei sogenannten Eingeweihten, bei »Kultdichtern« sei ihr Ursprung zu suchen. Und er sagt wörtlich: »In der Sage spürt man die Angst des Menschen, der, obwohl äußerlich in die Gemeinde seiner Mitmenschen eingefügt, sich doch im Letzten einer unheimlichen, schwer deutbaren Welt gegenübersieht, einer Welt, die ihn mit dem Tode bedroht. *Das Märchen aber zeichnet in seinem Helden das Bild dessen, der, ohne selber die letzten Zusammenhänge zu durchschauen, sicher durch die gefährliche, unbekannte Welt geleitet wird.* Der Märchenheld ist der Begabte im eigentlichen Sinn des Wortes. Die Gaben der Jenseitigen strömen ihm zu und helfen ihm Kämpfe und Gefahren zu bestehen.« Das heißt nun für unsere Frage der Zuordnung der Märchen, daß Angstfreiheit nicht aus dem Volke stammen kann – was ja auch astrologisch schon klar ist, denn das Mondhafte ist der Angstbereich – und also von Wissenden gegeben sein muß, von hohen Dichtern, wie Lüthi sagt, vielleicht von sogenannten Eingeweihten, von Kultdichtern. Eine bemerkenswerte Aussage.

Da die Astrologen seit jeher in irgendeiner Weise zu den Wissenden gehört haben, ist es kein Zufall, daß der Astrologe Döbereiner sein Betrachtungssystem mit den Märchen verband. Ich werde in anderem Zusammenhange diese Stellen aus seinen Veröffentlichungen zitieren. Verweilen wir noch einmal einen Augenblick bei der Astrologie. Ich habe die Achse im Häusersystem »viertes Haus – zehntes Haus« in den Blick genommen. Wir werden an anderer Stelle wieder darauf zurückkommen, dann nämlich, wenn es darum geht, die aus den Märchen aufzeigbare Psychologie genauer zu bestimmen. Jedenfalls können wir jetzt schon darauf hinweisen, daß die moderne psychotherapeutische Praxis sich dem Bereiche des vierten Hauses widmet, während die Märchenpsychologie aus dem Prinzipienbereiche des zehnten Hauses

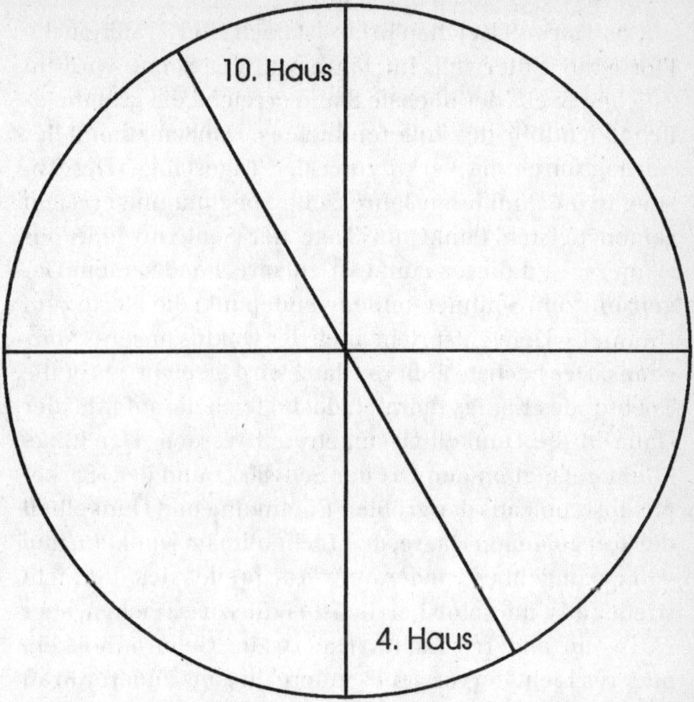

Die Häuser vier und zehn entsprechen im Häusersystem den Tierkreiszeichen Krebs und Steinbock. Das vierte Haus ist das Prinzip des Subjektiven, das zehnte Haus aber – als dessen Gegenposition – auch dessen Erlösung. Das zehnte Haus vergegenwärtigt als erstes Haus des vierten Quadranten die Befreiung vom Subjektiven.

stammt. Und vermutlich dürfen wir dies dann gar nicht mehr als Psychologie bezeichnen.

Das Tierkreiszeichen Krebs ist nach alter Tradition die Pforte zur Unterwelt. Im Jahreslauf der Sonne wird im Zeichen Krebs der höchste Stand erreicht, die größtmögliche Lichtfülle des äußeren Lichtes. Danach kommt der Abstieg durch die Verkürzung der Tageslänge. Der Abstieg in die dunkleren Jahreszeiten beginnt und erreicht seinen tiefsten Punkt am Tage der Sonnenwende des Winters. Und dieser Punkt ist entsprechend seinem Gegensinn zum Sommersonnenwendepunkt die Pforte zum Himmel. – Dem entspricht auch der Duktus unseres Märchens. Der höchste äußere Glanz wird erreicht, als er die Tochter des Königs heiratet, doch gleich darauf muß der Gang in die Dunkelheit angetreten werden. Der junge Mann gelangt an den Ort der Schwärze und des »Sarkophagos«, holt aus der größten Einengung und Dunkelheit die drei goldenen Haare, den Lichtkeim im Dunkeln, und von da an geht es wieder aufwärts, breitet sich das Licht wieder aus, um seine herrlichste Fülle zu erreichen, aber es ist ein anderes Licht. »Die zweite Geburt« holt ein anderes Licht hervor, jenes innere, in ganz anderer Kraft verwurzelte, jenes, das aus dem Dunkel geboren ist.

Die Pforte zum Himmel ist also astrologisch gesehen »null Grad Steinbock«. Das ist religionsgeschichtlich ein wichtiger Koordinatenpunkt. Und es ist nicht zufällig, daß das Weihnachtsfest der Christen in diese Zeitregion gelegt worden ist. Es ließen sich aus diesem Gegenstande noch weitere überraschende Folgerungen ziehen. Ein Punkt dabei interessiert uns jetzt noch: Innerhalb der Astrologie ist das Zeichen Krebs das vierte im Tierkreis, ihm entspricht im Häusersystem das vierte Haus. Dieses vierte Haus ist die Domäne des Individuellen, das zehnte Haus aber ist entsprechend dem Tierkreiszeichen Steinbock sein Gegensatz, also der Bereich des Überindividuellen. Und dies würde nun eigentlich heißen, daß die Unterwelt, die Hölle, »nur« eine individuelle, subjektive Angelegenheit sei, während der Himmel, im Horoskop der vierte Quadrant, eine überindividuelle Sache bezeichnet. Etwas vom Individuellen muß also aufgegeben werden, damit der Himmel betreten werden kann, denn der zweite Quadrant ist ja das Gegenteil vom vierten. Und der vierte ist die Erlösung des zweiten. In gewissem Sinne müssen wir also vom Individuellen erlöst werden. Das Individuelle ist das Brennmaterial für das Leben, es muß verbraucht werden, damit wir es zwar gelebt haben, aber auch dadurch, daß wir es gelebt haben, um dann von ihm befreit zu werden. Nur die individuelle Kraft ist der Antrieb für das Erreichen einer jenseitigen Existenz, die kollektive Kraft reicht dafür nicht aus.

Betrachten wir nun die Antinomie von Himmel und Hölle noch auf dem Hintergrunde der antiken Welt. Die Toten gelangen in die Unterwelt. Der Himmel ist der Bereich der Unsterblichen. Wird ein Mensch unsterblich, so wird er in die Höhe des Olymps geholt. Die Unterwelt als das Reich der Toten kennt die Scheidung in die Elysischen Gefilde und in die trostlosen Asphodelischen Felder der Unerlösten. Die Sterblichen kommen zunächst alle an denselben Ort. Darum ist in der Antike der Eingang zum Himmel und zur Hölle sozusagen identisch. Himmel ist dort die »glückliche Ankunft in der Unterwelt«. Darum sind in diesen Epen und in den Märchen Himmel und Unterwelt oft fast dasselbe.

Jenseitsfahrt aber heißt unser Thema in erster Linie, nicht eigentlich Höllenfahrt, vor allem dann nicht, wenn wir eben die Hölle als den Ort der Verdammten anschauen, wie dies aus der jüdisch-christlichen Tradition bekannt ist. Denn, und nun kommen wir auf ein ganz großes

Thema, zu dessen Bewußtwerdung innerhalb unserer Kultur zum Beispiel C. G. Jung beigetragen hat: *Der allwissende Teufel ist ja nichts anderes als der Bruder des Lichtes.* Er ist letztlich der Bruder des lichten Gottessohnes.

Das Licht wird in der Dunkelheit gefunden, nicht am hellichten Tage. Doch wenn wir so reden, ist uns längst klargeworden, daß wir von einem anderen Lichte reden als vom physikalischen Sonnenlicht. Wir reden nicht vom äußeren Licht. Wir sprechen von einem Lichte, wofür das äußere reale Licht nur Symbol sein kann. »Das Licht scheint in die Finsternis, und die Finsternis hat es nicht begriffen«, heißt es im ersten Kapitel des Johannesevangeliums. Das Märchen »Der Teufel mit den drei goldenen Haaren« ist eine Ausprägung, Gestaltung und Verdichtung dieses großartigen Mythos der Lichtfindung im Dunkeln, also der zweiten Geburt. Die erste Geburt ist jene ins äußere Licht, die zweite aber gilt dem inneren, dem geistigen Lichte, dem unverlierbaren Lichte. Alle hohen Religionen kennen diesen Mythos. Er tritt in ihren Erzählungen und heiligen Texten in immer wieder neuen Varianten auf. Wir wollen uns damit noch eindringlicher beschäftigen, indem wir die Ebene des Märchens verlassen und uns einer der berühmtesten Geschichten aus der griechischen Mythologie zuwenden, in welcher wir die Grundzüge unseres Märchens wiederfinden. Es handelt sich um die Geschichte von *Jason.*

Jasons Argonautenfahrt (eine Analogie zum Märchen)

Jasons Vater Aison war rechtmäßiger König über Iolkos in Thessalien, die nördlichste Gegend Griechenlands. Aber der Thron wurde ihm von seinem Halbbruder Pelias geraubt. Aison lebte weiter im Lande, schickte aber – nach einem Scheinbegräbnis – seinen kleinen Sohn Jason dem Kentauren Chiron zur Erziehung, weil er fürchtete, Pelias könnte ihm nach dem Leben trachten. Denn Pelias war geweissagt worden, er würde von jenem Nachkommen des Aiolos getötet. Aiolos war der Begründer eines Königsgeschlechtes. Die Weissagung lautete, Pelias würde von *jenem Nachkommen* des äolischen Geschlechtes getötet, *der nur mit einer Sandale bekleidet* zu ihm kommen würde. Als Jason in das Mannesalter gekommen war, beschloß er, nach Iolkos zu gehen und den Thron zurückzufordern. Er kam an, als Pelias gerade seinem Vater Poseidon, dem griechischen Gott der Meere und der Gewässer (den die Römer Neptun nennen), ein Opfer darbrachte. Nun hegte die Göttin Hera Groll gegen Pelias, und sie stellte Jason auf die Probe, indem sie ihm als ein altes Weib erschien, das über einen reißenden Fluß getragen werden wollte. Obwohl Jason es eilig hatte, um rechtzeitig zum Opfer in Iolkos anwesend zu sein, war er bereit und verlor im Strome eine Sandale. Nachdem er das alte Weib am anderen Ufer abgesetzt hatte, sah Jason die Alte nie wieder und erfuhr nicht, daß es die Göttin Hera gewesen war, die Gattin des Zeus und die Göttin des Himmels, deren Namen die weibliche Form von Heros ist, dem Namen des Helden und des Kämpfers. In Iolkos kam Jason auf dem Marktplatz an und fragte nach Pelias. Man meldete dem König, daß ein Jüngling mit *einem bloßen Fuß* ihn zu sehen wünsche. Pelias fuhr zum Marktplatz und erkannte, daß das Orakel in Erfüllung gegangen war. Jason sagte ihm sogar ganz offen, wer er wäre und warum er gekommen sei. Da Pelias das Fest nicht mit dem Blut seines Neffen entweihen wollte, lud er Jason in den Palast und sagte, er würde den Thron bekommen, müsse aber zuerst eine Aufgabe erfüllen. Jason willigte ein. Pelias forderte, er solle ihm das »Goldene Vlies« bringen, denn er glaubte, das sei ganz unmöglich und Jason würde dabei umkommen. Dieses Vlies war das Fell eines Widders, auf dem der Königssohn Phrixos nach Kolchis kam, um sein Leben zu retten. Kolchis ist ein Land am anderen Ende des Schwarzen Meeres. Dort wurde im Haine des Ares, des Kriegsgottes, das Vlies des Widders aufgehängt und von einer riesigen Schlange bewacht, die nie schlief. Um nun dieses »Goldene Vlies« zu holen, beginnt Jason mit seinen Gefährten die berühmte *Argonautenfahrt.*

Es ist zum besseren Verständnis notwendig, kurz die Geschichte von Phrixos zu berichten. – Der Königssohn Phrixos sollte nach dem Wunsche seiner Stiefmutter Zeus geopfert werden, um einem Orakelspruch zu folgen, der angeblich aus Delphi kam. Sein Vater war dazu nicht bereit; nach der Überlieferung jedoch war Phrixos bereit zu sterben. – Als der König seinem Sohne die Kehle durchschneiden wollte, tauchte ein sagenhafter Widder auf, den die Mutter von Phrixos, die Nymphe Nephele, die erste Frau seines Vaters, geschickt hatte, um ihren Sohn zu retten (wir hören hier eine Parallele zur Abraham-Isaak-Erzählung im Alten Testament). Der Widder besaß ein Vlies von gesponnenem Golde und konnte sprechen. Er gebot Phrixos, zusammen mit seiner Schwester Helle auf seinen Rücken zu steigen. Der Widder erhob sich in die Lüfte und flog davon. Im Osten, dem Lande, wohin die Flucht geschah, im Königreich Kolchis, opferte Phrixos den Widder dem Zeus, und das Vlies hängte er, wie

Roger von der Weyden (1399–1464): Karl der Kühne von Burgund, um 1460 (Staatl. Museen, Berlin-Dahlem). Es geht hier um das Kollier, das »Goldene Vlies«.

erwähnt, im Areshain auf, wo ein feuerspeiender Drache es bewachte.

Es ist für uns nun unschwer zu erkennen, daß das Märchen »Der Teufel mit den drei goldenen Haaren« in denselben Mythenkreis gehört. Das Königtum kann nur erreicht werden, indem eine schwere Aufgabe erfüllt wird, wovon der »falsche König« hofft, der »echte junge König« möge dabei umkommen. Und wie in unserem Märchen geht es auch hier um eine Jenseitsfahrt. Der Ort liegt »jenseits« des Schwarzen Meeres. Die Argonautenfahrt mit dem Schiff namens Argo ist die unerhörte Erzählung von einem fast endlosen Prüfungsweg. Viele Dichtungen und Opern haben davon einen Teil zum Inhalt genommen, meist unter dem Titel »Medea«, das ist Jasons Weib, welches ihm hilft, das Goldene Vlies zu finden. Hier haben wir eine sehr schöne Variante des Drachentöter-Motivs, wobei die Tötung des Drachen – wie viele andere Beispiele belegen – in der Regel nicht ohne Hilfe einer Frau gelingt. Oft aber muß der Drache auch um der Rettung einer Frau willen getötet werden, weil der Drache sie gefangenhält. Ob es nun die drei goldenen Haare des Teufels sind oder das Goldene Vlies, es gilt, um das eigene Königtum zu befestigen, das durch diese Symbole gemeinte Licht und seine magische Kraft zu erobern und heimzuholen.

Das wahre Licht, die wahre Weisheit und der wirkliche Schatz des Wissens wird immer durch einen Drachen bewacht. Das ist die Lehre aus dem Mythos um das Goldene Vlies. Anstelle des Drachen könnten wir auch »das Dunkle« oder »die Finsternis« sagen. Die Wahrheit und das wahre Wissen müssen der Finsternis entrissen werden. Das ist eine ungeheure Anstrengung. Das Goldene Vlies wurde auch in der Christenheit berühmt. Es gibt den Orden vom Goldenen Vlies, »L'Ordre de la Toison d'Or«, einen der vornehmsten Ritterorden, den der Herzog Philipp der Gute von Burgund an seinem Hochzeitstage am 10. Januar 1429 zu Ehren des Apostels Andreas, zum Schutze des christlichen Glaubens und zur Verteidigung der Kirche stiftete. Ordenszeichen ist ein goldenes Widderfell, das durch einen goldenen Ring gezogen ist. Porträtgemälde der Herzöge von Burgund zeigen diesen auf der Brust getragenen Ordensschmuck. – Es ist anzunehmen, daß dieser christliche Adelsorden nicht nur aus dem angegebenen Grund gestiftet wurde. Es gibt andere Quellen, die sagen, er sei in Erinnerung an die Argonautenfahrt ins Leben gerufen worden. Es darf vermutet werden, daß hier auch antikes Weistum gepflegt wurde.

Wir wollen noch ein paar Worte sagen zum anderen Teile dieses Mythos, nämlich zur Geschichte der »Medea«. Denn dieser Teil der Argonautenfahrt hat in der europäischen Literatur mehr Interesse gefunden als die Argonautenfahrt selber. Die zauberkundige Medea ist die Tochter des Königs Aietes in Kolchis. Sie verliebt sich in den Argonautenführer Jason und hilft ihm, das Goldene Vlies zu gewinnen. Auf der darauffolgenden Flucht ereignen sich eine Reihe von Verbrechen, durch welche Jason den Weg ebnen will. Ferner verstößt Jason Medea in Korinth, um König Kreons Tochter zu heiraten. Medea macht, daß jene beide umkommen, und tötet die beiden Knaben, die sie mit Jason zeugte, worauf sie auf einem Drachenwagen entflieht, den ihr Großvater Helios schickt. Die europäische Literatur und die Bühnenkunst haben sich mehr für die tragische Liebesbeziehung zwischen Medea und Jason interessiert als für den »initiatischen« Stoff. Jasons ungeheurer Weg der Einweihungsprüfungen beschäftigte mehr im stillen die geheimen Wissenden.

Nun möchte ich zu Kolchis noch ergänzen: Der Name

Kolchis verweist auf das Kolchizin, das ist das Gift der Herbstzeitlosen, das bei den Antiken etwa das war, was bei uns das LSD (Lysergsäurediäthylamid) ist, eines der stärksten Halluzinogene. Dies fällt also unter den Themenbereich »Drogen und Initiation«, worüber wir später noch einmal etwas sagen.

Ferner: König Aietes, der Bruder des anderen Sonnensohnes Phaeton, ist einer der Söhne von Helios. Er ist derjenige, der dunkle Züge hat. In der Heldensage ist er König von Kolchis. Karl Kerenyi sagt in seiner »Mythologie der Griechen«, ursprünglich sei Aietes vom Namen »Hades«, dem König der Unterwelt, nicht geschieden. Wichtig ist uns hier der Hinweis, daß der Unterweltsgott einer der Sonnengottsöhne sei.

Das Königreich Kolchis liegt am Ostrand des Schwarzen Meeres, am Südrand des Kaukasus, wo es sumpfige Ebenen gibt. Dort wächst »Kolchikon«, das ist die Zeitlose, weil hier auch die Zeitlosigkeit betreten wird. Die Herbstzeitlose (colchicum autumnale) wird als homöopathisches Medikament verwendet.

Mythen, die von einer mehr oder weniger gefahrvollen und auch gewaltsamen Reise in die Unterwelt, das Reich der Toten, erzählen, berichten von einer Region, die den Lebenden in der Regel verschlossen bleibt und aus der, nach allgemeiner Auffassung, noch nie jemand zurückgekehrt ist, wenn nicht durch einen allgemeinverbreiteten Reinkarnationsglauben die Volksauffassung anders lautet. Nur Halbgöttern oder besonders begnadeten Menschen ist in den Mythen durch ein Geschenk der Götter, durch heldische Kühnheit, durch Wissensdurst oder gar durch Frevelmut eine solche Reise möglich. Diesen Auserwählten gelingt es, das Gesetz des Todes zu durchbrechen und dann der schaudernden Mitwelt Kunde von den Gefahren des dunklen Reiches zu geben, von den unzähligen Bedrohungen, denen der Held ausgesetzt ist, und von der Existenz der Schatten und der Seelen ehemaliger Lebenden in jenen unwirtlichen Regionen.

Im Rahmen des dualistischen Weltbildes des alten Orients bedeutet Unterweltsfahrt immer den Kampf der Mächte des Lichtes gegen die der Finsternis. Dabei ist die gängige Auffassung, es gehe um die Unterwerfung der Finsternis.

Das 108. Kapitel des »Totenbuches der Ägypter« berichtet, wie der Sonnengott Re auf seiner Fahrt in der Sonnenbarke sich am Abend den Eingang in die Unterwelt durch den Sieg über die riesige Schlange Apophis erkämpfen muß und daß die Toten der Unterwelt das Licht begrüßen und Re um Befreiung bitten. Wir wissen ferner, daß es im Osiris-Mythos und -Kult um dasselbe Thema geht. Dieses ist aber jüngeren Datums. In ihm ist Seth die Verkörperung des Bösen. Schließlich muß es überwunden werden. Dasselbe Motiv kennen wir aus dem Gilgamesch-Epos. Es ist nicht unwichtig zu wissen, daß die griechische und die römische Antike ursprünglich den Dualismus der orientalischen Religion nicht kannten, der Gegensatz zwischen Hades und Olymp, zwischen Unterwelt und Götterhimmel war harmonisch. Erst unter zunehmendem orientalischem Einfluß wurde aus dem Unterweltsgott Hades oder Pluto eine teufelähnliche Figur. Dies zu bedenken ist für uns nicht unwichtig, wenn es darum geht, Pluto zu verstehen, zum Beispiel gerade auch im astrologischen Sinne. Pluto ist der Gott oder König der Unterwelt, der tatsächlich mit einem Allwissen ausgestattet ist. Übrigens ist der Teufel in unserem Märchen ja nicht einfach der Repräsentant des Bösen, darauf haben wir schon hingewiesen. – Man dachte sich in der griechischen Antike den *Hades als den Ort, wo alle Toten hingelangen.* Erst dort wird von den Totenrichtern entschieden, ob man ins

Elysion eintreten könne, in die Gefilde der Seligen, das ist nach mythologischer Vorstellung am Westrand der Erde, also ursprünglich der Ort des Sonnenunterganges.

Der Kampf mit den Mächten der Unterwelt ist in der griechischen Mythologie nicht dualisiert, ist eher der Ausdruck der natürlicherweise gegebenen Polarität. Die Gegensätzlichkeit wird nicht moralisch betrachtet. Der Kampf mit der Unterwelt ist Beweis für Mut und Kraft des Helden, aber das Eindringen in den Hades bedeutet nicht, wie im Orient oder wie im Christentum, einen Sieg über die Mächte des Bösen, sondern die Durchbrechung der Gesetze des Todes. *Die Hadesfahrt dient nicht der Überwindung des Bösen, sondern der Integration der abgespaltenen polaren Kräfte.*

Die Hadesfahrt ist entweder Mutbeweis, oder es handelt sich um die Rückholung eines Verstorbenen (denken wir an Orpheus und Euridike), oder sie ist die Befreiung von einem von Pluto Gefangenen, oder sie dient dem Verlangen nach Erkenntnis der unterirdischen geheimen Welt.

Wir werden zur Unterweltsfahrt auch das antike esoterische Märchen »Amor und Psyche« zu rechnen haben. Und hierher gehört natürlich auch der berühmte Demeter-Persephone-Mythos, welcher den Mysterien von Eleusis zugrunde liegt. Aber wir kennen die Jenseitsfahrt auch im christlichen Bereich. Diese wollen wir jetzt in unsere Betrachtungen einbeziehen.

Die Höllenfahrt Christi steht sicherlich deutlich in der orientalischen Tradition einer dualistischen Weltvorstellung. Ob nun der Abstieg Christi in die Unterwelt nur dualistisch verstanden werden kann, wie in der christlichen »Exoterik«, ist dabei die große Frage.

Sein von ihm selber vorausgesagter dreitägiger Aufenthalt »mitten in der Erde« (Matth. 12.40: »Denn gleich wie Jona drei Tage und drei Nächte in des Fisches Bauch war, so wird des Menschen Sohn drei Tage und drei Nächte im Schoß der Erde sein«), der sich in der Zeit zwischen Tod und Auferstehung abspielt und bei Matth. 27 nur indirekt mit Sonnenfinsternis, Erdbeben, Zerreißen des Tempelvorhanges, Sichöffnen der Gräber und der Auferstehung der Heiligen aus ihnen angedeutet wird, ist in das christliche Credo als Glaubenssatz »niedergefahren zur Hölle« eingegangen und hat als genau umrissenes Heilsgeschehen spätestens seit der Kirchenordnung des Hippolytos am Anfang des dritten Jahrhunderts einen Platz unter den übrigen Heilstaten Christi erhalten.

In den alten lateinischen Meßbüchern ist dieses »Descensus ad inferos« allerdings nicht enthalten gewesen. Es heißt dort im Glaubensbekenntnis von Christus: »Unter Pontius Pilatus hat Er den Tod erlitten und ist begraben worden. Er ist aufgestanden am dritten Tag gemäß der Schrift; Er ist aufgefahren in den Himmel ...« usw.

Das römische Meßbuch nach Anselm Schott wie auch das altehrwürdige »Liber Usualis Missae et Officii« mit dem Gregorianischen Gesang enthalten beide im Credo den Abstiegs-Glaubenssatz nicht. Vor dem Vatikanischen Konzil kam der »Descensus« nur in der Messe der Priesterweihe etc. und in der Kindermesse vor (es gibt Meßbücher, worin die Kindermesse den »Descensus« enthält, die Erwachsenenmesse aber nicht). Der Satz heißt auf deutsch:

Ich glaube an ...
Jesus Christus ...
gekreuzigt, gestorben und begraben,
abgestiegen zu der Hölle,
am dritten Tage wieder auferstanden von den Toten,
aufgefahren in den Himmel.

Das traditionelle Christentum tut sich mit dem »Descensus« schwer. Wir kommen später noch einmal darauf zurück. Doch betrachten wir zunächst noch andere Zusammenhänge.

2 Die Jenseitsfahrt oder das Überschreiten der Grenze

Zur Jenseitsfahrt oder zum Unterweltsbesuch gehört das Überschreiten der Grenze. Diese Grenze ist meistens ein Fluß, ein Gewässer auf alle Fälle. In der griechischen Mythologie ist Charon der Fährmann, der die Toten über den Fluß Styx in das Reich des Hades führt. Er tritt zum Beispiel in Monteverdis Oper »Orfeo« eindrücklich als schmutziger, übelgelaunter, böser alter Mann auf. Charon verlangte von den Toten einen Obolus, um sie über den Fluß zu bringen, und es war bei den Griechen Sitte, ihre Toten mit einer Münze im Munde zu begraben, damit sie das Entgelt für die Überfahrt bei sich hatten.

Zu dieser Grenzthematik gehört natürlich auch der Thule-Sagenkreis. »Ultima Thule« war einmal ein geflügeltes Wort. Thule ist der Ort am Ende der Welt. Hier begegnen wir auch wieder dem Brunnen, der am Rande der Welt liegt und das Lebenswasser enthält. In diesem Zusammenhang ist es nicht zufällig, daß wir unseren ersten Teil mit dem Märchen »Das Wasser des Lebens« abschließen werden. Dieses enthält Motive, welche wir für die Zeichnung des Menschenbildes im Märchen brauchen. Es gibt eine »Froschkönig-Variante«, in welcher der König der Reihe nach seine drei Töchter aussendet, um einen Becher vom Wasser des Lebens zu holen. Der Frosch im Brunnen am Rande der Welt aber läßt nur die Jüngste reines Wasser schöpfen, denn sie verspricht, ihn zum Manne zu nehmen.

Wir sagten schon, das Land der Toten dachte man sich

im Altertum nicht nur unter der Erde, sondern es war auch mit dem Westen verbunden, mit der Himmelsrichtung des Sonnenuntergangs, ebenso wie Thule im Westen liegt.

Hierher gehört das Lied der Margarete in Goethes Faust I, das sie singt, als sie ihr Schlafgemach betritt, worin sich vorher Mephistopheles heimlich aufgehalten hatte. Mephisto hatte ein Schmuckkästchen in ihr Zimmer gestellt, um sie mit irdischem Gepräuge zu verführen. Ich zitiere die ganze Szene:

Der König in Thule

(Margarete, mit einer Lampe)

Es ist so schwül, so dumpfig hie,

(Sie macht das Fenster auf)

Und ist doch eben so warm nicht drauß.
Es wird mir so, ich weiß nicht wie –
Ich wollt, die Mutter käm nach Haus.
Mir läuft ein Schauer übern ganzen Leib –
Bin doch ein töricht-furchtsam Weib!

(Sie fängt zu singen an, indem sie sich auszieht.)

Es war ein König in Thule,
Gar treu bis an das Grab,
Dem sterbend seine Buhle
Einen goldenen Becher gab.

Es ging ihm nichts darüber,
Er leert' ihn jeden Schmaus;

Die Augen gingen ihm über,
So oft er trank daraus.

Und als er kam zu sterben,
Zählt' er seine Städt im Reich,
Gönnt' alles seinem Erben,
Den Becher nicht zugleich.

Er saß beim Königsmahle,
Die Ritter um ihn her,
Auf hohem Vätersaale,
Dort auf dem Schloß am Meer.

Dort stand der alte Zecher,
Trank letzte Lebensglut,
Und warf den heiligen Becher
Hinunter in die Flut.

Er sah ihn stürzen, trinken,
Und sinken tief ins Meer,
Die Augen täten ihm sinken.
Trank nie einen Tropfen mehr.

(Sie eröffnet den Schrein, ihre Kleider einzuräumen, und erblickt das Schmuckkästchen.)

Wie kommt das schöne Kästchen hier herein?
Ich schloß doch ganz gewiß den Schrein.
Es ist doch wunderbar! Was mag wohl drinne sein?
Vielleicht brachts jemand als ein Pfand,
Und meine Mutter lieh darauf.
Da hängt ein Schlüsselchen am Band:
Ich denke wohl, ich mach es auf.
Was ist das? Gott im Himmel! Schau,

So was hab ich mein' Tage nicht gesehn!
Ein Schmuck. Mit dem könnt eine Edelfrau
Am höchsten Feiertage gehn.
Wie sollte mir die Kette stehn?
Wem mag die Herrlichkeit gehören?

(Sie putzt sich damit auf, tritt vor den Spiegel.)

Wenn nur die Ohrring meine wären.
Man sieht doch gleich ganz anders drein.
Was hilft euch Schönheit, junges Blut?
Das ist wohl alles schön und gut,
Allein man läßts auch alles sein;
Man lobt euch halb mit Erbarmen.
Nach Golde drängt,
Am Golde hängt
Doch alles. Ach, wir Armen!

(Faust I, 2753–2804)

In Goethes Thule-Lied ist eine depressive Todesstimmung anwesend, denn dadurch, daß sich Margarete auf die Werbungen des Doktor Faust einläßt, was nur mit Hilfe des Teufels (Mephisto ist sein Abgesandter) möglich ist, beginnt ja jene Geschichte, welche zu dem jungen Tode des verführten Weibes führt. Das Thule-Lied entstammt einem Totenkult. Und die Thule-Gesellschaft als Urzelle des Nationalsozialismus war ein schwarzmagischer Totenkultorden.

Das geflügelte Wort »Ultima Thule« stammt aus Vergils Lehrgedicht über den Landbau (»Georgica« I,30). Die von dem griechischen Entdecker Pytheas aus Massilia im 4. Jahrhundert v. Chr. beschriebene Insel nördlich von Britannien ist bei uns namentlich durch Goethe bekannt geworden. Dieser bekennt in »Dichtung und Wahrheit«, 2. Teil, Buch 13, daß er von Ossian, dem Helden der südirischen Sagen, »bis ans letzte Thule« düsterer Märchenstimmung gelockt worden sei. Goethe machte durch die von Margarete gesungene Ballade den »König von Thule« für uns zum geflügelten Wort.

Wir sagten, Thule liege im Westen und sei Symbol für den Untergang. Aber es gibt auch einen Ort Thule an der grönländischen Westküste. Ich will damit sagen, daß diese Dinge ihre Realität haben, auch wenn wir sie »als Realitäten« nicht weiter verfolgen wollen, sondern zur Märchensymbolik zurückkehren. Unser »Froschkönig«, von dem später noch mehr berichtet wird, ist ein Unterweltskönig und deshalb ein Wissender, mit dem Teufel irgendwie in Verbindung, doch nicht selber dieser, denn er ist ja zu sehr auf eigene Erlösung angelegt. Natürlich können wir sagen, daß *die Könige des Hellen und des Dunklen in ihrem Einssein aus der Polarität erlöst sind,* daß sie in der ursprünglichen göttlichen Einheit ja zu einem verschmelzen.

Bedenken wir in diesem Zusammenhange, weil der Westen als der Ort des Sonnenunterganges erwähnt ist, daß natürlich viele Unterweltsmythen mit dem *alltäglichen Ereignis des Sonnenlaufes* ursprünglich verbunden sind. Die menschliche Seele beschäftigt sie mit der Polarität von Tag und Nacht, von Sonnenaufgang und Sonnenuntergang seit jeher eingehend, eindringlich, umfassend. Man kann fast sagen: *Es gibt keinen stärkeren Eindruck auf die menschliche Seele* und auf das menschliche Gemüt. Und alle Mythen und ihre Riten bilden den Sonnenlauf ab und holen aus ihm ihre geheimsten und zentralsten Lehren.

Nur der moderne Mensch scheint zu versuchen, durch sein physikalisches Wissen, durch sein »Hirnwissen«, dem alltäglichen Erlebnis von Tag und Nacht, vom Aufgang der Sonne als Geborenwerden und vom Abstieg der Sonne als dem Absterben, zu entfliehen. Er tut dies dadurch, daß er einen außerirdischen Standpunkt einnimmt, nämlich einen heliozentrischen, er denkt vom Mittelpunkt unseres Sonnensystems aus, er denkt nicht mehr von Mittelpunkt der Erde aus, nicht mehr geozentrisch, nicht mehr vom menschlichen Erleben aus. Eine Kultur, die nicht mehr vom menschlichen Erleben aus denkt, entmenschlicht sich zunehmend, so großartig gewiß ihre Taten auch sein mögen. Es geschieht alles, mag es noch so atemberaubend sein, auf Kosten des Menschen. Der Mensch opfert sich selber. Das goldene Zeitalter, das silberne, das eherne, das eiserne sind längst vorbei, wir sind im Plastikzeitalter.

Diese Aussage entspricht einer esoterischen Tradition. Denn der Höhepunkt eines Zeitalters ist immer am Anfang, danach entäußert sich alles, wird immer mehr verschleudert, zentrifugal, entfernt sich aus seiner Mitte und vom Ursprung immer mehr. In diesem Zusammenhang hat »Thule« seine Bedeutung. Die Kultur des Morgenlandes wurde abgelöst von der Zivilisation des Abendlandes. Der Geist und das Denken des Abendlandes beherrschen heute die Welt. Die esoterische Tradition ist aber eine immerwährende Ausrichtung nach dem Osten, auf den Sonnenaufgang, sie ist »levantinisch« oder »anatolisch« orientiert. Es ist in diesem Zusammenhange von ganz besonderer Bedeutung, daß der Petersdom im Vatikan, die Zentrumskirche des Katholizismus, der Kirche des Abendlandes, den Chor im Westen hat, also nach Westen, nach Sonnenuntergang orientiert ist, während sonst in der Christenheit und besonders in Italien alle übrigen großen Kirchenbauten mit dem Chor nach Osten errichtet worden sind.

Wir können darum noch einmal auf das Thema der Höllenfahrt Christi zurückkommen und nun dazu einige Ergänzungen anbringen. Obgleich wir bei einigem Suchen Meßbücher gefunden haben, in denen der »Descensus ad inferos« im Credo enthalten ist, ist doch die festgestellte Auslassung in zentralen Publikationen bedenkenswert. Im Lexikon »Die Religion in Geschichte und Gegenwart« heißt es: »Im Neuen Testament wird die Höllenfahrt Christi nicht geschildert, wohl aber vorausgesetzt.« Wir finden diese dafür sehr ausführlich in den sogenannten Apokryphen, den geheimen und nicht als offiziell geltenden Schriften des Neuen Testamentes, auf die wir hier nicht näher eingehen wollen. Es ist für die ganze christliche Welt aber in hohem Maße bezeichnend, daß die »untere Dimension« der Auferstehung, die Nachtseite der Auferstehungsherrlichkeit, ausgespart bleibt.

Im Alten Testament finden sich Stellen, welche den Kampf der Auserwählten in den Wassern und Abgründen des Leidens und des Todes schildern (zum Beispiel in den Psalmen 18.5–8, 42.8, 69.2–4, 14–16, 86.13, 88.4–13). Es ist angenommen worden, daß der Mythos von der Höllenfahrt den Abkömmlingen der damaligen sogenannten »heidnischen« Religionen völlig geläufig war. Also gehört zum messianischen Drama ein Hadesaufenthalt Christi, damit sein Tod und sein Sieg über den Tod richtig verstanden und richtig betont werden konnten. Die Apokryphen schildern die »Bezwingung der Höllenmacht«, welche ja auch in der Apokalypse, der geheimen Offenbarung des Johannes, Thema ist. Es geht um die Befreiung der Toten und sogar um die Verkündigung des Heiles im Totenreich. Wir stehen also vor der Tatsache, daß die Höllen- oder Jenseitsfahrt im Bewußtsein der Evangelienschreiber erhalten war, aber die ausdrückliche Schilderung des Mythos unterdrückt wurde.

Das Unterdrückte kommt dann auf eine andere Weise, meist völlig unterbewußt, und an einem Orte, an dem man es nicht erwarten würde, wieder zum Vorschein und behauptet seine Geltung. Also zum Beispiel in der West-Orientierung des Petersdomes in Rom. So wurde er zur Abendlandkirche, gegen Westen gerichtet, gegen den Rand der Welt, wo der Sonnenuntergang geschieht. Und dies widerspricht radikal aller initiatischen Regel. Natürlich be- und umjubeln noch heute Theologen die christliche Kirche als Auferstehungskirche und ihre Lehre und ihr Zeremonial als Auferstehungsfeier. Aber es gibt Signale, die auf das Gegenteil hinweisen. Denn es gibt keine wahre Auferstehung ohne Höllenfahrt. Das soll keine Kritik an der Gestalt des initiatischen Helden Jesus Christus sein, vielmehr eine an der Wahrheit der Überlieferung.

Es muß immer der ganze Kreislauf durchschritten werden. Wir sagten, daß dies alles dem modernen Menschen nicht mehr geläufig ist. Wir heutigen Menschen meinen, wir hätten all dies, worüber jetzt gesprochen wurde, durch die Verlagerung des Gesichtspunktes auf die Sonne als Zentrum des Systems enträtselt.

Der Weise aber hält sich an das Gesetz des Kreislaufs von Tag und Nacht, von Licht und Dunkel, weil dieser Kreislauf ihm auf unserer Welt, im Leben der sichtbaren Formen, das Mysterium dessen vorführt, was Gott ist, wenn er in die Sichtbarkeit tritt.

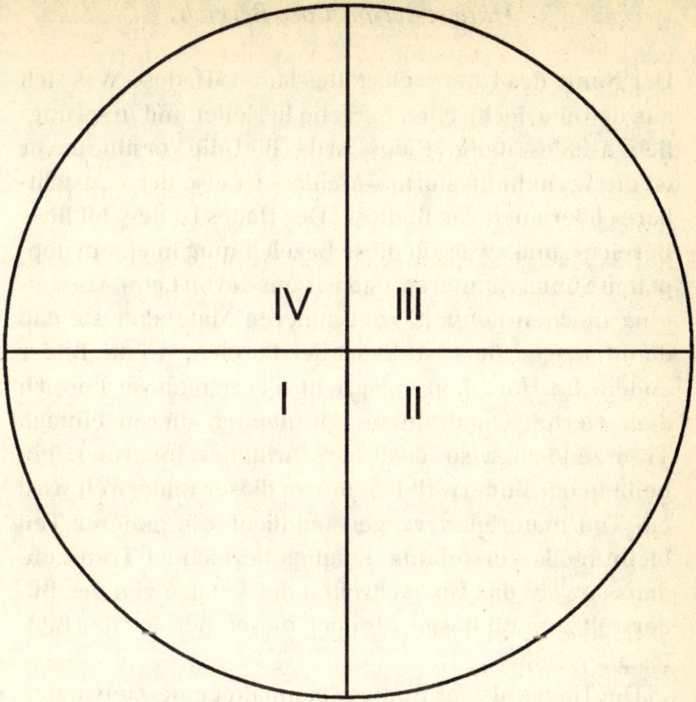

Das Horoskop ist in vier Teile (Quadranten) aufgeteilt, entsprechend war einst die Stadt als dessen Abbild in vier Quartiere eingeteilt. Die Quadranten: I = die sichtbare, materielle Welt, II = der subjektive Bereich der Hervorbringung von Formen (I + II = der Ich-Bereich), III = der Bereich der ererbten Bilderwelt, IV = der Bereich überindividueller Wahrheit, der nicht bildhaft zugänglich ist, sondern nur »erfahren« werden kann (III + IV = der Bereich des Nicht-Ich).

Der Name des Unterweltsgottes lautet »Hades«, was sich aus der altgriechischen Sprache herleitet und ursprünglich »A-eides« heißt. »Eidos« ist das Bild, die Vorsilbe davor ist die Verneinungsform. »A-eides« ist also der »Unsichtbare« oder auch das Bildlose. Der Hades ist der »bildlose Bereich«, und zwar gilt diese Bezeichnung in einem doppelten Sinne. Einmal so, daß wir uns davon keine Vorstellung machen können, zum anderen Male aber so, daß damit ausgedrückt ist: Es ist der Bereich, wo die Bilder enden. Im Horoskop entspricht dieser bildlose Bereich dem vierten Quadranten. Wir nennen diesen einfach Transzendenz, also »das Überschrittene«. Inkarniertsein heißt in der Bilderwelt leben. Von dieser Bilderwelt wird ein Teil materiell vergegenständlicht, ein anderer Teil bleibt bloße Vorstellung. Folglich bezeichnet Transzendenz sowohl das Überschreiten der Grenze von der Bilderwelt zum Bildlosen, als auch diesen Bereich der Bildlosigkeit selber.

Der Hades als das Bildlose beinhaltet eine Zielvorstellung. In die Felder der Seligen eintreten können wir erst, wenn diese Bildlosigkeit realisiert wird. Es gibt in der Unterwelt den Bereich der Unerlösten, so sagten wir schon. Dieser Bereich der Unerlösten beinhaltet und umschließt die »unerlösten und ungelebten« Bilder. Dieser unerlöste Teil des Hades ist uns als Hölle im Bewußtsein. Den anderen Teil aber nennen wir Himmel.

Wir wiesen darauf hin, daß die Antike hier zuerst nicht trennte. Entsprechend war der Eingang zur Unterwelt für alle derselbe; so wie wir im Horoskop das Bildlose nur in einem Quadranten, respektive den Überschritt ins Bildlose nur an einem Ort haben, nämlich im vierten Viertel.

Wahre Auferstehung gibt es also nur dann, wenn der Höllenabstieg unternommen wurde, um die unerlösten Bilder aufzulösen. Der Hades ist darum ein Schrecken nur für jene, denen er unbekannt ist; das Dämonische ist nur ein Angstmacher, wenn es außerhalb von uns ist. Außerhalb aber heißt, wenn es nicht in uns selber entdeckt ist. Angst und Schrecken einjagen kann uns nur das noch nicht integrierte Eigene. Angst machen uns nur die eigenen ungelebten und darum unerlösten Bilder. Wir werden auf dieses Thema an einer anderen Stelle zurückkommen.

Es fällt auf, wie furchtlos der Märchenheld von Anfang an dargestellt wird. Im dritten Teil werden wir uns mit dem Menschenbild beschäftigen, für welches Furchtlosigkeit konstitutiv ist. Der für uns hier thematisierte Mensch ist als ein von Anfang an Furchtloser nicht vergleichbar mit dem realen Menschen. Wir dürfen nicht sagen, es gebe keine furchtlosen Menschen; aber sie sind selten oder unserer Sicht entzogen. Für uns ist die Furchtlosigkeit eine Zielvorstellung. Und so wie das Märchen in der Beurteilung unseres Gewährsmannes Max Lüthi literarisch gesehen eine Endform darstellt, über welche nicht hinausgegangen werden kann, so stellt es auch in seiner Hauptfigur, also im Helden oder in der Heldin, eine Endform des Menschen dar, nämlich den furchtlosen und den »versöhnten« Menschen.

Wir sprechen »furchtlos« und »versöhnt« in einem Atemzug aus, weil diese Eigenschaften zusammenfallen. Denn es kann nur der Versöhnte furchtlos sein. Nur jener, der kein Feindbild mehr in sich trägt. Obgleich das Wort versöhnt von »Sühne« kommt, wollen wir es hier nicht in diesem Sinne verstanden wissen. Es mag sein, daß für ein ehemaliges Getrenntsein von der Einheit Sühne geleistet wurde, damit es zur Versöhntheit kommen konnte. Hier bezeichnen wir damit den Menschen, der nicht mehr aus der Rache handelt und deshalb auch die Gerechtigkeit anderen Instanzen überläßt.

Die Höllenfahrt dient der Versöhnung. Wir wissen, wie psychologisch erheblich sie ist. Denn auch die Psychoanalyse ist eine Höllenfahrt, will die Überwindung des Todes. Der Abstieg in die eigene Seelentiefe dient dazu, die Wurzeln dessen zu entdecken, was im Sichtbaren falsch oder gar nicht wächst. Wir sagten, es gehe darum, die Maus an der Wurzel des eigenen Apfelbaumes oder die Kröte unter dem Stein im eigenen Brunnen zu finden. So ist die Entdeckungsreise in die eigenen Abgründe geeignet, die Gründe dafür zu sehen, daß wir »am Lichte nur ein Schattendasein führen«. Die Jenseitsfahrt der Psychoanalyse dient der Überwindung des Todes, allerdings nicht im Sinne der Unsterblichkeit. Es geht um einen alltäglichen und direkt erlebbaren Vorgang. Denn das Resultat einer geglückten Psychoanalyse ist die »Wiedergeburt«. Auch dieses Wort ist nicht im Sinne der Reinkarnation aufzufassen. Wenn in der westlichen Religionsphilosophie von Wiedergeburt die Rede ist, dann wird damit das Wiedergeborenwerden im Hier und Jetzt bezeichnet. In diesem Sinne ist die Taufe eine Wiedergeburt. Der Heide in uns stirbt und der Christ wird geboren; wir werden als Christen wiedergeboren.

Wiedergeburt als Sterben und Auferstehen ist in der religiösen Praxis ein sakral und rituell gefeierter Anlaß. Wir werden später die Übergangsriten bei Naturvölkern als Wiedergeburtszeremonial betrachten. Im Grunde genommen hat in der religiösen Praxis das ganze »geheiligte Leben« die Bedeutung der Wiedergeburt. Im »sakramentalen Leben« wird Sterben und Auferstehen täglich ernst genommen. Es handelt sich dann um einen täglich wiederkommenden und dadurch andauernd geschehenden

Vorgang. Jede Handlung des Menschen vollzieht sich in diesem religiösen Bezug. Soll das tägliche Leben ein Sakrament sein, also einer Heiligung und dem Heile dienen, so stellt folglich das Leben die Umwandlung vom Profanen zum Geweihten dar. Die Wandlung vom Schweinehirten zum König ist eine Analogie zu diesem Vorgang. Die Entzauberung der Märchen ist eine Wiedergeburt.

In der religiösen Praxis oder auf der Lebenshöhe eines wahrhaft Eingeweihten ist die Umwandlung des Alltäglichen zu Weihevollem selbstverständlich. Auf dem initiatischen Pfade geht es um nichts anderes als um diese Umformung, um diese Wandlung aller Handlungen in eine höhere Sinngebung. Alles, was ich auf Erden tue, hat dann gleichzeitig auf einer höheren Ebene seine Bedeutung, alles hat seinen höheren Sinn. Erwachen am Morgen ist dann zugleich »Wachwerden im Geiste«, ja soll dafür als äußeres Zeichen geradezu in den Dienst genommen werden. Oder noch anders gesagt: Wenn der körperliche Tod selbst im religiösen Sinne eine Geburt im Jenseits ist, so soll im sakramentalen Verständnis des Lebens diese Umwandlung, dieses Geborenwerden im Himmel, hier auf Erden andauernd geschehen.

Wir werden noch genauer sehen, daß dieses Verständnis des Lebens früher oder andernorts auf der Welt allgemeiner Besitz war. Die Grundvoraussetzung dafür, daß wir Menschen in solchem Bewußtsein leben können, besteht darin, daß wir erlebnismäßig im Kreislauf der Sonne verankert sind.

Die Psychotherapie will, um den Gedanken von vorhin zu vollenden, dieses Sterben und Wiedergeborenwerden als notwendigen Vorgang durchführen, im seelischen Erleben des Klienten zur Realität bringen, das fließende Leben wieder herstellen. Zweifellos geschieht dieses

Sterben, damit Neues entstehen kann; nicht nur in der Psychotherapie, also unter der kunstfertigen Leitung eines Helfers, sondern auch auf spontane Weise andauernd im Leben. Meistens aber sind es mühselige, langfristige und schwierige Prozesse. Sie bedürfen der Tat, spontane Lösungen dürfen nicht erwartet werden.

Uns interessiert hier die psychologische Arbeit nur am Rande, im Sinne einer brauchbaren Illustration aus dem Gewerbe, das wir betreiben; wir zitieren ihr analoges Anliegen nur zur Verdeutlichung. Das unserer Arbeit zugrundeliegende Motiv ist diese Umwandlung. Wir werden sie vor allem in den »Rites de passages«, die wir als Szenarium dieser Umwandlung beschreiben werden, kennenlernen. Es handelt sich um die Übergangsriten bestimmter Naturvölker, die den Prozeß des Übergangs vom Kindsein zum Erwachsensein rituell in Szene setzen. Auch hier geht es um das symbolische und seelische Sterben und Wiedergeborenwerden. Das Kind im Menschen stirbt, der Erwachsene soll geboren werden. Um eben dieses geht es im Märchen »Der Teufel mit den drei goldenen Haaren«. Und das Märchen zeigt uns exakt die Bedingungen des Erwachsenwerdens. Erwachsenwerden ist das Problem. Dieses Problem enthält alles, was mit unseren Anliegen verbunden ist, somit ist »wirkliches Erwachsenwerden auch das Anliegen der Esoterik«.

Die Zauber- und Königsmärchen handeln von diesem Gegenstand. Als Untertitel zum ersten Teil wählten wir darum auch den Satz: Das Gelingen des Erwachsenwerdens. Die Märchen unserer Gattung stellen dieses Gelingen dar. Sie zeigen, wie und unter welchen Bedingungen dies gelingt.

»Der Teufel mit den drei goldenen Haaren« schildert ein Geschehen, innerhalb dessen ein dramatischer Schritt vollzogen wird. Wenn wir hier vom Erwachsenwerden sprechen, so tun wir dies nicht im vordergründigen biologischen Sinne, in welchem wir sonst darüber reden, ja nicht einmal im ebenfalls üblichen pädagogischen Sinne. Wenn wir hier diese Volksliteraturgattung zu unserem Thema ausgewählt haben, so darum, weil es hier um weit mehr geht, nämlich eben um dieses wirkliche Erwachsenwerden, welches selten erreicht wird.

Das wirkliche, wahre Erwachsensein ist unter uns Menschen eine Rarität, und die heutige Zeit fördert es überhaupt nicht. Unser Held im Märchen »Der Teufel mit den drei goldenen Haaren« ist erst richtig verheiratet nach der Höllenfahrt. Jetzt ist er unabhängig, selbständig, mit allem ausgestattet, eine vollständige Persönlichkeit, potent, begabt, begnadet. Die tödliche Gefahr, die ja immer als Gefahr der mangelnden eigenen Identität zu verstehen ist, ist behoben.

Es besteht hier eine Ähnlichkeit mit der Lebensgeschichte des Jesus von Nazareth. Sowohl in unserem Märchen wie in der Geschichte Jesu gibt es die dreimalige Todesgefahr. Im Märchen beim Wegwerfen der Schachtel, beim Botengang mit dem Brief und zuletzt beim Besuch des Teufels. In der biblischen Geschichte haben wir die erste Todesgefahr im Herodianischen Kindermord, die zweite Todesgefahr wird offiziell nicht erzählt, wohl aber in den Neutestamentlichen Apokryphen. Die dortigen Kindheitsevangelien, die übrigens wohl auch deshalb nicht in den Kanon der kirchlich abgesegneten »Heiligen Schriften« aufgenommen wurden, weil dort der junge Jesus beileibe nicht als Engelchen dargestellt wird, sondern als recht frecher junger Bursche, der genau weiß, wer er ist, diese inoffiziellen Evangelien berichten, daß die »heilige Familie« auf der Flucht nach Ägypten, um der mörderischen Hand des Königs Herodes zu entgehen, unter die Räuber gerät, aus dieser Gefahr aber errettet wird. – Die dritte Todesgefahr ist dann jene, welcher Jesus tatsächlich am Kreuze erliegt.

Diese dreifache Todesgefahr ist vermutlich bedeutend. Die dreifache Gefahr betont ihr volles Ausmaß, die totale Gefährdetheit.

Nicht nur der Märchenheld ist also der tödlich bedrohte, sondern auch der Religionsstifter, auch der Gottessohn. Wenn wir diese beiden Gestalten miteinander vergleichen, so würden wir zunächst sagen, daß sie weit voneinander gelegen sind, doch wohl kaum etwas miteinander zu tun haben. Und doch werden wir im Laufe der Untersuchung sehen, wieviel sie miteinander zu tun haben. Was von ihnen erzählt wird, hat ähnliche Wesenszüge und teilweise einen ähnlichen Verlauf.

Ich möchte hier noch einmal einen Vergleich ziehen zu dem Menschen, der sich einer Psychoanalyse unterzieht. Die Psychoanalyse will den Menschen lebensfähig machen, was dadurch geschieht, daß er sich aus seiner kindlichen Gebundenheit befreit. Wir haben deutlich gesehen:

Das Kind ist der Mensch im bedrohten Zustand. Das Kind ist der Mensch, der in der Illusion der paradiesischen Einheit mit den Eltern lebt, die Gespaltenheit der Welt noch nicht erkennt und deshalb tödlich bedroht ist.

Der psychoanalytische Abstieg in die eigene Seele, sei es im Sinne der Traumanalyse oder mit Hilfe der Imagination oder durch die Wiedererinnerung an frühere Lebensgeschichten, ist gleichsam ein Unterwegssein zu den eigenen »todbringenden Bildern«, die deshalb todbringend sind, weil sie unerlöst in uns existieren, und als solche uns zu Handlungen und Resultaten führen, welche wir gar nicht anstreben. Die in uns gefangenen Bilder »zwingen«. Das Unerlöste in uns ist stärker als der gute Wille im Oberbewußtsein.

Wie Odysseus (in der Odyssee XI) bei seinem Besuch in der Unterwelt die Seelen der Gefallenen von Troja und anderer Helden der Vergangenheit findet und darunter solche sieht, die endlos ihre »unerlösten« Taten und Verbrechen, die sie im irdischen Leben begingen, wiederholen müssen, so trifft der Mensch im Seelenabstieg jene Bilder an, die seine sonst unerklärlichen Wiederholungen im Leben erzeugen. *Die unerlösten Bilder der Angst, der Wut, der Gier, der Begierde und des Neides sind das wahrhaft »Tödliche« in uns.*

Wir wollen dies alles noch einmal neu formulieren und zu verdeutlichen versuchen:

Der Sinn des Abstiegs in die Unterwelt

Wir halten uns zur Beantwortung dieser Frage an das Märchen selbst. Der Abstieg zur Hölle mit seinen Prüfungen dient in erster Linie der endgültigen Verheiratung des Helden. Er und die Königstochter sind davor immer noch in der Gewalt des Königs. Die Höllenfahrt dient der Freiheit, sie dient der Befreiung aus der Kindheit. – Wir haben ferner gesehen, daß der junge Mann zu einem bestimmten Wissen gelangt, zu welchem er sich vorher schon bekannte. Er behauptet von sich, alles zu wissen. Aber dieses Wissen muß zuerst »geholt« werden. So können wir sagen: Das Wissen des Kindes stammt nicht aus der Tiefe, es stammt nicht aus dem eigenen Seelengrunde. Das Wissen aus dem Schatz des allwissenden Herrschers der Unterwelt ist das Wissen des Erwachsenen. Und dieses Wissen des Erwachsenen ist das Wissen um die dunkle Seite Gottes. Das ist die Ganzheit des Wissens. Das ist das Licht, das wir aus der Unterwelt heraufholen, das sind die drei goldenen Haare vom Haupt des Teufels. Wir glauben doch nicht etwa, diese wären leicht zu holen? – Oder: Dieses Licht ist das Goldene Vlies. Es wird von einem riesigen Drachen bewacht. Warum?

Nur der wahrhaft Berufene soll an die ganze Wahrheit herankommen. Und das ist jener, der den Mut hat, die einpolige Oberfläche dieser Welt zu durchdringen, den anderen Pol auch wahrzunehmen und zu integrieren.

Nur der furchtlose Mutige überwältigt den Drachen und holt sich das ganze Wissen des wahrhaft Erwachsenen. Wir können an dieser Stelle die vollständige Begründung für diese Aussage noch nicht erbringen. Diese wird im Laufe unserer Betrachtung immer deutlicher werden. Wir werden sehen, warum das wirkliche Erwachsensein soviel Mut und Selbstvertrauen und Entschlossenheit braucht, so daß es eben nur mit dem *bestandenen Drachenkampf* bildlich verglichen werden kann.

Wir werden noch mehr über all dies vernehmen, wenn wir im letzten Teil über die Beziehung zwischen Eltern und Kindern bzw. Kindern und Eltern nachdenken. Vielleicht gehört die Kind-Eltern-Beziehung zum Überraschendsten von alledem, was uns die Märchen lehren. Und wir werden ferner feststellen, daß viele planetarische Kombinationen und ihre Bedeutung, welche wir innerhalb der astrologischen Deutung nach Döbereiner benützen, sehr genau der Botschaft der Märchen entsprechen.

Das Wissen um den dunklen Gegenpol und das Bestehen der Gefahr, welche durch die Zweipoligkeit der Welt hervorgerufen wird, machen den Unterschied zum Kinde aus. So dient der Abstieg in die Unterwelt und das Betreten des Schattenreiches der Entdeckung der ganzen Wahrheit.

Manchem Leser mag dies durch entsprechende Studien und Lebenserfahrung geläufig sein. Doch sind wir herausgefordert, immer wieder von neuem darüber nachzusinnen und uns selber zu prüfen, wie weit unsere Erkenntnis reicht, weil die Umwelt und die Menschen in ihr diesen Zusammenhängen nicht nachspüren. Die Welt um uns herum denkt an ganz andere Dinge, nämlich an jene wie das Müller-Ehepaar im Märchen, wie die Räuber und wie der König. Diese sind die Vertreter des Alltäglichen, sie vertreten die Öffentlichkeit. Mit diesem Ausdruck bezeichnen wir etwas, was von der Weisheit weit entfernt ist. Die Grundlage der Weisheit besteht darin, das Prinzip der Polarität akzeptiert und durchschaut zu haben. Öffentlichkeit ist davon nie erfaßt oder gar durchdrungen. Die »Res publica« ist somit immer verlängerte Kindheit. Es mag ja in der Geschichte Zeiten gegeben haben, wo die »öffentliche Sache« von Weisen geleitet und bestimmt wurde. Auch davon sind wir heute, zu einer Zeit, in der geistige Inhalte zur sozial verteilbaren Ware geworden sind, weit entfernt. Der sich überall manifestierende Machtanspruch der Herde und ihrer Repräsentanten ist immer un-weise. Dieser Machttrieb richtet sich auf das Einpolige. Einpoligkeit aber ist vom Wunsche beseelt, nur eines von zwei Dingen gelten zu lassen, also zum Beispiel nur das sogenannte Gute. Einpoligkeit als Tendenz enthält immer verborgenerweise die Illusion, das Paradies auf Erden zu erstellen. Paradies ist Einheit. Diese ist nicht möglich in der sichtbaren Welt. Folglich resultiert aus diesem Vorhaben nie Einheit, sondern nur Einpoligkeit. Einpoligkeit aber gelingt nie in der zweipoligen Welt, ja sie wird täglich vor unseren Augen widerlegt. Trotzdem wird sie als Idee aufrechterhalten, ihr Gelingen wird einfach in die Zukunft verschoben. Und das Verschieben in die Zukunft ist nichts anderes als kindliche Ohnmacht. Darum müssen wir schlußfolgern:

Der wirkliche Erwachsene ist sowohl gut als auch böse, er steht »jenseits von Gut und Böse«.

Diese zusammenfassende Formulierung entspricht der überlieferten Lehre von der Weisheit. Denn die Gegensätzlichkeit der Welt anerkennen heißt über ihr stehen. Wenn wir über ihr stehen, sind wir zwar nicht außerhalb von ihr als erscheinende Personen, aber wir sind seelisch-geistig unabhängig von ihr und damit frei. Und wenn dies nun die Quintessenz der Zauber- und Königsmärchen ist, so können wir unschwer ermessen, daß die Märchen aus der Schatzkammer ältester menschlicher Erkenntnis schöpfen. Es gibt keinen anderen Weg zur Weisheit und zur Freiheit als denjenigen ins Jenseits. Wir sprechen hier dauernd von nichts anderem. Es gibt keinen anderen Weg als jenen der Jenseitsfahrt, er führt auf die andere Seite der Zweiheit und dort zu deren Vereinigung, zur Befreiung davon. Wir gelangen hier nun zu einem Menschenbild, welches ich als dasjenige des *Homo religiosus* bezeichne – wir werden sehen warum. Gesetzt es sei wahr, daß die Märchen vom Homo religiosus erzählen, dann in so versteckter Weise, daß es keine direkten Wege gibt, dies zu entdecken.

Mir ist die Aussage der literaturwissenschaftlichen Märchenforschung wichtig, die Märchen seien *weltliche Dichtung*. Damit wird vor allem gesagt, daß sie nicht religiös sind. Zudem sind die Märchen Volksdichtung. Sie sind also vom Volk und weltlich, und sie werden nicht von irgendeiner elitären Gesellschaftsschicht für sich beansprucht. Weltliche Dichtung könnte auch heißen, der Welt übergebene und anvertraute Dichtung. Und die Welt ist in ihren alltäglichen Gegebenheiten etwas vom Beständigsten. Eine hohe Dichtung in das Gewand des Weltlichen kleiden garantiert geradezu ihr Überleben. Die in den Märchen verpackte hohe Weisheit konnte also überliefert werden, ohne philosophischen oder theologischen Streitigkeiten zu verfallen. Der unreligiös-profane Auftritt dieser Erzählungen gewährleistet ihre Unverfälschtheit. – Wir haben hier tatsächlich im Sinne, die Wesenszüge und die Verhaltensweisen des Protagonisten im Märchen als die Psychologie des Homo religiosus auszuweisen – ein gewagtes Unterfangen vielleicht. Wir wissen ja um die Vielfalt der Deutungsmöglichkeiten hoher Kunst. Profanes ist immer nur eindeutig. Hohe Dichtung birgt in sich eine Konzentration und Kristallisation, in der und durch die vieles in eines zusammenfällt.

Auch im folgenden Kapitel bleiben wir noch eine Weile bei der Jenseitsfahrt.

3 Die Nachtmeerfahrt oder das Zeitalter des Sonnengottes

Die Unterweltsfahrt ist besonders durch die Psychologie von C. G. Jung als »Nachtmeerfahrt« bekannt geworden. Darunter ist die nächtliche Fahrt der Sonne beziehungsweise des Sonnenhelden im Meer, in der Unterwelt, zu verstehen.

Es handelt sich um die bereits erwähnte Tatsache, daß die Sonne im Westen die sichtbare Welt verläßt und ins Meer absinkt und am Morgen im Osten wieder aus dem Nichts hervorgeht. Offensichtlich stammt diese Vorstellung von einer maritimen Kultur, ein Bergvolk käme nicht auf ein solches Bild. An der Wiege unserer Kultur standen Völker, die zu Land und zu Wasser lebten, die vor allem freien Zugang zum Meere hatten. Am Meeresufer gibt es dieses urtümliche Erlebnis – vielleicht ein Grund dafür, daß uns das Meeresufer so lockt.

Dieses ewig gleiche Geschehen gibt das Urmodell ab für jede Wahrheitsfindung und jegliches Erreichen von Weisheit.

Von den christlichen Kritikern der Urreligion wird seit dem Beginn der christlichen Konfession alles bekämpft, was mit dem Einbeziehen der Sonne als Zentralsymbol zu tun hat. Doch konnte, wie wir gesehen haben, auch die christliche Welt auf die Unterweltsfahrt ihres Helden nicht verzichten. – Der initiierte Mensch muß sich mit dem Lauf der Sonne identifizieren. *Er ist dann selber die Sonne, welche den Weg untendurch geht und aus dem Unten wieder empor gelangt.* Darum heißt derjenige, der diesen Gang auf sich nimmt, der *Sonnenheld.* Die Nachtmeerfahrt gehört dem Sonnenhelden; sie ist das Modell für Initiations- und Einweihungsriten, für Erneuerungs- und Wiedergeburtsmysterien.

Die Nachtmeerfahrt ist die Begegnung und der Kampf mit dem Drachen. Der Drachenkampf aber ist der Urtypus des Märchen. Von der Nachtmeerfahrt als überall auf der Welt vorkommendes Urmodell von Einweihungsriten und -erzählungen hat Frobenius in seinem Buch »Das Zeitalter des Sonnengottes« berichtet. Leo Frobenius (1873–1938) war Volkskundler, er hat in dem erwähnten Buch jenen Mythen, von denen wir reden, auch den Titel »Walfischdrachenmythos« gegeben. In dem von ihm gesammelten Erzählgut fand er ein immer wiederkehrendes Ablaufschema, das so aussieht:

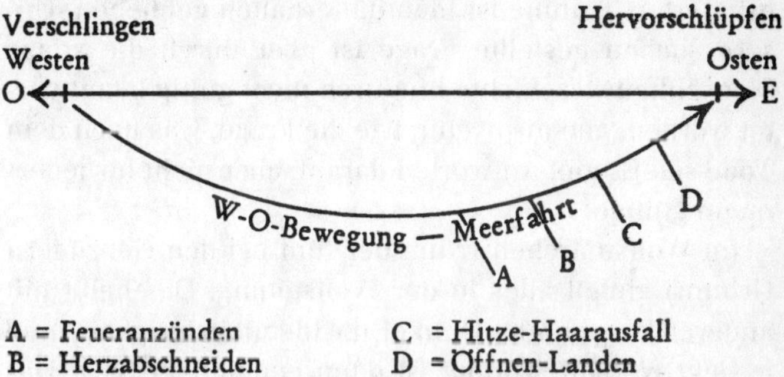

Ein Held wird von einem Wasserungetüm im Westen *verschlungen* (Verschlingen). Das Tier fährt mit ihm *nach Osten* (Meerfahrt). Inzwischen *entzündet* er im dem *Bauche* ein *Feuer* und schneidet sich, da er Hunger verspürt, *ein Stück* des herabhängenden *Herzens* ab (Herzabschneiden). Bald darauf merkt er, daß der Fisch auf das Trockene gleitet *(Landen);* er beginnt sofort, das Tier von innen heraus aufzuschneiden *(Öffnen);* dann *schlüpft er heraus* (Ausschlüpfen). In dem Bauche des Fisches ist es so heiß gewesen, daß ihm alle Haare ausgefallen sind *(Hitze-Haar).* – Vielfach befreit der Held noch gleichzeitig alle, die vorher verschlungen wurden *(Allverschlingen)* und die nun alle auch ausschlüpfen *(Allausschlüpfen-Weltgeburt).*

Dieses Schema ist jenes der Wiedergeburt. Aber es kommt nun darauf an, wie man dies versteht.

Der Mensch wird alltäglich von der Nacht, die ihn umgibt, wenn er in den Schlaf sinkt, verschluckt, und er wird am Morgen, beim Erwachen, wiedergeboren. Die Nacht ist dieser Walfisch, der uns Menschen am Morgen wieder ausspeit.

In dieser Weise ist auch der *Wolf* Symbol der finsteren Nacht, und im Märchen »Der Wolf und die sieben Geißlein« geht es, mag es darin auch noch so verborgen sein, wiederum um nichts anderes als um dieses fürchterliche Drama und dieses grauenhaft faszinierende Thema, »vom Dunkeln verschlungen zu werden und daraus gerettet wieder hervorzugehen«. Natürlich geht es dabei um die eigene Identität. Wer und wo sind wir im Schlaf? Im erinnerten Traume ist Identität erhalten geblieben. Unsere soeben gestellte Frage ist aber durch die ganze Menschheitsgeschichte hindurch nicht gültig beantwortet worden, genausowenig wie die Frage, was nach dem Tode sei. Es gibt Antworten darauf, aber nicht für jedermann gültige.

Im Wolfsmärchen (Nummer fünf bei den Gebrüdern Grimm) gipfelt alles in der Wolfstötung. Das heißt mit anderen Worten: Das Dunkel, die Identitätslosigkeit, muß besiegt werden. Tötung ist dann endgültiger Sieg. Das Bedrohliche und Angstmachende muß zum Verschwinden gebracht werden. Anders ist die heitere Zuversicht und existentielle Leichtigkeit der Märchenhelden nicht zu verstehen.

Wenn im bereits zitierten Lexikon »Die Religion in Geschichte und Gegenwart« (RGG VI, 137) im Artikel *Sonne* gesagt wird, daß der Mensch des prälogischen Denkens die tägliche Rückkehr der Sonne ängstlich erwarte und sie dann beim Eintreffen am Morgen freudig begrüße, so scheint mir einer solchen Deutung gegenüber Vorsicht geboten. Sollte man denn annehmen, daß der Mensch des vorlogischen, vorwissenschaftlichen Denkens *der ewigen Wiederkehr des Gleichen* noch nicht gewärtig war? Es wird in einer solchen Deutung vernachlässigt, daß der vorlogische Mensch kausalen Denkens nicht bedarf, wenn er dafür vielleicht um so mehr fähig war, das Leben als Gleichnis zu nehmen. Der Nacht entronnen zu sein, auch wenn dessen täglich gedacht wird, ist, wie einer seelisch-gefangennehmenden finsteren Macht entflohen zu sein. Das Wolftöten ist Symbol für die Überwindung all dessen, was uns gefangenhält und uns die Schritte zur befreiten Persönlichkeit nicht machen läßt. – So können wir sagen: Die Tötung ist Metapher für die gesicherte Gewißheit, daß die Sonne am nächsten Morgen wieder aufgeht; sie ist die Begründung der Kontinuität. Darauf werden wir ausführlich zurückkommen.

Die ewige Wiederkehr des Gleichen ist die Formel für die Kontinuität. Natürlich führen die uralten Einweihungsmythen und -rituale, die wir durch die Religionsgeschichte kennen, über das bloße Abbilden des kontinuierlichen Sonnenlaufes hinaus und stehen für eine ganz andere Kontinuität, nämlich jene des Lebens nach dem Tode. Daß die Sonne auch nach dem Tode wieder aufgeht, das ist der Vermittlungssinn aller Einweihungsmysterien. Man muß sich einmal vor Augen führen, was *die geheimen Einweihungsmysterien von Eleusis* in der Antike für eine Bedeutung gehabt haben: Über tausend Jahre lang inszenierten sie jährlich für eine ausgewählte Schar von Menschen von überallher, die Griechisch verstanden, mit Hilfe des Demeter-Persephoneia-Mysteriums eine Variante der Unterwelts- oder der Nachtmeerfahrt. Diesen Ausgewählten wurde das Mysterium zum höchsteigenen Erlebnis. Im Jahr 396 n. Chr. zerstörte der Gote Alarich diesen heiligen Ort, und Kaiser Theodosius II. hat im Jahre 400 n. Chr. den Kult verboten. Das Christentum hatte endgültig über einen der großartigsten Mysterienkulte der Antike gesiegt.

Man muß den Jubel eines Cicero, des römischen Politikers und Philosophen, in seinen Briefen aus Tusculum zur Kenntnis nehmen, um zu verstehen, was ein solcher Mythos als religiöser Akt zu leisten fähig war, wenn er, ein sonst so nüchterner Zeitgenosse, nach dem Erlebnis der Eleusinischen Einweihung erklärte, eine Angst vor dem Tode kenne er nun nicht mehr. Doch zurück zur Sonnen-Thematik.

Mit dem Begriff »das Zeitalter des Sonnengottes« bezeichnet der Wissenschaftler eine geschichtliche Zeitspanne. Nun können wir aber im Sinne der Märchen und im Sinne dessen, was Einweihung ist, sagen: Dieses Zeitalter dauert, solange es Menschen gibt. Es geht darin überhaupt nicht, wie gewisse Kritiker glauben, um Sonnenanbetung. Die erlebbare Sonne ist ja nur ein Symbol für ein Geschehen höherer Ordnung, das immer gegenwärtig ist, das sich im Sonnenlauf abbildet, das aber genausosehr in uns selber, in unserem Inneren, zu geschehen hat. Aber wir sehen hier sogleich den Unterschied. Das was in der Natur geschieht, als Abbild höheren Geschehens und höherer Wahrheit, soll auch in uns geschehen. Dies ist ein Postulat, es geschieht nicht einfach von selbst. Es ist geplant, daß es sich ereigne, aber es hängt von uns, unserem Willen, unserem »Drachentöterwillen« ab, wie wir noch sehen werden.

Die äußere, physikalische Sonne ist die Kraft, durch die in der äußeren Realität alles lebt. Weil dem so ist, eignet sich die Sonne als Symbol für das Göttliche, das alles nicht nur äußere Leben gewährt. Wir sagten schon, daß die Sonne Ausdruck der Kontinuität ist. Sie ist Trägerin der

Idee des fortdauernden Lebens. Und der Astrologe ist in besonderem Maße mit diesem Gedanken verbunden, drückt doch das Prinzip Sonne im Horoskop des Menschen die »kontinuierliche Lebenskraft« aus. Diese Kontinuität, so stellten wir schon fest, gewährleistet auch die Identität. Auch dafür steht das Symbol der Sonne im Horoskop.

Aber auf einer noch höheren Ebene ist das Symbol Sonne repräsentativ für das Göttliche selbst. Das Wesen des Göttlichen ist, wenn es in die Sichtbarkeit tritt, mit der Sonne verbunden, ohne daß die irrige Meinung Raum greifen muß, das Sichtbare sei das Göttliche selber. Aber das Göttliche ist mit dem Lichtvollen und der Lichtfülle verbunden. Dafür spricht die Tatsache, daß von der sprachlichen Wurzel »div« (leuchtend, glänzend) die Namen für Gott oder für das Göttliche stammen, nämlich im Sanskrit »deva«, lateinisch »divus«. Dann erinnern wir uns auch, daß jener Tag, an dem die christlichen religiösen Feiern fürs ganze Volk verbindlich stattfinden, der Sonntag ist. In uralten Dichtungen wird die Sonne gefeiert – hören wir uns einige davon an.

Sonnengesänge

Ich zitiere zuerst aus der Lutherbibel, Psalm 19:

> Die Himmel erzählen die Ehre Gottes, und die Feste verkündigt seiner Hände Werk. Ein Tag sagt's dem andern, und eine Nacht tut's kund der andern. Es ist keine Sprache noch Rede, da man nicht ihre Stimme höre. Ihre Richtschnur geht aus in alle Lande, und ihre Rede an der Welt Ende. Er hat der Sonne eine Hütte an ihnen gemacht; und

dieselbe geht heraus wie ein Bräutigam aus seiner Kammer und freut sich, wie ein Held zu laufen den Weg. Sie geht auf an einem Ende des Himmels und läuft um bis wieder an sein Ende, und bleibt nichts vor ihrer Hitze verborgen. Das Gesetz des Herrn ist vollkommen und erquickt die Seele. Das Zeugnis des Herrn ist gewiß und macht die Unverständigen weise.

Zum Vergleich die Übersetzung der Zürcher Bibel: Die Himmel erzählen die Ehre Gottes, und die Feste verkündigt das Werk seiner Hände. Ein Tag sagt's dem andern, und eine Nacht tut es der andern kund, ohne Sprache, ohne Worte, mit unhörbarer Stimme. Ihr Klingen geht aus durch alle Lande, ihr Reden bis zum Ende der Welt. Dort hat er der Sonne ein Zelt gesetzt; und sie, wie ein Bräutigam geht sie hervor aus ihrer Kammer, läuft freudig wie ein Held die Bahn. Sie geht auf an einem Ende des Himmels und läuft um bis wieder an das Ende, und nichts bleibt vor ihrer Glut verborgen ...

Und nun folgt der Text des »Sonnengesanges des Echnaton«:

Schön erscheinst du
im Horizonte des Himmels,
du lebendige Sonne,
die vom Anbeginn lebt.
Du bist aufgegangen im Osthorizont
und hast jedes Land mit deiner Schönheit erfüllt.
Schön bist du, groß und strahlend,
hoch über allem Land.

Deine Strahlen umfassen die Länder
bis ans Ende von allem, was du geschaffen hast.

Du bist Re, wenn du ihre Grenzen erreichst,
wenn du sie niederbeugst für deinen geliebten Sohn.
Fern bist du, doch deine Strahlen sind auf Erden;
du scheinst auf die Gesichter, doch unerforschlich ist dein Lauf.

Gehst du unter im Westhorizont,
so ist die Welt in Finsternis,
in der Verfassung des Todes.
Die Schläfer sind in der Kammer,
verhüllten Hauptes, kein Auge sieht das andere.
Raubt man alle ihre Habe, die unter ihren Köpfen ist –
sie merken es nicht.
Jedes Raubtier ist aus seiner Höhle gekommen,
und jede Schlange beißt.
Die Finsternis ist ein Grab,
die Erde liegt erstarrt,
(denn) ihr Schöpfer ist untergegangen in seinem Horizont.

Am Morgen (aber) bist du aufgegangen im Horizont
und leuchtest als Sonne am Tage;
du vertreibst die Finsternis und schenkst deine Strahlen.
Die Beiden Länder sind täglich im Fest,
die Menschen sind erwacht
und stehen auf den Füßen, (wenn) du sie aufgerichtet hast.
Rein ist ihr Leib, Kleider haben sie angelegt,
ihre Arme sind anbetend (erhoben) bei deinem Erscheinen,
das ganze Land tut seine Arbeit.

Alles Vieh ist zufrieden mit seinem Kraut,
Bäume und Kräuter grünen.
Die Vögel sind aus ihren Nestern aufgeflogen,
ihre Schwingen preisen deine Kraft (Ka).

Alles Wild hüpft auf den Füßen,
alles, was fliegt und flattert, lebt,
wenn du für sie aufgegangen bist.
Die Lastschiffe fahren stromab
und wieder stromauf,
jeder Weg ist offen durch dein Erscheinen.
Die Fische im Strom
springen vor deinem Angesicht,
deine Strahlen sind im Innern des Meeres.

Der du den Samen sich entwickeln läßt in den Frauen,
der du »Wasser« zu Menschen machst,
der du den Sohn am Leben erhältst im Leib seiner Mutter
und ihn beruhigst, daß seine Tränen versiegen –
du Amme im Mutterleib –
der du Atem spendest, um alle Geschöpfe am Leben zu
erhalten.
Kommt (das Kind) aus dem Mutterleib heraus,
um zu atmen am Tag seiner Geburt,
dann öffnest du seinen Mund vollkommen
und sorgst für seine Bedürfnisse.
Das Küken im Ei,
das (schon) in der Schale redet –
du gibst ihm Luft drinnen, um es zu beleben.
Du hast ihm seine Frist gesetzt,
(die Schale) zu zerbrechen im Ei;
es geht hervor aus dem Ei,
um zu sprechen zu seiner Frist,
es läuft (schon) auf den Füßen, wenn es herauskommt aus
ihm.

Wie zahlreich sind deine Werke,
die dem Angesicht verborgen sind,
du einziger Gott, dessengleichen nicht ist.

Du hast die Erde geschaffen nach deinem Wunsch, ganz allein,
mit Menschen, Vieh und allem Getier,
(mit) allem, was auf der Erde ist,
was auf Füßen herumläuft,
(und allem) was in der Höhe ist und mit seinen Flügeln fliegt.
Die Fremdländer von Syrien und Nubien,
(dazu) das Land Ägypten –
jedermann stellst du an seinen Platz und sorgst für seine Bedürfnisse,
ein jeder hat seine Nahrung, seine Lebenszeit ist bestimmt.
Die Zungen sind verschieden im Reden,
ebenso ihre Wesenszüge;
ihre Hautfarbe ist verschieden, (denn) du unterscheidest die Völker.

Du schafft den Nil in der Unterwelt
und bringst ihn (herauf) nach deinem Willen,
die Menschen am Leben zu erhalten, da du sie geschaffen hast.
Du bist ihrer aller Herr, der sich abmüht an ihnen,
du Herr aller Lande, der für sie aufgeht,
du Sonne des Tages, gewaltig an Hoheit.
(Selbst) alle fernen Fremdländer erhältst du am Leben,
hast du (doch) einen Nil an den Himmel gesetzt, daß er zu ihnen herabkomme
und Wellen schlage auf den Bergen, wie das Meer,
um ihre Felder zu befeuchten mit dem, was sie brauchen.

Wie wirksam sind deine Pläne, du ewiger Herr.
Den Nil am Himmel, den gibst du den Fremdvölkern
und allem Wild der Wüste, das auf Füßen läuft;

(aber) der (wahre) Nil kommt aus der Unterwelt nach Ägypten.
Deine Strahlen säugen alle Felder –
wenn du aufgehst, leben sie und wachsen für dich.
Du schaffst die Jahreszeiten, um alle deine Geschöpfe sich entwickeln zu lassen –
den Winter, um sie zu kühlen,
die (Sommer)glut, damit sie dich spüren.
Du hast den Himmel fern gemacht,
um an ihm aufzugehen und alles zu schauen, was du geschaffen hast.

Einzig bist du, wenn du aufgegangen bist,
in (all) deinen Erscheinungsformen als lebendiger Aton,
der erscheint und erglänzt,
sich entfernt und sich nähert;
du schaffst Millionen von Gestalten aus dir allein –
Städte, Dörfer und Äcker,
Wege und Strom.
Alle Augen sehen sich dir gegenüber,
wenn du als Sonne des Tages über dem Land bist.
Wenn du fortgegangen bist, dein Auge nicht mehr da ist,
das du um ihretwillen geschaffen hast,
damit du nicht allein dich selber siehst und das, was du geschaffen hast –
(auch dann) bleibst du in meinem Herzen, (denn) kein anderer ist, der dich kennt,
außer deinem Sohn Nefercheprure (Echnaton);
du läßt ihn deine Absichten und deine Macht erkennen,

Die Welt entsteht auf deinen Wink, wie du sie geschaffen hast.
Bist du aufgegangen, so leben sie,

gehst du unter, so sterben sie;
du bist die Lebenszeit selbst, man lebt durch dich.
Die Augen sind auf (deine) Schönheit gerichtet, bis du
untergehst.
Alle Arbeit wird niedergelegt, wenn du im Westen
untergehst,
(aber) der Aufgehende stärkt (alle Arme) für den König,
und Eile ist in jedem Bein.
Seit du die Welt gegründet hast, erhebst du sie
für deinen Sohn, der aus deinem Leib hervorgegangen ist,
den König von Ober- und Unterägypten Nefercheprure ...

(»Meisterwerke altägyptischer Dichtung«,
Übersetzung von E. Hornung.)

Dieser Hymnus ist ein berühmtes Literaturwerk in dreizehn langen Zeilen im Amarna-Felsgrab des Würdenträgers und königlichen Schwiegervaters Eje, vom Pharao Echnaton selber verfaßt. Unabhängig von seiner Position innerhalb der Religionsgeschichte, nämlich im Zusammenhang mit dem von Echnaton angestrebten Monotheismus, ist in unserem Zusammenhange der Schluß beachtlich, an dem er sich selber als Sohn der Sonne, als deren Repräsentanten auf der Erde versteht. Der König versteht sich selber als Sonnenhelden, er hat dieses exemplarische Bewußtsein, gültig für alle, welches ein jeder Mensch auf dem initiatischen Pfade anstreben muß, wenn auch oft im geheimen und ohne den Anspruch des Beispiels für alle anderen.

Der Märchenheld – so haben wir festgestellt – ist dieser Repräsentant des Sonnenlaufes und des Sonnendramas. Im »Sonnengesang des Echnaton« geht es um den Lobpreis Atons als des Schöpfers und Erhalters der Welt; die übrigen Götter und ihre Namen fehlen ganz. Die Bezirke Nacht und Tod werden als solche benannt und nicht in der sonstigen mythologischen Vergottung. Reich ist der Hymnus an Bildern der Natur, welche aus der Kraft des Lichtes hervorgeht. Alles ist auf die Lichtsymbolik zentriert. Sonne und König vergegenwärtigen sie. In dieser Repräsentanz ist eine alte Tradition lebendig und erkennbar, die im alten Ägypten kurzfristig hervorkommt und sich manifestiert, dann aber mit dem Nachfolger des Echnaton, mit Tutenchamon, der den Mondkult wieder an die erste Stelle bringt, untergeht. In dieser reinen Lichtsymbolik wird das Göttliche aus dem Bereich des »persönlichen Gottes«, wie das etwa Jahwe bei den Juden ist, herausgehoben.

Das Fehlen des persönlichen Gottes ist charakteristisch für die esoterische Gottesauffassung.

Kenner dieses Sonnengesanges weisen vergleichsweise auf jenen des heiligen Franz von Assisi hin oder auf den Psalm 104, wo es in den Versen 20–24 heißt:

Du machst Finsternis, daß es Nacht wird;
da regen sich alle wilden Tiere,
die jungen Löwen, die da brüllen nach dem Raub
und ihre Speise suchen von Gott.
Wenn aber die Sonne aufgeht, heben sie sich davon
und legen sich in ihre Höhlen.
So geht dann der Mensch an seine Arbeit
und an sein Ackerwerk bis an den Abend.
Herr, wie sind deine Werke so groß und viel.
Du hast sie alle weislich geordnet,
und die Erde ist voll deiner Güter.

Der Gott Helios auf dem Sonnenwagen. Vase aus Apulien.
5. Jahrhundert vor Chr. (Britisches Museum, London).

Der Sonnenwagen des Helios

Helios ist ein Bruder Selenes und der Eos; der griechische Sonnengott hat also zwei Schwestern, die Göttin des Mondes, Selene, und die Göttin der Morgenröte, Eos. Er ist ja der Gott, der am Morgen aufsteigt und als Wagenlenker mit den vier feurigen Rossen auftritt, der am Tag den Himmel von Osten nach Westen überquert, angekündigt von seiner Schwester, der Morgenröte. Er kehrt bei Nacht in einer mächtigen goldenen Schale nach Osten zurück, die auf dem Okeanos-Strom, der die Erde umgibt, dahintreibt.

Geweckt von einem krähenden Hahn, der ihm geweiht ist, treibt er seinen Vierspänner voran. Er fährt von seinem prunkvollen Palast im fernen Osten, in der Nähe von Kolchis, zu einem gleich herrlichen Palast im fernen Westen. Dort läßt er seine ausgespannten Pferde auf der Insel der Seligen weiden. Dann segelt er heim entlang dem Strome, der rund um die Erde fließt. Er lädt seinen Wagen und sein Gespann auf eine goldene Fähre, die Hephaistos, der göttliche Schmied, für ihn machte. Helios verbringt die Nacht schlafend auf einem weichen Lager. Er kann untertags auf seinem feurigen Ritt alles sehen, was auf Erden geschieht.

Dieser griechische Sonnengott, der zwar nicht einmal zu den olympischen Göttern zählte, soll deshalb erwähnt sein, weil er die Sonnenlaufthematik herrlich und klar repräsentiert und nicht nur in der Antike, sondern auch im Barock häufig dargestellt wurde, vor allem in Deckengemälden von Kirchen und festlichen Sälen von Schlössern und fürstlichen Klöstern.

Wir haben die verschiedenen Sonnengesänge zitiert und die Bedeutung des Sonnengottes Helios kurz angesprochen zur Illustration der Gewichtigkeit dieses großartigen Themas.

Im Psalm 19, wie auch in den anderen zitierten Beispielen, wird die Sonnenhelden-Bewegung von der oberen Seite, also von der Lichtseite her gesehen. Jubelnd geht die Sonne wie ein Bräutigam aus seiner Hütte hervor und läuft freudig wie ein Held die Bahn, von einem Ende des Himmels zum anderen. Und dann fügt Vers 8 hinzu, daß dieses das göttliche Gesetz sei, welches die Seele erquicke, spricht davon, daß dieses das Zeugnis Gottes sei, welches den Unverständigen weise mache. Im griechischen Text des Psalms heißt es »Nepia«, das heißt die Unmündigen, die Kindlichen. Dieses Gesetz und dieses Zeugnis Gottes, mit anderen Worten, diese Ordnung und zugleich Dokumentation des Göttlichen, diesen Ausweis und Beweis des Göttlichen ins Bewußtsein aufzunehmen und *zu leben,* dies also wandelt das Kind zum Erwachsenen, den Unreifen zum Reifen, macht mündig. *Das im Sonnenlauf zum Ausdruck kommende Gesetz macht den Menschen zum Mündigen innerhalb dieser Ordnung, sobald er sie wirklich akzeptiert.* Der Mensch muß also innerhalb dieser Ordnung, wenn er aus ihr lebt, nicht mehr bevormundet werden. Das heißt, er braucht keine regulierenden Götter mehr, er weiß aus sich selber, wie es um die Welt steht und wie er in und zu ihr steht.

Die von uns betonte Stelle aus dem Psalm 19 ist auch im Zusammenhang mit dem Märchen »Der Teufel mit den drei goldenen Haaren« bedeutungsvoll. Zum bisherigen verwendeten Namen »Held« – wir sprachen ja von Anfang an vom Märchenhelden und von der Märchenheldin, erwähnten auch kurz kontrapunktisch den Sagenhelden – kommt also der Sonnenheld, der Bräutigam. Der Held ist ein Bräutigam: Das haben wir in unserem Märchen bereits erfahren, und dies wird im Psalm 19 bestätigt. *Der Märchenheld und der initiatische Mensch ist ein Bräutigam bzw. eine Braut.*

Wir wollen dies auch noch anders verstehen: Der Schwiegersohn des Königs hat sich durch den Gang in die Hölle mit der unteren Welt vermählt. Darum ist er, wie wir bereits festgestellt haben, nunmehr auch von Mensch zu Mensch ein Ehepartner. Der vollständige Mensch, der in den Märchen als einer dargestellt wird, der die Würde des Prinzen oder der Prinzessin, respektive des Königs oder der Königin, erreicht hat, ist derjenige, der Tag und Nacht in sich vereinigt, das Männliche und das Weibliche, das Himmlische und das Irdische, Sonne und Mond.

Wir können diese Vorstellung darüber hinaus mit dem Verlauf eines Monats vergleichen. Bei Neumond ist der Aufbruch. Astrologisch handelt es sich um eine Wegbewegung des Mondes von der Sonne und um eine Rückkehr zur Sonne. Beide vereinigen sich jeden Monat wieder neu. Der Monat ist das Wort für eine Mondphase, und diese ist ja auch eine Fruchtbarkeitsperiode. Während der Mond einmal den ganzen Tierkreis durchläuft, bewegt sich die Sonne um ein Zwölftel davon weiter. Dieser zwölfte Teil ist ein einzelnes Tierkreiszeichen, und ein solches ist bekanntlich in drei Teile eingeteilt, in dreimal zehn Grade, Dekaden genannt, gemäß den drei Schritten der alten Einweihungsriten.

Der Mond ist schnell und beweglich, das eiligste Prinzip in der Himmelskörperbewegung, daher das Prinzip des raschen Wechsels; er ist die Göttin Luna der Römer, woher das deutsche Wort Laune kommt, das launischste Prinzip. Die Sonne aber, die langsam laufende, die ein

Jahr braucht, um durch den Tierkreis zu wandern, repräsentiert das Prinzip der »konstanten Bewegung«. Es gibt im Festkalender des Jahres feststehende und bewegliche Feste, solche, die durch den Sonnenlauf, andere, die durch den Mondlauf bestimmt werden. *Weihnachten,* das heißt die Wintersonnenwende, ist durch den Sonnenlauf bestimmt und jedes Jahr am selben Tag. Es ist also ein Lichtfest, man könnte sagen, es ist das Fest im Jahr, *an welchem »dem Teufel die drei goldenen Haare ausgerissen werden«.* Ostern aber ist durch den Mondrhythmus bestimmt. Die Begegnung von Sonne und Mond ist das große Thema der Vermählung, welches die Phantasie der Menschen und Völker immer wieder beschäftigt.

Der zitierte Psalm 19 lehrt uns ferner, daß der Himmel und die Erde, genannt »die Feste«, das Werk seiner Hände sei, es erzählt »seine« Ehre. Sie sind Zeugnis, Darstellung seines, das heißt Gottes, Gesetzes. Darum richtet sich der Mensch auf dem Pfad der Initiation nach dem Sonnenlauf und all dem, was dieser beinhaltet, weil der Sonnenlauf das Gesetz zeigt, nach dem alles verläuft, wie wir jetzt aus der umfassenden Betrachtung des Märchens »Der Teufel mit den drei goldenen Haaren« gelernt haben.

Esoterisch ausgedrückt: Die sichtbare Welt, nach dem Sanskrit *Maya* genannt, ist *Gott auf der Ebene der materiellen Manifestation. Und es gilt, Gott in Maya zu entdekken.* Allein schon über den Wechsel von Tag und Nacht beständig Nachdenken macht aus dem Menschen einen Weisen. *Über die Jahreszeiten meditieren macht den Unmündigen weise.* Der Wechsel in den kosmischen Bewegungen führt den Menschen auf Zahlen, aufgrund derer er durchschauen kann, wie die Welt im Innersten gebaut ist.

In unserem Psalm heißt es ferner, daß der Schöpfer der Sonne am Ende der Welt ein Zelt gebaut hat. Das griechische Wort heißt »Skenema«, das heißt Zelt, Laube, Hütte und Wohnung und ist dasselbe Wort, welches für die Hütte verwendet wurde, in welcher die Juden die Bundeslade aufbewahrten. Das ursprüngliche Nomadenvolk der Juden hat innerhalb einer vorübergehend aufgebauten Siedlung in der Mitte immer das Zelt der Bundeslade aufgestellt, die Zeltstadt aber darum herum in der Form eines Horoskopes mit den vier Teilen, aus welchem unser Wort Quartier stammt. Die Zahl vier ist jene der sichtbaren Manifestation, genannt »die Feste«. Gott hat der Sonne am Ende der Welt ein Zelt gebaut. Aus diesem bricht der Sonnenheld, der Bräutigam, am Morgen auf, läuft freudig seine Bahn, um am Abend seine Braut, die Unterwelt oder die Mondnacht, zu erreichen, um sich also mit dem weiblichen Reiche des Unteren und des Mondes zu vermählen. In der altgriechischen Sprache heißt Bräutigam »Nymphios«, das ist derjenige, der auf die Nymphe, die Braut sich zu bewegt. Daß die Braut Nymphe heißt, ist überraschend. Die Sonne vermählt sich mit dem Mond, das Obere mit dem Unteren, das Feurige mit dem Wäßrigen. Darum beendigen wir dieses erste Kapitel mit einem Wassermärchen. Es gilt ja, was aus dem Wasser stammt, umzuwandeln. *Es gilt, die Undine zum Menschen zu machen. Darum heißt der Bräutigam Nymphios.* Darauf kommen wir später zurück. – Am Morgen taucht der Sonnenheld wieder aus der Nacht auf, wie der junge Mann unseres Märchen mit Gold überhäuft, »lichtvoll«.

Dies ist das Modell der Einweihungsmythen. Es ist auch im babylonischen Marduk-Tiamat-Mythos und im ägyptischen Osiris-Isis-Horus-Mythos veranschaulicht.

Alabasterwandplatte aus dem Palast des Ashur-nasir-apal II (885–860 vor Chr.), des Königs von Assyrien, zu Kalhu, dem heutigen Nimrud. Thema: »Chaosungeheuer und Sonnengott«. Dieses Motiv scheint in Anlehnung an die ältere Thematik »Marduk-Tiamat« gestaltet.

Der babylonische und der ägyptische Mythos sind beide *Drachentöter-Geschichten.* Das Urwasser, aus dem alles entstand, wurde schon immer als böses Ungetüm, als Drachen personifiziert. Der Kampf des Stadtgottes von Babel, der den Namen Marduk trug, den Namen eines Sonnengottes, sowie der Kampf des ägyptischen Horus sind beide Zeugnisse von Weltschöpfungsmythen. Wir dürfen dies als gegenwärtiges Ereignis verstehen. Denn – und darum ist dies nicht nur Legende für uns – *Weltschöpfung geschieht andauernd.*

Viele Weltschöpfungsgeschichten sind ein Symbol der Überwältigung der »Großen Mutter«. Denn diese ist das schrecklichste Ungetüm, das sich denken läßt. Wir werden sehen, warum. Man versteht darunter den Sieg der Ordnung oder den Sieg des ordnungbringenden Lichtes über die chaotische vorgestaltliche Seinsweise alles Lebenden. *Das Chaos, das Urwasser, empfängt durch das Licht Gestalt.* Die Psychotherapeuten wissen davon zu berichten, ihre Klienten auch, die manchmal innerhalb ihrer eigenen Nachtmeerfahrt nicht wissen, ob sie die Grenze durchschreiten können, an der das Licht im Chaos zu erlöschen droht. Dies geschieht dann, wenn wir mit unserem bisherigen Leben an eine Grenze gelangt sind, die tödlich ist, falls wir sie nicht überschreiten. Wir müssen dann unbedingt auf eine »höhere Ebene« gelangen, von der aus alles neu und wieder lebbar aussieht, wir müssen den eigenen Sonnenaufgang feiern. – Aber wir alle, nicht nur die sogenannten Patienten, müssen dem Zurücksinken ins Chaos entrinnen, denn es ist nicht selbstverständlich. Eine Klientin sagte mir neulich: »All die Jahre hat mich nur die Arbeit über Wasser gehalten.« Das Wasser ist das Bedrohliche, es ist das Element, in welchem wir die »menschliche Gestalt« verlieren, wenn wir darin zurücksinken, wieder zu Nymphen werden. Das zentrale Anliegen des Menschseins ist es, »sich über Wasser zu halten«. So gesehen ist der Mensch ein Wanderer über dem Abgrund. Davon handelt esoterisches Wissen. Je höher ein Mensch eingeweiht ist, um so größer ist die Absturzgefahr.

Nun ist in diesem Zusammenhang eine noch ganz andere Sache anzuschauen, mit der wir uns im nächsten Kapitel befassen wollen.

4 Der Kampf des Menschen um Kontinuität

Der Sieg über die Große Mutter, (sie ist der Lebensstoff, aus dem wir geformt werden) ist das Überleben der individuellen Form und damit das Gegenteil vom Zurücksinken in das unindividuelle Formlose. Das Wort »Form« benützen wir hier nicht im Sinne der materiellen Gestalt, sondern als Synonym zum Wort »Eidos«, das innere, geistige Bild.

Der Sieg über die Große Mutter ist ein in seiner Tiefe wenig bedachtes Thema. Wir weichen ihm nämlich gerne aus, wollen es gar nicht wahrhaben, oder aber: Wir gelangen zu ihm erst innerhalb einer gewissen geistigen Reife. Es gibt nämlich unter den Vertretern des Reinkarnationsgedankens oder der Wiedergeburtslehre solche, die sagen, daß nicht alle Lebewesen, die einen menschlichen Leib haben, selbstverständlich oder sozusagen automatisch in einer Kontinuität der Wiedergeburten stehen. *Die Gestaltungskraft der Re-Inkarnation muß erworben werden.* Diese vorauszusetzen oder anzunehmen, daß Reinkarnation für alles Leben gelte, ist naiv und falsch.

Julius Evola, ein italienischer esoterischer Denker, ist einer der Warner vor einer unhaltbaren, unreflektierten, gläubigen Wiedergeburtslehre, wie sie die Inder kennen. Wir folgen seinen übrigen Ideen zur Reinkarnation nicht. Aber dieses Warnsignal, das er setzt, nehmen wir ernst. Für viele Lebewesen mit einem menschlichen Körper gelte, daß sie eine einmalige Inkarnation, das heißt »Ein-Fleischung« darstellen, denn ihre sogenannte Individualität sei keine konstante, sie bestehe nur in einem vordergründigen Sinne, in einer bloßen sichtbaren numerischen Unterscheidbarkeit, aber nicht in einem seelischen Sinne. Solche Töne mögen gewisse Liebhaber des Reinkarnationsgedankens nun überhaupt nicht. Ihr Glaube soll doch alle umfassen, um gesichert zu sein. – Die unter anderem von Evola, aber auch von Gurdjiew vertretene Idee, daß Reinkarnation eine spezielle Situation, aber niemals ein allgemeingültiger, sozusagen automatisch funktionierender Seins-Zustand sei, kommt unserem Thema, worum wir uns hier bemühen, entgegen. Wir werden dies erläutern.

Der bloß numerisch und äußerlich von anderen Unterscheidbare, das »zahlenmäßig erfaßbare, numerierbare Individuum«, der durch Daumenabdruck Identifizierbare, sinkt im Sterben ins Weltenmeer des unindividuellen Lebens und Bewußtseins zurück, wenn er dem Sog dieser Mutterlauge nichts an geistiger Potenz entgegenzusetzen hat. Darum die Größe dieser Aussage jener Klientin, die ohne es zu wissen, das Wesentliche aussprach: »Die Arbeit hat mich über Wasser gehalten.« Um dem Sog des Untergangs zu entgehen, bedarf es der Arbeit. Das Ich löst sich im Tode auf, wenn es nicht eine höhere Dimension erreicht hat, nämlich eben jene Ebene, die unsterblich ist. Wir sagten ja, im Märchen »Der Teufel mit den drei goldenen Haaren« wie auch in allen anderen großen Drachentötermärchen gehe es um die Unsterblichkeit.

Die Märchen sind also Zeugnis für die Wahrheit: *Die individuelle Kontinuität muß dem Drachen, der Großen Mutter, abgerungen werden.*

Was ist denn überhaupt der Sinn der individuellen Dauer über viele Leben? Die individuelle Kontinuität dient der Bewußtwerdung und der Erkenntnis. Alles Seiende ist individuell. Kein Blatt auf dieser Welt kann dem anderen gleichen. Das ist so, so verrückt dies klingen mag. Kein Grashalm auf dieser Welt gleicht dem andern. Alle diese individuellen Seienden sind konkrete Ausstülpungen aus dem Wesen Gottes. Aber sie sind ohne Erkenntnis. Nur jene Wesen, die in eine vereinzelte und überdauernde Beständigkeit gelangen, erreichen Erkenntnis; in ihnen ereignet sie sich, und zwar Erkenntnis dessen, was Gott ist. Gott erkennt sich selber durch sie.

Die individuelle Kontinuität erreichen erfordert einen Individuationsprozeß. Sie fordert unsere Gestaltungskraft aufs Äußerste heraus. Dies ist ein Kampf, den wir im Laufe der Lektüre hier immer besser verstehen werden. Es ist ein Kampf, vergleichbar mit jenem des Sonnenhelden. Das ist das dafür angemessene Bild.

Für das unindividuelle Leben ist dabei keinerlei Gefahr. Dieses kann nicht untergehen. Leben bleibt immer erhalten. *Das Erhalten der Individualität ist Unsterblichkeit.* Die Seele des Menschen generell für unsterblich zu halten, wie es das Christentum tut, ist fragwürdig. Oder aber, wir können alles umkehren und dem Christentum wiederum recht geben, jedoch nur unter der Voraussetzung, daß es sich um einen Menschen handelt. Nicht jeder, der einen Menschenkörper hat, ist ein Mensch. Uralte esoterische Lehre ist es, daß wir nicht als Menschen geboren werden, wenn auch der menschliche Körper mit der Geburt zur Verfügung steht und sich auswächst, sondern daß das wahre Menschsein erarbeitet, erkämpft werden muß. *Menschsein heißt Menschwerdung.* Menschwerdung aber dient dem Überleben nach dem Tode, der Kontinuität. Und Kontinuität, so sagten wir bisher, ist durch das Prinzip Sonne in der Astrologie repräsentiert. Die Sonne ist das Prinzip der Dauer, die Gegenposition zum Untergang.

Leben geht nie verloren, alles Leben bleibt in der

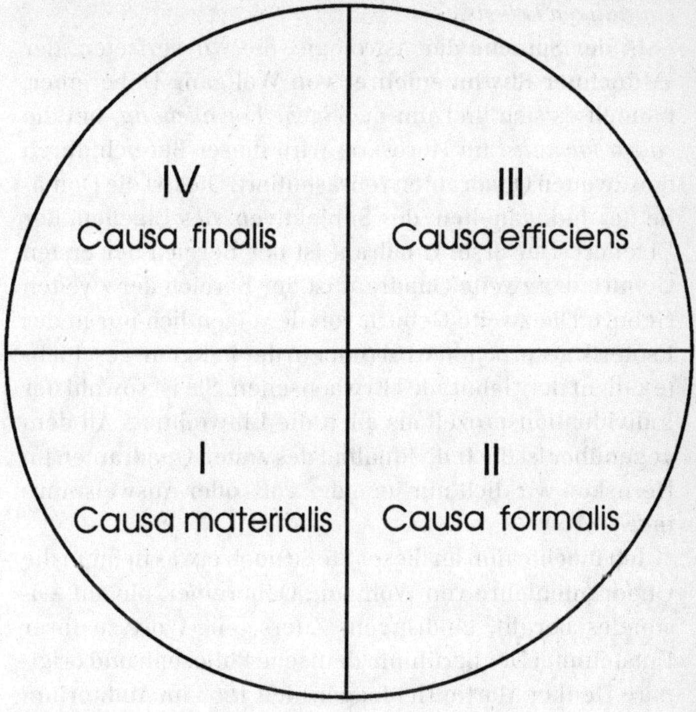

Die Anwendung der Aristotelischen Lehre von den vier Seinsgründen erweist sich für die Astrologie als überaus fruchtbar.
Causa materialis = materieller Seinsgrund, d. h. alles Gegenständliche, Körperliche, Soziale. Causa formalis = alles durch Ausdruck Sichtbare.
Causa efficiens = die Wirkursache. Causa finalis = das Resultat, der Zweck, das Ziel, die Erlösung.

»ewigen Wiederkehr des Gleichen« erhalten. Darum geht es also nicht; *es geht um die Erhaltung des individuellen, einmaligen Lebens.*

In der Sprache der Astrologie, die wir vertreten, der »Münchner Rhythmenlehre« von Wolfgang Döbereiner, handelt es sich hier um die *eigene Formgebung,* um die *causa formalis.* Im Horoskop wird dieser Bereich durch den zweiten Quadranten repräsentiert. Dies ist die Domäne des Individuellen, des Subjektiven, des Eigenen, der Eigenart. Der erste Quadrant ist der Bereich der ersten Geburt, der zweite Quadrant ist der Bereich der zweiten Geburt. Die zweite Geburt, von der eigentlich nur in der Esoterik gesprochen wird (oder in der Religionsgeschichte), dient der Geburt des Erwachsenen. Sie ist sowohl der Individuationsprozeß als auch die Einweihung. All dem gegenüber ist die Individualität des ersten Quadranten im Horoskop wirklich nur jene der Paß- oder Ausweisnummer.

Ich möchte nun an dieser Stelle noch etwas tiefer in die Quadrantenlehre von Wolfgang Döbereiner, die auf Aristoteles beruht, eindringen. Zuerst ein Wort zu ihrer Entstehung: Der berühmte deutsche Philosoph und originäre Denker Martin Heidegger hielt 1953 im Auditorium Maximum der Technischen Hochschule in München einen Vortrag über »Die Frage nach der Technik«. Wolfgang Döbereiner, der damals 25 Jahre alt war, besuchte diesen Vortrag. In diesem sprach Heidegger von der aristotelischen Lehre von den vier Seinsgründen. Zitat: »Seit Jahrhunderten lehrt die Philosophie, es gäbe vier Ursachen: 1. die causa materialis, das Material, der Stoff, woraus zum Beispiel eine silberne Schale verfertigt wird; 2. die causa formalis, die Form, die Gestalt, in die das Material eingeht; 3. die causa finalis, der Zweck, zum Beispiel der Opferdienst, durch den die benötigte Schale nach Form und Stoff bestimmt wird; 4. die causa efficiens, die den Effekt, die fertige wirkliche Schale *erwirkt,* der Silberschmied.« Döbereiner hat dies wie ein Blitz eingeleuchtet, er ging heim und setzte diese vierfache Ursachenlehre in die Astrologie um. Mein Kommentar: Er muß sich wohl in früheren Leben schon eingehend mit Aristoteles beschäftigt haben, damit dies möglich war.

Ich habe dies deshalb ausführlich erwähnt, weil ich von hier aus auf die griechische Bezeichnung für den zweiten Quadranten respektive für die zweite Ursache kommen will. Was lateinisch »causa formalis« heißt (»formgebender Seinsgrund«), wird bei Aristoteles »to ti en einai« genannt und in der philosophischen Fachsprache meist als das »Wesens-Was eines jeden Dinges« übersetzt. Wortwörtlich heißt dies aber auf deutsch: *Das Was-war-Sein.* Mit dieser Formel ist gesagt, daß die individuelle Formgebung oder das individuelle Leben schon »war«. Und das, was *ist* und auch schon *war,* steht also in einer Kontinuität. Nun kann diese Kontinuität in zweierlei Hinsicht verstanden werden, einmal im Sinne der Reinkarnation, dann heißt dies, das was ist, das war schon (ein andermal); dann aber auch im Sinne der uralten Lehre von der Präexistenz der Wesensheiten als Ideen Gottes, das bedeutet, jede individuelle Wesenheit ist vorher ein Bild im Schöpfer. Die causa formalis in der Bedeutung der Kraft der Formgebung des Eigenen gegenüber dem Sog des undifferenziert Kollektiven, dieses Gestaltungsprinzip, setzt eine überlebende Dauer voraus, sozusagen das gemeinsame Gesetz oder Prinzip für eine ganze Reihe von individuellen Lebensfahrten, die alle zu einer Wesenheit gehören, was die Inder *jiva* nennen, mathematisch vergleichbar dem Gesetz einer Kurve, welche jeden Punkt auf deren Verlauf definiert und aus sich emaniert. Individuelle kontinuierliche Existenz bedingt dieses »Das was war Sein«. Das ist das Gesetz einer Einzelleben überdauernden Ich-Reihe. Aber dieses Prinzip ist höher als das einzelne Ich, deshalb müssen wir auch, wenn wir von dieser Bewußtseinslage aus denken, von einer »Höhenpsychologie« sprechen, wenn hier das Wort Psychologie überhaupt noch erlaubt ist.

Es muß also der Reinkarnations-Zyklus zuerst einmal erlangt werden *durch den Mut zum individuellen Leben.* Später gilt es, diese Kette wieder zu verlassen, was letztlich Ziel aller Einweihung ist. Auch Einweihung hat ein doppeltes Ziel: Das erste Ziel besteht darin, in die Überlebensdauer der Re-Inkarnation zu gelangen, eine »unsterbliche Seele« zu erhalten, wenn auch keinen unsterblichen Körper (was ein noch späteres Ziel ist), und das zweite Ziel heißt: einmal diese Ich-Reihe der Einfleischungen der eigenen Individualität wieder zu verlassen, um in noch anderen Wirklichkeiten weiter sich zu entfalten, wo es den Wechsel von Tod und Leben und Leben und Tod nicht mehr gibt.

Für den an Astrologie Interessierten folgt daraus, daß der Mensch der ersten Geburt seine *Sonne* noch gar nicht lebt, er lebt nicht sich selbst, er wird gelebt. Damit ein Mensch wiedergeboren wird, bedarf es eines Auferstehungsleibes, das ist etwas Feinstoffliches, das im Tode erhalten bleibt. Dafür gibt es in den esoterischen Schulen unterschiedliche Namen wie zum Beispiel Ätherleib, Bildekräfteleib, Vitalseele, Prana usw. Astrologisch ist also der Sonnensitz, der zweite Quadrant, des Menschen Sonnenkraft, eine Kraft der Vereinheitlichung, eine Kraft »aus dem Eigenen«, welche bloßes Reagieren und damit jegliches Automatentum überwindet. Leben aus dem ersten Quadranten, also aus der bloßen ersten Geburt, ist praktisch nur Leben als Automatismus, Leben als Reaktion auf Reize und Impulse von außen. Solches Leben bleibt nicht als etwas Eigenes, alles Unterscheidende verglüht nach dem Tode.

Wenn nun also im Psalm 19 steht, Gott habe der Sonne eine Wohnung (ein »Zelt«) errichtet am Ende der Welt, so ist damit die Gewißheit gegeben, daß sie das Ende der Welt, das Ende der sichtbaren Formen überlebt, daß sie nicht untergeht, obwohl sie untergeht, daß sie Untergang und Aufgang beinhaltet, also überlebt, überlebend Dauer hat, und zwar nicht nur eine Dauer von Tag zu Tag im Sieg über die Nacht, sondern von Geburt zu Geburt, von irdischem Leben zu irdischem Leben.

Wenn der Herr der Psalmen dem Sonnenhelden und Bräutigam ein Zelt errichtet hat, so heißt dies konkret, daß der Held das Weltenende überlebt, die Nachtmeerfahrt durchsteht, durch den Drachen hindurchgeht, von diesem wieder ausgespien wird.

Das Zelt, die »Skenema«, die ägyptische Sonnenbarke oder auch der goldene Kelch, in welchem Herakles die Nachtmeerfahrt zurücklegt, das sind alles metaphorische Bilder für den Auferstehungsleib.

Die falschen Könige, wie jener im Märchen vom »Teufel mit den drei goldenen Haaren« oder wie Pelias in der Geschichte von Jason oder wie Herodes in der Jesus-Geschichte schicken die »wahren künftigen Könige«, vor denen sie Angst haben, in die Unterwelt, damit in das Verderben, weil sie von der Wiedergeburt, vom Überleben, keine Ahnung haben. Die falschen Könige wissen nicht, daß die wahren Könige einen Auferstehungsleib haben, eine Fischhaut, eine Glückshaut, womit ihre Individualität – das ist nicht das jeweilige inkarnierte Ich – überlebt.

Nun ist es an der Zeit, eine weitere Jenseitsfahrt vor Augen zu führen, in der gezeigt wird, daß wir den Individuationsprozeß zwar vermeiden möchten, aber durch sogenannte Schicksalsschläge, durch ein Eingreifen von oben, schicksalsmäßig zu ihm gezwungen werden.

Jonas und der Fisch

Im Matthäus-Evangelium 12.38–40 heißt es: »Da hoben an etliche unter den Schriftgelehrten und Pharisäern und sprachen: Meister, wir wollen gerne ein Zeichen von dir sehen. Und er antwortete und sprach zu ihnen: Das böse und abtrünnige Geschlecht sucht ein Zeichen; und es wird ihm kein Zeichen gegeben werden denn das Zeichen des Propheten Jona. *Denn gleich wie Jona drei Tage und drei Nächte in des Fisches Bauch war, so wird des Menschen Sohn drei Tage und drei Nächte im Schoße der Erde sein.*«

Wir wollen dazu die Geschichte dieses biblischen Propheten hören (Jona 1–2):

> 1 Es geschah das Wort des Herrn zu Jona, dem Sohn Amitthais, und sprach: Mache dich auf und gehe in die große Stadt Ninive und predige wider sie. Denn ihre Bosheit ist heraufgekommen vor mich. Aber Jona machte sich auf und floh vor dem Herrn und wollte gen Tharsis und kam hinab gen Japho. Und da er ein Schiff fand, das gen Tharsis wollte fahren, gab er Fährgeld und trat hinein, daß er mit ihnen gen Tharsis führe vor dem Herrn.
>
> Da ließ der Herr einen großen Wind aufs Meer kommen, und es erhob sich ein großes Ungewitter auf dem Meer, daß man meinte, das Schiff würde zerbrechen. Und die Schiffsleute fürchteten sich und schrien, ein jeglicher zu seinem Gott, und warfen das Gerät, das im Schiff war, ins Meer, daß es leichter würde. Aber Jona war hinunter in das

Schiff gestiegen, lag und schlief. Da trat zu ihm der Schiffsherr und sprach zu ihm: Was schläfst du? Stehe auf, rufe deinen Gott an. Ob vielleicht Gott an uns gedenken wollte, daß wir nicht verdürben. Und einer sprach zum andern: Komm wir wollen losen, daß wir erfahren, um welches willen es uns so übel gehe. Und da sie losten, traf's Jona. Da sprachen sie zu ihm: Sage uns, warum geht es uns so übel? Was ist dein Gewerbe, und wo kommst du her? Aus welchem Lande und von welchem Volk bist du? Er sprach zu ihnen: Ich bin Hebräer und fürchte den Herrn, den Gott des Himmels, welcher gemacht hat das Meer und das Trockene. Da fürchteten sich die Leute sehr und sprachen zu ihm: Warum hast du denn solches getan? Denn sie wußten, daß er vor dem Herrn floh; denn er hatte es ihnen gesagt. Da sprachen sie zu ihm: Was sollen wir denn mit dir tun, daß uns das Meer still werde? Denn das Meer fuhr ungestüm. Er sprach zu ihnen: Nehmt mich und werft mich ins Meer, so wird euch das Meer still werden. Denn ich weiß, daß solch großes Ungewitter über euch kommt um meinetwillen.

Und die Leute trieben, daß sie wieder zu Lande kämen; aber sie konnten nicht, denn das Meer fuhr ungestüm wider sie. Da riefen sie zu dem Herrn und sprachen: Ach Herr, laß uns nicht verderben um dieses Mannes Seele willen und rechne uns nicht zu unschuldig Blut. Denn du, Herr, tust, wie dir's gefällt. Und sie nahmen Jona und warfen ihn ins Meer; da stand das Wasser still von seinem Wüten. Und die Leute fürchteten den Herrn sehr und taten dem Herrn Opfer und Gelübde.

2 Aber der Herr verschaffte einen großen Fisch, Jona zu verschlingen. Und Jona war im Leibe des Fisches drei Tage und drei Nächte. Und Jona betete zu dem Herrn, seinem Gott, im Leibe des Fisches. Und sprach: Ich rief zu dem

Herrn in meiner Angst, und er antwortete mir; ich schrie aus dem Bauche der Hölle, und du hörtest meine Stimme. Du warfest mich in die Tiefe mitten im Meer, daß die Fluten mich umgaben; alle deine Wogen und Wellen gingen über mich, daß ich gedachte, ich wäre von deinen Augen verstoßen, ich würde deinen heiligen Tempel nicht mehr sehen. Wasser umgaben mich bis an mein Leben, die Tiefe umringte mich; Schilf bedeckte mein Haupt. Ich sank hinunter zu der Berge Gründen, die Erde hatte mich verriegelt ewiglich; aber du hast mein Leben aus dem Verderben geführt, Herr, mein Gott. Da meine Seele bei mir verzagte, gedachte ich an den Herrn; und mein Gebet kam zu dir in deinen heiligen Tempel. Die da halten an dem Nichtigen, verlassen ihre Gnade. Ich aber will mit Dank dir opfern, meine Gelübde will ich bezahlen; denn die Hilfe ist des Herrn. Und der Herr sprach zum Fische, und der spie Jona aus ans Land.

Dieser vom großen Fisch verschluckte und wieder ausgespiene Jona hat die Phantasie der christlichen Welt jahrhundertelang beschäftigt. C. G. Jung greift dieses Thema in seinem Buch »Psychologie und Alchemie« auf und berichtet, daß dieses Symbol auch seinen Stellenwert in der Alchemie hat. Märchenliebhabern wird dieser Zusammenhang gleich klar sein, wenn sie bedenken, daß es um diese Umwandlung, diese Transmutation von unten nach oben geht. Es ist eine Transmutation von der Erdgebundenheit zur Helle, eine Metamorphose vom Schweinehirten zum König, die Umformung der Gänsemagd zur Königin.

Vergleichen wir die Geschichte von Jona und dem Fisch mit dem Schema der Nachtmeerfahrt von Leo Frobenius, so fehlt hier das Feueranzünden im Bauche des

Seetieres. Es wird dort nämlich im Bauch des Fisches derart heiß, daß dem Helden alle Haare ausfallen. Das Haarausfallen bringt Assoziationen zur Initiationsprüfung sogenannter primitiver Völker, in denen dem Neophyten Haare ausgerissen oder abgeschnitten werden. Aber auch der Individuationsprozeß im Sinne von C. G. Jung fordert ein Opfer, geschieht also nicht ohne Haarelassen. *Das Opfer ist auf dem Wege unumgänglich,* darauf werden wir andern Ortes wieder zurückkommen.

Eine Idee von Jung soll noch erwähnt werden, welche weitere Klärung bringt. Er sagt, das verborgene Feuer im Bauch des Walfisches oder des großen Seegetieres, die Hitze auch, welche das Feuer verursacht, sei der innere Gegensatz zur kalten Feuchte des Meeres. Abgesehen von der alchemistischen Bedeutung, die darin steckt, erinnern wir uns, inzwischen längst begriffen zu haben, worum es geht, nämlich darum, mit dem Feuer das Wasser zu überwinden; noch genauer, Feuer und Wasser, das Unvereinbare zu vereinen, Sonne und Mond zu vermählen.

Im Sonnenuntergang, wenn die feurige Sonnenkugel am Meereshorizont untergeht, dabei aber nicht im Wasser ertrinkt, ihm aber täglich immer wieder neu begegnet, in dieses absinkt und wieder aus ihm aufsteigt, ereignet sich die Vereinigung von Sonne- und Mondprinzip. Erinnern wir uns an den Anfang unseres Märchens: das Glückskind, der Sonnenheld, kann im Fluß nicht untergehen, das Wasser will ihn nicht. Im zweiten Teil muß der Sonnenheld den Fluß zur Unterwelt überqueren, um am Feuerort Hölle das »verborgene wahre Licht« zu holen. Wenn wir dies zusammen sehen, so heißt dies schlicht und einfach: Der initiatische Held muß mit Wasser und Feuer getauft werden. Im Anschluß an den bisherigen Sprachgebrauch will ich es so formulieren: Bei der ersten

Geburt gibt es eine Wassertaufe, die zweite Geburt aber fordert die Feuertaufe.

Um Feuer und Wasser noch besser zu vereinen, wollen wir zum Schluß den goldenen Teufelshaaren, also dem »Feuermärchen«, ein »Wassermärchen« gegenüberstellen, in der Grimmschen Sammlung die Nummer 97:

Das Wasser des Lebens

Es war einmal ein König, der war krank, und niemand glaubte, daß er mit dem Leben davonkäme. Er hatte aber drei Söhne, die waren darüber betrübt, gingen hinunter in den Schloßgarten und weinten. Da begegnete ihnen ein alter Mann, der fragte sie nach ihrem Kummer. Sie sagten ihm, ihr Vater wäre so krank, daß er wohl sterben würde, denn es wollte ihm nichts helfen. Da sprach der Alte: »Ich weiß noch ein Mittel, das ist das Wasser des Lebens; wenn er davon trinkt, so wird er wieder gesund; es ist aber schwer zu finden.« Der älteste sagte: »Ich will es schon finden«, ging zum kranken König und bat ihn, er möchte ihm erlauben auszuziehen, um das Wasser des Lebens zu suchen, denn das könnte ihn allein heilen. »Nein«, sprach der König, »die Gefahr dabei ist zu groß, lieber will ich sterben.« Er bat aber so lange, bis der König einwilligte. Der Prinz dachte in seinem Herzen: Bringe ich das Wasser, so bin ich meinem Vater der liebste und erbe das Reich.

Also machte er sich auf, und als er eine Zeitlang fortgeritten war, stand da ein Zwerg auf dem Wege, der rief ihn an und sprach: »Wo hinaus so geschwind?« – »Dummer Knirps«, sagte der Prinz ganz stolz, »das brauchst du nicht zu wissen«, und ritt weiter. Das kleine Männchen aber war zornig geworden und hatte einen bösen Wunsch getan. Der

Illustration von Otto Ubbelohde zum Märchen »Das Wasser des Lebens«.
Der jüngste Königssohn geht am Zwerg nicht achtlos vorbei.

Prinz geriet bald hernach in eine Bergschlucht, und je weiter er ritt, je enger taten sich die Berge zusammen, und endlich ward der Weg so eng, daß er keinen Schritt weiter konnte; es war nicht möglich, das Pferd zu wenden oder aus dem Sattel zu steigen, und er saß da wie eingesperrt. Der kranke König wartete lange Zeit auf ihn, aber er kam nicht. Da sagte der zweite Sohn: »Vater, laßt mich ausziehen und das Wasser suchen«, und dachte bei sich: Ist mein Bruder tot, so fällt das Reich mir zu. Der König wollte ihn anfangs auch nicht ziehen lassen, endlich gab er nach. Der Prinz zog also auf demselben Weg fort, den sein Bruder eingeschlagen hatte, und begegnete auch dem Zwerg, der ihn anhielt und fragte, wohin er so eilig wollte. »Kleiner Knirps«, sagte der Prinz, »das brauchst du nicht zu wissen«, und ritt fort, ohne sich weiter umzusehen. Aber der Zwerg verwünschte ihn, und er geriet wie der andere in eine Bergschlucht und konnte nicht vorwärts und rückwärts. So geht's aber den Hochmütigen.

Als auch der zweite Sohn ausblieb, so erbot sich der jüngste, auszuziehen und das Wasser zu holen, und der König mußte ihn endlich ziehen lassen. Als er dem Zwerg begegnete und dieser fragte, wohin er so eilig wollte, so hielt er an, gab ihm Rede und Antwort und sagte: »Ich suche das Wasser des Lebens, denn mein Vater ist sterbenskrank.« – »Weißt du auch, wo das zu finden ist?« – »Nein«, sagte der Prinz. »Weil du dich betragen hast, wie sich's geziemt, nicht übermütig wie deine falschen Brüder, so will ich dir Auskunft geben und dir sagen, wie du zu dem Wasser des Lebens gelangst. Es quillt aus einem Brunnen in dem Hofe eines verwünschten Schlosses; aber du dringst nicht hinein, wenn ich dir nicht eine eiserne Rute gebe und zwei Laiberchen Brot. Mit der Rute schlag dreimal an das eiserne Tor des Schlosses, so wird es aufspringen. Inwendig liegen zwei Löwen, die den Rachen aufsperren; wenn du aber jedem ein Brot hineinwirfst, so werden sie still, und dann eile dich und hol von dem Wasser des Lebens, bevor es zwölf schlägt, sonst schlägt das Tor wieder zu, und du bist eingesperrt.«

Der Prinz dankte ihm, nahm die Rute und das Brot und machte sich auf den Weg. Und als er anlangte, war alles so, wie der Zwerg gesagt hatte. Das Tor sprang beim dritten Rutenschlag auf, und als er die Löwen mit dem Brot gesänftigt hatte, trat er in das Schloß und kam in einen großen schönen Saal: darin saßen verwünschte Prinzen, denen zog er die Ringe vom Finger, dann lag da ein Schwert und ein Brot, das nahm er weg. Und weiter kam er in ein Zimmer, darin stand eine schöne Jungfrau, die freute sich, als sie ihn sah, küßte ihn und sagte, er hätte sie erlöst und sollte ihr ganzes Reich haben, und wenn er in einem Jahr wieder käme, so sollte ihre Hochzeit gefeiert werden. Dann sagte sie ihm auch, wo der Brunnen wäre mit dem Lebenswasser, er müßte sich aber eilen und daraus schöpfen, eh es zwölf schlüge. Da ging er weiter und kam endlich in ein Zimmer, wo ein schönes frischgedecktes Bett stand, und weil er müde war, wollte er erst ein wenig ausruhen. Also legte er sich und schlief ein: als er erwachte, schlug es drei Viertel auf zwölf. Da sprang er ganz erschrocken auf, lief zu dem Brunnen und schöpfte daraus mit einem Becher, der daneben stand, und eilte, daß er fortkam. Wie er eben zum eisernen Tor hinausging, da schlug's zwölf, und das Tor schlug so heftig zu, daß es ihm noch ein Stück von der Ferse wegnahm.

Er aber war froh, daß er das Wasser des Lebens erlangt hatte, ging heimwärts und kam wieder an dem Zwerg vorbei. Als dieser das Schwert und das Brot sah, sprach er: »Damit hast du großes Gut gewonnen, mit dem Schwert kannst du ganze Heere schlagen, das Brot aber wird niemals all.« Der Prinz wollte ohne seine Brüder nicht zu dem

Vater nach Hause kommen und sprach: »Lieber Zwerg, kannst du mir nicht sagen, wo meine Brüder sind? Sie sind früher als ich nach dem Wasser des Lebens ausgezogen und sind nicht wiedergekommen.« – »Zwischen zwei Bergen stecken sie eingeschlossen«, sprach der Zwerg, »dahin habe ich sie verwünscht, weil sie so übermütig waren.« Da bat der Prinz so lange, bis der Zwerg sie wieder losließ; aber er warnte ihn und sprach: »Hüte dich vor ihnen, sie haben ein böses Herz.«

Als seine Brüder kamen, freute er sich und erzählte ihnen, wie es ihm gegangen wäre, daß er das Wasser des Lebens gefunden und einen Becher voll mitgenommen und eine schöne Prinzessin erlöst hätte, die wollte ein Jahr lang auf ihn warten, dann sollte Hochzeit gehalten werden, und er bekäme ein großes Reich. Danach ritten sie zusammen fort und gerieten in ein Land, wo Hunger und Krieg war, und der König glaubte schon, er müßte verderben, so groß war die Not. Da ging der Prinz zu ihm und gab ihm das Brot, womit er sein ganzes Reich speiste und sättigte. Und dann gab ihm der Prinz auch das Schwert, damit schlug er die Heere seiner Feinde und konnte nun in Ruhe und Frieden leben. Da nahm der Prinz sein Brot und sein Schwert wieder zurück, und die drei Brüder ritten weiter. Sie kamen aber noch in zwei Länder, wo Hunger und Krieg herrschte, und da gab der Prinz den Königen jedesmal sein Brot und Schwert und hatte nun drei Reiche gerettet. Und danach setzten sie sich auf ein Schiff und fuhren übers Meer. Während der Fahrt da sprachen die beiden ältesten unter sich: »Der jüngste hat das Wasser des Lebens gefunden und wir nicht, dafür wird ihm unser Vater das Reich geben, das uns gebührt, und er wird unser Glück wegnehmen.« Da wurden sie rachsüchtig und verabredeten miteinander, daß sie ihn verderben wollten. Sie warteten, bis er einmal fest eingeschlafen war; da gossen sie das Wasser des Lebens aus dem Becher und nahmen es für sich, ihm aber gossen sie bitteres Meerwasser hinein.

Als sie nun daheim ankamen, brachte der Jüngste dem kranken König seinen Becher, damit er daraus trinken und gesund werden sollte. Kaum aber hatte er ein wenig von dem bitteren Meerwasser getrunken, so ward er noch kränker als zuvor. Und wie er darüber jammerte, kamen die beiden ältesten Söhne und klagten den jüngsten an, er hätte ihn vergiften wollen, sie brächten ihm das rechte Wasser des Lebens und reichten es ihm. Kaum hatte er davon getrunken, so fühlte er seine Krankheit schwinden und ward stark und gesund wie in seinen jungen Tagen. Danach gingen die beiden zu dem jüngsten, verspotteten ihn und sagten: »Du hast zwar das Wasser des Lebens gefunden, aber du hast die Mühe gehabt und wir den Lohn; du hättest klüger sein und die Augen aufbehalten sollen: wir haben dir's genommen, während du auf dem Meere eingeschlafen warst, und übers Jahr da holt sich einer von uns die schöne Königstochter. Aber hüte dich, daß du nichts davon verrätst, der Vater glaubt dir doch nicht, und wenn du ein einziges Wort sagst, so sollst du noch obendrein dein Leben verlieren, schweigst du aber, so soll dir's geschenkt sein.«

Der alte König war zornig über seinen jüngsten Sohn und glaubte, er hätte ihm nach dem Leben getrachtet. Also ließ er den Hof versammeln und das Urteil über ihn sprechen, daß er heimlich sollte erschossen werden. Als der Prinz nun einmal auf die Jagd ritt und nichts Böses vermutete, mußte des Königs Jäger mitgehen. Draußen, als sie ganz allein im Wald waren und der Jäger so traurig aussah, sagte der Prinz zu ihm: »Lieber Jäger, was fehlt dir?« Der Jäger sprach: »Ich kann's nicht sagen und soll es doch.« Da sprach der Prinz: »Sage heraus, was es ist, ich will dir's verzeihen.« – »Ach«, sagte der Jäger, »ich soll Euch totschießen, der König hat mir's befohlen.« Da erschrak der Prinz und sprach: »Lieber Jäger, laß mich leben, da geb ich dir mein königliches Kleid, gib mir dafür dein schlechtes.« Der Jäger sagte: »Das will ich gerne tun, ich hätte doch nicht nach Euch schießen können.« Da tauschten sie die Kleider, und der Jäger ging heim, der Prinz aber ging weiter in den Wald hinein.

Über eine Zeit, da kamen zu dem alten König drei Wagen mit Gold und Edelsteinen für seinen jüngsten Sohn. Sie waren aber von den drei Königen geschickt, die mit des Prinzen Schwert die Feinde schlugen und mit seinem Brot ihr Land ernährt hatten und die sich dankbar bezeigen wollten. Da dachte der alte König: Sollte mein Sohn unschuldig gewesen sein? und sprach zu seinen Leuten: »Wäre er noch am Leben, wie tut mir's so leid, daß ich ihn habe töten lassen.« – »Er lebt noch«, sprach der Jäger, »ich konnte es nicht übers Herz bringen, Euren Befehl auszuführen«, und sagte dem König, wie es zugegangen war. Da fiel dem König ein Stein vom Herzen, und er ließ in allen Reichen verkündigen, sein Sohn dürfe wiederkommen und sollte in Gnaden aufgenommen werden.

Die Königstochter aber ließ eine Straße vor ihrem Schloß machen, die war ganz golden und glänzend, und sagte ihren Leuten, wer darauf geradewegs zu ihr geritten käme, das wäre der rechte und den sollten sie einlassen. Als nun die Zeit bald herum war, dachte der älteste, er wollte sich eilen, zur Königstochter gehen und sich für ihren Erlöser ausgeben, dann bekäme er sie zur Gemahlin und das Reich daneben. Also ritt er fort, und als er vor das Schloß kam und die schöne goldene Straße sah, dachte er: Das wäre jammerschade, wenn du darauf rittest, lenkte ab und ritt rechts nebenher. Wie er aber vor das Tor kam, sagten die Leute, er wäre der rechte nicht, er sollte wieder fortgehen. Bald darauf machte sich der zweite Prinz auf, und wie der zur goldenen Straße kam und das Pferd den einen Fuß darauf gesetzt hatte, dachte er: Es wäre jammerschade, das könnte etwas abtreten, lenkte ab und ritt nebenher. Wie er vor das Tor kam, sagten die Leute, er wäre der rechte nicht, er sollte wieder fortgehen. Als nun das Jahr ganz herum war, wollte der dritte aus dem Wald fort zu seiner Liebsten reiten und bei ihr sein Leid vergessen. Also machte er sich auf und dachte immer an sie und wäre gerne schon bei ihr gewesen und sah die goldene Straße gar nicht. Da ritt sein Pferd mitten darüber hin, und als er vor das Tor kam, ward es aufgetan, und die Königstochter empfing ihn mit Freuden und sagte, er wäre ihr Erlöser und der Herr des Königreiches, und ward die Hochzeit gehalten mit großer Glückseligkeit. Und als sie vorbei war, erzählte sie ihm, daß sein Vater ihn zu sich entboten und ihm verziehen hätte. Da ritt er hin und sagte ihm alles, wie seine Brüder ihn betrogen und er doch dazu geschwiegen hätte. Der alte König wollte sie strafen, aber sie hatten sich aufs Meer gesetzt und waren fortgeschifft und kamen ihr Lebtag nicht wieder.

(Aus den »Kinder- und Hausmärchen«
der Gebrüder Grimm, Nr. 97.)

Wir wollen dieses Märchen keineswegs in dem Ausmaße deuten, wie unser erstes. »Das Wasser des Lebens« enthält aber Elemente, die wir zur Ergänzung unseres ersten Märchens sehr gut gebrauchen können. – Hier steht ja nun das Wasser, das zum Heile dient, im Mittelpunkt. Die Elemente haben immer ihre Doppelfunktion, auch das Feuerelement kann zerstörerisch sein; der Zerstörer »Teufel« aber hat drei goldene Haare. Das Wasser schluckt nicht nur alles auf, in ihm geht man nicht nur unter, es heilt auch.

Wir haben schon erwähnt, daß eine der Froschkönig-Varianten darin besteht, daß ein König der Reihe nach seine drei Töchter aussendet, um einen Becher vom Wasser des Lebens zu schöpfen. Der Frosch im Brunnen am Rande der Welt läßt nur die jüngste Tochter Wasser schöpfen, denn sie verspricht, ihn zum Manne zu nehmen. Wir schlußfolgern also noch einmal: *Die Fahrt ans Ende der Welt ist eine Heilsfahrt und dient der Vermählung.* Das Wasser des Lebens dient dazu, den Vater zu heilen. Mit der Vaterheilung wird die Kindheit abgeschlossen, wird der Vater heil gemacht, damit die Vorfahren und die Vergangenheit nichts Unheiles zurück- oder hinterlassen. Das Wasser des Lebens dient der Versöhnung mit der kranken und verzauberten Welt der Kindheit. Dadurch wird der Held gleichzeitig reif für die Vermählung, zur Integration des Gegenpols, zur Herstellung des Ganzen. Darüber werden wir später noch mehr ausführen.

Das Märchen von der Ausfahrt der drei Söhne, die ihrem kranken Vater das wunderbare und alles andere übertreffende Heilmittel bringen sollen, ist bei fast allen Völkern Europas bekannt. Eine noch präzisere Variante bildet das Märchen »Vogel Phönix«. Aber ob die Söhne nun das Wasser des Lebens oder den Vogel Phönix suchen, es geht immer um die Herstellung der Kontinuität, wie wir ausführlich dargestellt haben. Sowohl die Heilung der Vorfahren (Vergangenheit) wie auch die Vermählung (Zukunft) dient der Vereinigung der Kräfte, so daß die seelische Unsterblichkeit und damit die Re-Inkarnation gewährleistet wird.

Es ist immer dasselbe große Geschehen: So wie Helios mit seinen Rossen den feurigen Lauf zum anderen Ende der Welt antritt, so wie der Psalm 19 in der Sonne den Bräutigam sieht, so ist der jüngste der Königssöhne im Märchen »Das Wasser des Lebens« der Sonnenheld, der

Illustration von Otto Ubbelohde zum Märchen »Das Wasser des Lebens«. Der jüngste Königssohn holt im verwunschenen Schloß das heilende Lebenswasser für seinen Vater.

die Unsterblichkeit erlangt, weil er den Tod überwindet, während die zwei Brüder, die Unhelden, übers Meer entfliehen, des Todes sind.

Im Märchen »Vogel Phönix« wird erzählt, daß der Held die Prinzessin schlafend findet und mit ihr ein Kind zeugt, während er im »Wasser des Lebens« nur im Bett des Schlosses am Ende der Welt ausruht.

Der Gang der Jenseitsfahrt dient der Individuation, *der* Unterscheidung von den anderen, dem Auffinden der eigenen Ganzheit und der Vermählung des *Ichs* mit dem Nicht-Ich.

Was aber kann das *Nicht-Ich* anderes sein als das *Göttliche,* das auf uns wartet. Und dieses Nicht-Ich tritt uns zuerst immer als das *Ungeheure* entgegen, bis es, wenn wir uns ihm völlig öffnen, zum *Geheuren,* das heißt zum *Geheirateten* wird. Die Hochzeit dient auch der Vereinigung mit dem, was wir das *höhere Selbst* nennen.

Es ist nicht unwichtig, daß unser jüngster Königssohn im verzauberten Schloß (das ist das Symbol für die künftige Möglichkeit, sofern die Entzauberung gelingt) *schlafenden Königssöhnen begegnet.* Diese schlafenden Königssöhne sind »Inkarnationen«, welche das Ziel, die »Re-Inkarnation«, nicht erreicht haben. Sie sinken als leere Gewesenheiten – nicht als Wesenheiten, die erhalten bleiben – ins Totenreich zurück, und weil nichts im Kosmos verlorengeht, bleibt wohl die Erinnerung an sie.

Wir beachten, daß der Jüngste knapp vor Ablauf der Zeit durch das Tor gelangt, und er verliert dabei ein Stück Ferse. Er ist danach ein Gezeichneter, er hat ein Stigma, wie es sich für die Befreiten, das heißt die dem Tode Entronnenen gehört. Denn der Gezeichnete kommt in der Natur nicht vor. Der Gezeichnete ist der Mensch auf der höheren Ebene der alchemistischen Kunst, der Umgewandelte, der Mensch der zweiten Geburt.

Zweiter Teil

Die Sage vom König Oidipus

oder

das Mißlingen des Erwachsenenwerdens

5 Ein Drachentötermärchen

Die meisten Leser werden schon von König Oidipus gehört haben. Man weiß gewöhnlich von ihm, daß er das Rätsel der Sphinx gelöst hat. Die Sphinx ist ein Ungeheuer, welches sich in Nichts auflöst, sobald ihr Rätsel gelöst ist. *Wir haben es also noch einmal mit dem Drachen zu tun* (vgl. Farbbild nach Seite 192). Darum will ich an den Anfang dieses Kapitels ein echtes Drachentötermärchen stellen, damit uns später der Kontrast zur Sagenwelt um so deutlicher vor Augen tritt. Wir lesen das Märchen in der Zusammenfassung von Walter Scherf aus dem »Lexikon der Zaubermärchen«:

Die drei Hunde

Ein armer Schäfer stirbt und hinterläßt einem Sohn und einer Tochter drei Schafe und ein kleines Haus. Der Sohn zieht mit den Schafen in die Welt und tauscht die drei Tiere an einem Kreuzweg bei einem Fremden gegen drei schwarze Hunde ein, welche den Namen tragen »Bring Speisen«, »Zerreiß ihn« und »Brich Stahl und Eisen«. Der Fremde sagt, er werde sein Glück damit machen. Der Junge erprobt sogleich den ersten Hund und wird reich mit Speisen versorgt.

Eines Tages begegnet ihm eine schwarz verhängte Kutsche, und er erfährt von dem Kutscher, daß einem schrecklichen Drachen jedes Jahr ein Mädchen geopfert werde;

diesmal sei das Los auf die Königstochter gefallen. Der junge Schäfer folgt dem Mädchen auf den Drachenberg, und als das Untier erscheint, läßt er es von seinem zweiten Hund zerreißen. Der Hund frißt den Drachen bis auf die Zähne, welche der Retter des Mädchens einsteckt. Den Lohn, welchen er bekommen soll, wenn er dem dankbaren Mädchen heim zum Vater folgt, schlägt er aus, er kündigt aber an, daß er in drei Jahren wiederum zur Stelle sein werde.

Kaum ist er mit seinen drei Hunden fortgezogen, erpreßt der Kutscher die Gerettete, indem er ihr den Tod androht. Er nimmt ihr einen Schweigeschwur ab und gibt sich vor dem König als Drachentöter aus, worauf ihn der König zum Edelmann macht und ihm seine Tochter zur Frau verspricht. Die Tochter erreicht einen dreimaligen Aufschub. Als die drei Jahre vergangen sind, wird die Hochzeit vorbereitet. Dem Fremden, der mit seinen drei Hunden in die Stadt kommt, erzählen die Leute, der Drachentöter führe die Tochter des Königs heim. Der Fremde nennt den früheren Kutscher einen Betrüger und wird eingekerkert. Da hört er seine Hunde. Als er den dritten ruft, zerbricht und zerbeißt dieser Gitter und Ketten und befreit seinen Herrn, der darauf »Bring Speisen« ausschickt. Die Königstochter legt dem Hund die Speisen in ein Tuch. Darauf geht sie zum Vater, bricht dort den vom Kutscher erzwungenen Schwur, erzählt dem Vater, wie es wirklich geschehen sei, und der König läßt den wahren Drachentöter holen. Der Kutscher gibt sein Spiel auf, und er wird in den Kerker geworfen. Dann wird Hochzeit gefeiert. Als der Drachentöter auch seine Schwester hat herbeiholen lassen, spricht ihn plötzlich einer der wunderbaren Hunde an: Du brauchst uns nun nicht mehr. Die Hunde verwandeln sich in Vögel und fliegen davon.

Dies ist ein exemplarisches Drachentötermärchen. Oberflächlich betrachtet, geht es um die Befreiung der zum Opfer bestimmten Jungfrau. Auch eine andere Idee ist hier enthalten: Der Mann bekommt die Frau nur, wenn er eine schwere Aufgabe löst, wenn er eine Reihe von Prüfungen besteht. Dieses Motiv kennen wir aus unserem ersten Märchen. – Es gibt heute eine psychologisch verteidigte Haltung, solche Erschwernis der Vereinigung der Geschlechter über Bord zu werfen. Dem Manne soll die Frau auf selbstverständliche Weise zustehen, und natürlich umgekehrt auch. Wenngleich dies nicht zu beanstanden sein mag, so begegnen wir doch innerhalb altehrwürdiger Weisheitslehren einer anderen Auffassung. Und auch auf der Ebene der »Höhenpsychologie« liegen diese Dinge erheblich anders, wie wir jetzt schon eine ganze Weile deutlich sehen.

In der Hochliteratur haben uns die Dichter die Prüfung des Liebespartners auf bekömmlichste Weise vorbereitet. Denken Sie zum Beispiel an Shakespeares »Kaufmann von Venedig«. Hier darf nach dem Willen des verstorbenen Vaters nur jener Freier die Hand der reichen Erbin Portia erhalten, der von den drei Kästchen – einem goldenen, einem silbernen und einem bleiernen – dasjenige wählt, das Portias Bildnis enthält. Und wie in den Märchen trifft nur der »richtige Freier« die »richtige Wahl«. Mit dieser Assoziation haben wir eine Brücke errichtet von der hochzeitsrituellen Prüfung im Märchen »Der Teufel mit den drei goldenen Haaren« zur Oidipus-Sage. Nach altem Hochzeitszeremonial werden Brautbewerbern Rätselaufgaben gestellt. Nun gibt es, nebenbei erwähnt, Forscher auf diesem Gebiet, die in der Mann-Frau-Dualität die symbolische Aufteilung in *Mensch und Natur* sehen wollen. Wie die Natur unter die Herrschaft des Menschen geraten soll, so soll die Frau unter die Herrschaft des

Mannes gebracht werden. Das Rätsellösen wäre dann ein selektives Mittel, um dabei eine brauchbare Auswahl zustande zu bringen. Man kann die Oidipus-Sage auch in dem Sinne sehen, wie etwa der Österreicher Horst Kurnitzy, daß die Tötung der Sphinx oder die Drachentötung die Vergewaltigung der Natur durch den Fortschritt der Produktion und der Reproduktion sei. Dabei wird die Sphinx als originäres Phänomen unseres Triebes gesehen, der durch die Beherrschung der Natur unterdrückt werde. – Aber unsere Deutung geht in eine andere Richtung und verfolgt andere Anliegen. Auch geht es uns nicht darum, historische Verläufe, die man Entwicklungen nennt, als richtig oder falsch zu beurteilen. Denn nach dem hinreichend erwähnten Prinzip der »ewigen Wiederkehr des Gleichen« handelt der historische Mensch im Sinne seines Unterganges. Uns beschäftigt hier ein zentraler Unterschied. Im ersten Teil dieser Untersuchung war unser Geschäft, das »Gelingen des Erwachsenwerdens« aufzuzeigen. Jetzt aber wollen wir genau wissen, worin ein Mißlingen begründet liegt. Die zentrale Differenz zwischen Märchen und Sagen wird uns ein Stück Arbeit machen. *Im Märchen und in der Sage herrschen zwei völlig unterschiedliche Bilder vom Menschen.* Es geht nicht darum, zivilisatorische Bewegungen zu beurteilen oder den alten Streit zwischen Matriarchat und Patriarchat aufzuwärmen. Wir wollen den Unterschied zwischen dem Menschenbild im Märchen und demjenigen in der Sage deutlich sehen lernen, und zwar darum, weil uns dies selber »hier und jetzt« betrifft. Wir wissen jetzt aufgrund des bisher Gesagten, daß uns im Märchen ein Bild des Menschen entgegenkommt, das jeglicher modernen und bürgerlichen Psychologie überlegen ist, das diese verläßt und übersteigt. Und in diesem Überstieg erwarten uns noch einige Überraschungen.

Kommen wir aber zunächst auf unser Drachentötermärchen zurück. »Die drei Hunde« wurde 1845 in dem »Deutschen Märchenbuch« von Ludwig Bechstein in Leipzig herausgegeben. Dieses Märchen heißt aus guten Gründen, typologisch gesehen, auch ein »Zwei-Brüder-Märchen«. Man hat allein in Schleswig-Holstein 34 Fassungen dieses Drachentötermärchens nachweisen können. Bausteine sind darin immer die drei Hunde, also die drei »wunderbaren Helfer«, der Kampf mit dem Untier und die Überführung des Betrügers. Es gehört zu den Schicksalsbedingungen des Drachentöters, jene um sich zu haben, die ihm den Erfolg streitig machen wollen. – Wenn wir den Drachentöter mit dem Propheten vergleichen, so ist der Gegenspieler immer der falsche Prophet. Das Wahre und Echte ist immer vom Unwahren und Falschen begleitet. Es folgt ihm auf Schritt und Tritt. Das stört uns – es sollte uns aber nicht stören. Erwachsenwerden heißt, diese Tatsache zu akzeptieren. Der Märchenheld ist immer von den Unhelden begleitet; unsterbliche Seelen sind von sterblichen umgeben; die wahren Menschen sind von Undinen umgeben. Davon sprechen wir später noch ausführlicher. – Das Falsche begleitet heute unübersehbar das Echte auch auf dem Gebiete der sogenannten Esoterik. Wenn Echtes verwirtschaftet wird, so treten falsche »Gurus« auf, welche dem wahren Drachentöter die Ehre streitig machen oder ihn um seine Früchte prellen wollen.

Nennen wir einmal Christus einen Drachentöter; wie viele falsche Christusfiguren gibt es? Der wahre hat übrigens die Zähne des Drachen bei sich. Vergessen wir das nie.

Das Ende des Märchens ist die Hochzeit, die »chymische Hochzeit« gemäß dem Sprachgebrauch der rosenkreuzerischen Tradition. Es geschieht dabei eine Vereinigung der Elemente: Sonne und Mond, Gold und Silber, König und Königin … alles Begriffe aus der Alchemie. Für dieses hehre Thema, für welches es auch andere Namen gibt, wie »Mysterium Conjunctionis« oder *Hierosgamos,* können wir auch die schlichte Benennung »Gegensatzvereinigung« anwenden. Man muß sich bewußt werden, auf welcher Ebene das Leben des Menschen abgehandelt wird, wenn das Ziel die Vereinigung der Gegensätze ist. Denn alle Welt um uns herum lebt vom Ausschluß der Gegensätze.

Werden wir uns bewußt, auf welcher Ebene die uns geläufige Psychologie sich befindet. Womit wir uns hier befassen, das zeigt, wie hoch das Bild des Menschen angesetzt ist. Die Psychologie der Gegensatzvereinigung ist eine »hohe Psychologie«, wie wir sie bei C. G. Jung finden. In seinem Buch »Praxis der Psychotherapie« wird die ideelle Verbindung zwischen Psychotherapie und Alchemie dargestellt. Gezeigt wird auch, wie der Prozeß nach der Vereinigung des Königs mit der Königin weitergeht. Dafür gibt es Titel wie: der Tod, der Aufstieg der Seele, die Reinigung, die Wiederkehr der Seele und die neue Geburt. Jung folgt dabei der berühmten Bilderserie des »Rosarium Philosophorum« aus dem Jahre 1550, in der König und Königin nach ihrer Vereinigung als zweiköpfiger Mensch gezeichnet sind. Tod, Aufstieg, Reinigung, Wiederkehr usw. werden immer mit dem zweiköpfigen Menschen dargestellt.

Die Typologie, so erwähnten wir früher, sei jene des »Zwei-Brüder-Märchens«, das ist die ältest denkbare Gegensatzthematik auf der individuellen Ebene. »Marduk-Tiamat« ist die kollektive, »Die zwei Brüder« (Kain und Abel) aber ist die individuelle Projektionsfläche des Gegensatzmotivs. Und auf dieser Ebene gibt es dann überhaupt erst Lösungen, denken wir an Kastor und Pollux.

Illustration von Otto Ubbelohde zum Märchen »Die zwei Brüder«, einem exemplarischen Drachenkampf-Märchen.

Auf der kollektiven Ebene gibt es nur den Kampf: Das ist dort die Lösung. Denn es gilt ja, »über Wasser« zu gelangen. Auf der individuellen Ebene aber, die bereits über Wasser stattfindet, wird der Mensch, wenn die Lösung der Gegensätzlichkeit gelingt, zum Bicephalos, zum zweiköpfigen Wesen.

Wir kommen nun zur Stufenordnung der Höherentwicklung, die durch einen Wechsel von Vereinigung und Trennung geschieht. Denken wir an das Märchen von Rapunzel. Die Liebenden werden nach der Zeugung von Kindern getrennt. Der Prinz ist blind auf der Suche nach seiner Gattin, und als sie sich endlich wiederfinden, fallen ihre Tränen in seine blinden Augen und machen ihn wieder sehend. In vor-grimmschen Froschkönig-Varianten werden nach der Hochzeit Prinz und Prinzessin wiederum getrennt und finden nach langen Umwegen erst spät zur wirklichen Vereinigung, so daß einem modernen Leser dabei fast der Atem ausgeht. Auch im »Teufel mit den drei goldenen Haaren« wird nach der Conjunctio der Tod erlebt (der Abstieg in die Hölle) und dann der Aufstieg (die Rückkehr aus der Hölle), wobei es Stufen der Reinigung gibt, nämlich dann, wenn der Held bei der Rückkehr aus der Hölle die drei Aufgaben löst, die ihm gegeben waren, indem dem Fährmann Gerechtigkeit widerfährt und er erlöst wird und indem die Heilbehandlung für den kranken Baum und den ungesunden Brunnen in die Wege geleitet wird.

Die hohe Psychologie, um die wir uns hier aus esoterischen Gründen bemühen, kommt also, wie wir sehen, ohne den Drachenkampf und die Überwindung, aber auch die Integration des Unteren nicht aus. – Über das Märchen mit den drei Hunden könnte man noch viel mehr sagen. Es ging uns aber hier nur darum, die Prüfungsthematik bei der Brautwerbung ins rechte Licht zu rücken.

Die Vielschichtigkeit dieser hohen Volksdichtwerke macht sie geeignet, sie aus unterschiedlichsten Perspektiven zu betrachten. So kann man die Märchen zum Beispiel auch auf das individual-neurotische Krankheitsbild von Klienten zur seelischen Heilbehandlung anwenden. Aber das ist nicht unser Ziel, denn in den Märchen gibt es eigentlich keine Individuen; es gibt nur allgemeingültige Typen. Es geht um die Darstellung eines Entwicklungsweges im wahrsten Sinne des Wortes, um die »Herauswicklung« aus der Unfreiheit, es geht um die Überwindung der Finsternis, um einen dramatischen Weg, der alles einzelseelenhafte Erörtern weit übersteigt. Und der Psychologe wäre da wohl kaum der richtige Begleiter. Man braucht dafür eher einen spirituellen Lehrer als Begleiter.

Nach dieser Einleitung mit Hilfe des Drachentötermärchens wollen wir uns nun dem Gegenteil zuwenden, nämlich der Welt der Sage, in welcher der Drachentod nicht wirklich gelingt. Wir wählen zur Erfassung der Sagenwelt keine Volkssage, sondern eine aus der hohen Literatur. Der Grund dafür liegt darin, daß wir mit dieser Sage die Tiefenpsychologie in ihrem Kern erfahren, welche durch die Höhenpsychologie der Märchen überwunden wird.

6 König Oidipus

Die Sage, wie sie bei den Tragödiendichtern Sophokles, Aischylos und Euripides vorliegt, insbesondere aber bei Sophokles, lautet wie folgt:

> Während König Laios als Flüchtling am Hof des Pelos in Pisa lebte, entführte er den Sohn seines Gastgebers, Chrysippos, das heißt »goldenes Pferd«; aus dieser Tat entsprang – nach Meinung vieler Mythenkenner – der Fluch des Hauses Laios. Nach Theben zurückgekehrt, heiratete Laios Jokaste, die Tochter des Menoikeus, eines jener fünf Krieger, die in Theben der Drachensaat entsprangen und überlebten. Kadmos, der Gründer des Königreiches Theben, hatte mit einem Drachen zu fechten; er erschlug das Ungeheuer. Die Göttin Athene erschien und befahl dem Kadmos, dem Drachen die Zähne auszubrechen und die Hälfte davon in den Boden zu säen. Athene behielt die andere Hälfte der Zähne für den König Aietes von Kolchis, der sie Jason geben sollte. Als Kadmos dem Befehl folgte, entsprangen dem Boden bewaffnete Männer, die sich gegenseitig umbrachten, bis nur noch fünf übrigblieben. Sie waren die Ahnherren des thebanischen Adels. Jokaste entstammte diesem Geschlecht.
>
> Dem König Laios wurde geweissagt, ein von Jokaste geborener Sohn werde ihn töten. Als seine Frau dann einen Sohn gebar, nahm Laios das Kind, durchbohrte seine Füße (um seinen Tod zu beschleunigen oder damit nach seinem Tode sein Geist nicht laufen könne) und gab Befehl, es auf

dem Berg Kithairon auszusetzen. Der thebanische Hirte, den der König mit diesem Auftrag betraut hatte, folgte seinem Befehl jedoch nicht, sondern übergab den Säugling einem korinthischen Schafhirten, der damit zu seinem König Polybos (der Rinderreiche) ging; dieser war kinderlos und beschloß, das Kind als eigenes aufzunehmen, das er Oidipus (das heißt Schwellfuß) nannte, weil er durch die Verwundung geschwollene Füße hatte. Oidipus wurde, als er herangewachsen war, bei einem Bankett wegen seiner unehelichen Herkunft verspottet, worauf er sich nach Delphi aufmachte, um die Wahrheit zu erfahren.

Das Orakel von Delphi weissagte ihm, es sei ihm bestimmt, seinen Vater zu töten und seine Mutter zu heiraten, worauf ihn die entsetzten Priester des Apollontempels fortjagten. Da er glaubte, daß König Polybos und die Königin Merope seine Eltern seien, beschloß er, nicht mehr nach Korinth zurückzukehren, und machte sich auf den Weg nach Böotien.

An einem Kreuzweg begegnete ihm ein Fremder in einem Wagen, es war König Laios von Theben, der ihm unbekannt war. Der Wagenlenker rief Oidipus zu, auf der schmalen Straße Platz zu machen. Oidipus verweigerte dies. Der Wagenlenker raste weiter vorwärts und überrollte einen Fuß von Oidipus. Außerdem versetzte ihm der Reisende im Wagen einen Hieb mit dem Stock. Der wutentbrannte Oidipus tötete ihn mitsamt seinem Geleite bis auf einen Knecht, der davonlief.

Oidipus setzte seinen Weg fort und kam nach Theben; dort befand sich das Volk in großer Trauer. König Laios, so hieß es, war auf dem Wege nach Delphi ermordet worden, wo er das Orakel über die Sphinx befragen wollte. Die Sphinx, ein gefährliches Ungeheuer, das die Stadt heimsuchte, war ein seltsames geflügeltes Wesen mit Frauenkopf und Löwenkörper. Diese griechische Sphinx ist ein weibliches Wesen, im Gegensatz zum ägyptischen Sphinx, der männlich ist, wie er auf der zehnten Tarotkarte vorkommt, mit Löwenpranken, einem Stierleib, Engelsflügeln und einem Menschenkopf, die Vierheit der Bausteine dieser Welt darstellend. Die zehnte Tarotkarte heißt »Das Rad des Lebens«. Der Sphinx wacht darüber, daß »die ewige Wiederkehr des Gleichen« aufrechterhalten bleibt. Er sichert das Spiel der Götter, welches Welt heißt. – Die griechische Sphinx aber hat einen ganz anderen Sinn. Es wird berichtet, die Göttin Hera habe die Sphinx geschickt als Strafe dafür, daß König Laios den Jüngling Chrysippos entführte, was eine Beleidigung gegen die Göttin der Ehe war. Wir sehen, daß der Heros, der Held, durch die Göttin Hera zur Ehe gezwungen werden will.

Die Sphinx hatte bisher jeden Thebaner gefressen, der ihr in die Hände kam und der ihr Rätsel nicht lösen konnte. Dieses lautet: »Was läuft am Morgen auf vier, am Mittag auf zwei und am Abend auf drei Beinen und ist am schwächsten, wenn es auf den meisten läuft?« Nach dem Tode von Laios bot Kreion, der Bruder von Jokaste, jedem den Thron und die Hand seiner Schwester an, der Theben von dieser Plage befreite. Das gelang Oidipus, denn er fand die richtige Antwort: »der Mensch«; dieser geht als Säugling auf allen Vieren und im Alter auf den Stock gestützt. Es war bestimmt, daß sich die Sphinx bei der richtigen Antwort zu Tode stürzen würde, was sie dann auch tat. Auf diese Weise erfüllte sich das Orakel, denn nachdem Oidipus bereits unabsichtlich seinen Vater ermordet hatte, heiratete er nun auch noch seine Mutter.

In Homers viel früherer Fassung dieser Sage wird Jokaste, die unerkannt ihren Sohn heiratet, sich der Sünde bald bewußt und erhängt sich, während Oidipus trotz des

Grams über seine beiden unwissentlich begangenen Verbrechen noch viele Jahre über Theben herrschte.

Die Darstellung des Sophokles aber hat alle früheren Versionen verdrängt und wurde weltberühmt. Oidipus und Jokaste regierten, unterstützt von ihrem Bruder Kreon, viele Jahre glücklich und zeugten zwei Töchter und zwei Söhne. Dann wurde Theben wieder einmal Opfer einer Plage. Das Land wurde unfruchtbar, nichts wurde mehr geboren, vermutlich brach die Pest aus. Kreon ging zum Orakel von Delphi und kam mit der Anweisung zurück, der Mörder des Laios sei zu vertreiben. Der Seher Teiresias bestätigte das Orakel und erzürnte Oidipus mit der Behauptung, er sei der Schuldige. In der Tragödie von Sophokles spitzt sich nun alles gewaltig zu.

Zur selben Zeit stirbt König Polybos von Korinth. Da die Korinther Oidipus für seinen Erben halten, lassen sie ihn benachrichtigen und bitten, ihr König zu werden.

Oidipus erklärt nun dem Boten – wie wir gleich sehen werden – die Unmöglichkeit, auf dieses Ansinnen einzugehen. Solange er Polybos für seinen Vater hält, macht ihm die Königin von Korinth angst, wegen des Orakelspruches, er werde seine Mutter heiraten. Hier folgt ein Ausschnitt aus dem dramatischen Text von Sophokles:

> *Oidipus* (zu Jokaste): Und wie soll mich der Mutter Bett nicht ängstigen?
>
> *Jokaste:* Was soll der Mensch sich fürchten, über den die Macht des Zufalls herrscht, für den es keine klare Voraussicht gibt? Das Beste ist dahinzuleben, wie es eben kommt.
>
> So fürchte nicht die Hochzeit mit der Mutter. Denn viele Menschen teilten schon in Träumen das Bett mit ihrer Mutter. Doch wer dies für nichts hält, führt am leichtesten sein Leben.
>
> *Oidipus:* Dies alles wäre gut von dir gesagt, wenn nicht

die Mutter lebt. Da sie aber noch lebt, bin ich in Angst – so gut du sprichst.

Jokaste: Ein großes Licht bringt dir des Vaters Grab.

Oidipus: Ein großes ja. Doch wenn sie lebt, bleibt Furcht.

Bote: Vor welcher Frau denn fürchtet Ihr Euch noch?

Oidipus: Alter, vor Merope, des Polybos Frau.

Bote: Was kommt von ihr, was Euch in Schrecken setzt?

Oidipus: Ein gottgesandter Spruch voll Grauen, Fremder.

Bote: Mir sagbar oder darf ihn niemand wissen?

Oidipus: Gewiß. Einst hat mir Loxias verkündet, ich müsse mit der Mutter mich vermählen, des Vaters Blut mit meiner Hand vergießen.

Drum meide ich Korinth schon lange und lebe weit fern von ihm, wohl froh, doch wahrhaft süß ist erst, der Eltern Augen zu erblicken.

Bote: Hieltst du der Stadt dich fern aus Furcht vor dem?

Oidipus: Und um den Vater nicht zu morden, Alter.

Bote: Hab ich dich nicht von solcher Furcht erlöst, O Herr, da ich so wohlgesonnen kam?

Oidipus: Darum empfängst du auch den rechten Dank.

Bote: Gerade darum kam ich her, damit mir's wohl ergeh, wenn du nach Haus gekommen.

Oidipus: Nie geh ich hin zu denen, die mich zeugten.

Bote: Schön zeigst du, Sohn: Du weißt nicht, was du tust –

Oidipus: Wie Alter? Bei den Göttern, klär mich auf.

Und nun folgt die dramatische Enthüllung. Der Bote, es war jener korinthische Hirte, der einst dem König Polybos den kleinen Oidipus gebracht hatte – dieser Bote bestreitet nun, daß Oidipus der Sohn der Merope sei. Oidipus geht dieser Behauptung nach, er ist von einem ungeheuren Wahrheitsdrang erfüllt. – Er läßt jenen anderen thebanischen Hirten suchen, dem Laios einst den kleinen Oidipus übergeben hatte. Trotz der Warnung dieses Mannes, der auch gefunden wird und an den königlichen Hof kommt, läßt Oidipus sich von ihm die ganze schreckliche Wahrheit sagen, worauf sich Jokaste erhängt und Oidipus, der ihr nacheilt, sich mit ihrer Schmuckspange blendet.

Kreon übernimmt die Regentschaft und verbannt Oidipus aus der Stadt.

Die Fortsetzung der Sage berichtet von nichts anderem als vom Untergang des ganzen Königsgeschlechtes von Theben.

Die Gliederung des Stoffes

Wir hätten als Kontrast zum Drachentötermärchen irgendeine Sage nehmen können, denn Sagen enden immer mit dem Untergang des Helden.

Märchen zeigen das zeitlose Leben des Helden auf: »Und wenn sie nicht gestorben sind, so leben sie noch heute.« Das ist in der Mehrzahl gesagt. Der Bicephalos – der vereinigte Mensch: das ist der wahre Mensch – lebt über die Grenze der Zeit hinaus.

Es steckt Absicht dahinter, wie bereits erwähnt, anstelle irgendeiner Sage jene vom König Oidipus darzustellen, denn Oedipus Rex ist das Markenzeichen der Tiefenpsychologie, mit der wir uns nun befassen wollen:

Die Sage beginnt mit etwas Negativem. Laios verliebt sich in einen Jüngling, dies wurde von der Göttin der Ehe bestraft. Sie schickte die Sphinx. Damit betritt die Götterwelt, vertreten durch die Sphinx, die Szene der Menschen, und diese Gegenwart der Götter ist eine »schreckliche, tödliche, zerstörende«. Wie immer in der Sagenwelt ist das Todbringende auf beängstigende Weise da. *Die obere Welt bricht ein in Form von Schrecklichem.* Hier bricht sie ein in die Ordnung der Menschen in Form einer vernichtenden Plage. *In der Regel erkrankt oder stirbt der Held in der Sage aufgrund der Begegnung mit dem Numinosen.* Nicht so der Märchenheld.

Oidipus gehört zu jenen, die vor dem Drachen bestehen und ihm durch Geisteskraft den Todesstoß geben; er vernichtet die Sphinx. Bis hierher ist Oidipus der Drachentöter; bis zu diesem Punkt funktioniert er wie ein Märchenheld. – In der den Märchenhelden eigenen Furchtlosigkeit übernimmt er die Prüfung, das Rätsel der Sphinx zu lösen und Theben von der Plage zu befreien. Aber es gibt noch ein anderes Motiv: jenes der unglückseligen Weissagung. Oidipus ist kein Glückskind. Die erste Voraussage heißt, er werde seinen Vater umbringen. Die zweite Weissagung lautet, er werde seinen Vater umbringen und seine Mutter heiraten. Sosehr die beiden Weissagungen dazu führen, daß sich Vater und Sohn so verhalten, *daß das Vorausgesagte vermieden werden soll, erfüllt es sich doch.* In unserem Initialmärchen »Der Teufel mit den drei goldenen Haaren« wurden wir mit einer glücklichen Voraussage bekannt gemacht. Nur für Antihelden ist sie jeweils nachteilig. Aber hier sind die Weissagungen für alle Beteiligten unglücklich. – Wir haben aufgezeigt, wie auch in unserem ersten Märchen von der Geburt an die bedrohliche Nähe zum Tode besteht, äußerlich gesehen gar nicht weniger schlimm als in der Oidipusgeschichte. *Der erste Teil der Oidipus-Erzählung ist mit unserem Märchen vergleichbar.* Aber der zweite Teil ist völlig anders, und um diese Andersheit geht es jetzt. *Ist der erste Teil der Oidipusgeschichte noch ein Märchen, so schlägt die Geschichte im zweiten Teil zur Sage um.*

Der märchenhafte Teil hat in Frühvarianten dieser Erzählung sogar Ähnlichkeiten mit dem »Teufel mit den drei goldenen Haaren«. Einer solchen Version folgend, will Laios das Kind töten, aber nach der Geburt des Sohnes hat Jokaste Mitleid mit ihm und setzt ihn heimlich in einem Kasten auf dem Meer aus. Dieser wird in Korinth an Land gespült, und Oidipus wird von dem kinderlosen Herrscherpaar Polybos und Periboia (wie sie da heißt) an Kindes Statt angenommen und aufgezogen, genau wie am Anfang unserer Teufelsgeschichte. – Im Märchen muß eine ungünstige Voraussage nicht das unumkehrbare Unglück bedeuten; denken wir etwa an Dornröschen. Aber im Märchen schlägt eben alles Böse ins Gute um. Hier nicht. – Ich weise jetzt auf eine Grundgegebenheit hin, die klar darauf hinzeigt, warum der erste Teil der Oidipus-Geschichte doch kein Märchen ist. Es handelt sich um die Wut des Oidipus, dem fremden Wagen keinen Platz machen zu wollen, als er auf dem Wege nach Theben König Laios erschlägt. Der wahre Märchenheld kennt diese Wut nicht, er ist *ein von Geburt weg Versöhnter. Er kennt die Rachsucht nicht.* Oidipus geht ja beleidigt von jenem Bankett weg, wo er verspottet wird. Er ist jetzt voller Absicht; er will jetzt seine Herkunft wissen. Der Tiefverletzte will sich rechtfertigen, er will sich insgeheim rächen. Nur der wahrhaft Versöhnte ist absichtslos. Der Märchenheld ist dieser Absichtslose, er will nichts für sich selber. Der wahre Märchenheld ist kein Verwundeter mehr, er ist ein Versöhnter. Darum gelingt ihm alles, kommt er zu allem.

Diese Erklärung ist nur möglich, weil wir jetzt, gewitzigt durch die Lektüre und Kenntnis unseres ersten Märchens »Der Teufel mit den drei goldenen Haaren« in die Hölle oder in das Dunkle der Oidipus-Geschichte abgestiegen sind, um dort dem Dunklen die drei goldenen

Haare, »das Licht«, zu entreißen. Und mit diesem Licht verstehen wir dann das Ganze. Also noch einmal: Oidipus muß untergehen, es geht gar nicht anders, weil er nicht der Versöhnte ist. Er ist der Unversöhnte, aus der Kindheit tief Beleidigte, schwer Gekränkte, der mit dieser offenen Wunde Erwachsener sein will und natürlich scheitern muß.

Wir haben uns mit den Weissagungen beschäftigt. Diese schließen ein uns alle angehendes Thema ein. Nämlich: Was man vermeiden will, das tritt gerade deshalb ein. Auch dies aber ist ein Charakteristikum des Unerlöstseins, wie der Apostel Paulus schon im Neuen Testament beschreibt:

> Wir wissen ja, daß das Gesetz geistlich ist, ich aber bin fleischlich, unter die Sünde verkauft. Denn was ich vollbringe, erkenne ich nicht; denn nicht was ich will, das führe ich aus, sondern was ich hasse, das tue ich. Wenn ich aber das tue, was ich nicht will, so stimme ich dem Gesetz bei und erkenne an, daß es gut ist. Nun aber vollbringe nicht mehr ich es, sondern die Sünde, die in mir wohnt. Denn ich weiß, daß in mir, das ist in meinem Fleische, nichts Gutes wohnt. Denn das Wollen ist zwar bei mir vorhanden, das Vollbringen des Guten aber nicht. Denn nicht das Gute, das ich will, tue ich, sondern das Böse, das ich nicht will, das führe ich aus. *(Zürcher Bibel, Römerbrief 7.14–19)*

Wir müßten jetzt dort, wo in dem zitierten Text das Wort »Sünde« steht, nur das Wort »Unversöhntheit« einsetzen, anstelle des Wortes »gut« oder »das Gute« die Worte »versöhnt« oder »Versöhntheit«, anstelle des Wortes »das Böse« die Rachsucht. Und schon wäre uns klar, wie kompetent hier das Christentum mitspricht. Ich wiederhole noch

Jean Auguste Dominique Ingres: Oidipus und die Sphinx, 1808
(Musée National du Louvre, Paris).

einmal: Der Unversöhnte tut nicht wirklich, was er will, sondern das, was er nicht will. Mit anderen Worten, er tut das, was eine innere, oft tiefverborgene, ihm selber gar nicht mehr bewußte Unversöhntheit will. Das tut er, und das tun wir allermeisten Menschen. Also kommen wir auf den heiklen Gegenstand des Nachdenkens: auf »das unbewußte Leben«. Übrigens braucht das Neue Testament für das Wort Sünde das griechische »Hamartia«, was gleichbedeutend ist mit »mit sich selber nicht eins sein«. Es handelt ja etwas in uns anders, als wir wollen.

In diesem Sinne müssen wir die Oidipus-Geschichte verstehen: Hier läuft eine Reihe von Ereignissen unbewußt ab. Und nun wollen wir noch einmal darauf achten, was den Unterschied zum Märchen ausmacht. Denn: *Auch der Märchenheld ist sich dessen, was er tut, nicht andauernd bewußt.* So sagt Max Lüthi in einem seiner Aufsätze: »Das Märchen aber zeichnet in seinem Helden das Bild dessen, der, ohne selber die letzten Zusammenhänge zu durchschauen, sicher durch die gefährliche, unbekannte Welt geleitet wird.« Er ist der begabte, der Geführte. Er steht in einer nicht völlig durchschaubaren Verbindung mit den kosmischen Gesetzen. Er steht im Kreislauf. Er ist, verglichen mit dem Römerbrief, »sündelos«, also mit sich selber in Übereinstimmung, weshalb er nichts gegen sich selber tun kann. Dieser Unterschied wird uns weiterhin beschäftigen.

Was ist die Bedeutung des Orakels? Die Kunst der Weissagung, mit dem lateinischen Wort »Divination« oder dem griechischen Wort »Mantik«, das Sprechen der Götter aus ihrem Allwissen, vergegenwärtigt eine zweite Ordnung. Das Ich des Helden hält sich an die Ordnung ersten Grades und ist gegen die Ordnung zweiten Grades machtlos.

Astrologisch gesehen, handelt es sich um den dritten Quadranten, der den Dämon enthält. In gewissen Übersetzungen heißt dies »Schicksal«. Wir nennen den dritten Quadranten in Übereinstimmung mit der Döbereinerschen Astrologie die »causa efficiens«, die bewirkende Ursache. *Die bewirkende Ursache ist die Existenz des Menschen zweiter Ordnung.* Solange diese im einzelnen Menschen nicht integriert ist, ist er ihr total ausgeliefert. Das Schicksal des Menschen – seine bewirkende Ursache – ist *der »Daimon«, das Dämonische im Leben,* weil es nicht angenommen ist, weil wir in unserer Uneinigkeit mit uns selber unser eigenes Schicksal zu unserem Feind erklärt haben. Wir laufen gegen es an. Wir streiten, wir kämpfen, wir hadern dagegen. Nun hat dies zweifellos seinen Sinn, denn der dritte Quadrant ist zugleich der Ort der in der Kindheit gespeicherten Lebensanweisungen der Eltern. Und diese können wir als Erwachsene nicht mehr brauchen. Wir rennen gegen die Fremdbestimmung an, solange wir sie nicht auswechseln gegen die Eigenbestimmung. Mit anderen Worten: Wir müssen selber zur eigenen Wirkursache werden. Dies ist das Erwachsensein. Wir sind wie Computer, welche mit der Programmierung durch die Eltern herumlaufen und vergessen haben, uns unser eigenes Programm zu geben. Der Mensch muß sein eigener Dämon werden, sich sein

Schicksal selber geben. Das ist die ungeheuer schwere Aufgabe des Erwachsenwerdens, der zweiten Geburt, der Existenz zweiter Ordnung. Und diese zweite Ordnung ist in den Händen, der allwissenden Götter der oberen und der unteren.

Die Divination ist die »Gottesenträtselung«, diese ist aber nicht die wahre Lösung, wie wir noch sehen werden. Es handelt sich um den Versuch, auf falsche Weise auf die Ebene der zweiten Ordnung zu kommen. Solange die Existenz zweiter Ordnung nicht wirklich integriert ist, sind wir Menschen ihr total ausgeliefert.

Das Orakel von Delphi hat dabei eine hervorragende Rolle in unserer Sage. Gleich nach der Geburt wird der Knabe Oidipus ausgesetzt, weil das Orakel seinem Vater prophezeite, er werde durch die Hand seines Sohnes umkommen. Der ausgesetzte Knabe wird gerettet, durch Ersatzeltern aufgezogen. Andeutungen über die Zweifelhaftigkeit seiner Geburt führen den Jüngling nach Delphi. (Der Märchenheld würde sich nie um seine Herkunft kümmern.) In Delphi wird die Frage nach seiner Herkunft nicht geklärt, dafür erhält Oidipus den grausigen Bescheid, er werde seinen Vater töten und seine Mutter ehelichen. Nun will er dies vermeiden, geht nicht mehr nach Hause zurück, und doch spielt sich alles wie vorausgesagt ab. Nachdem er mit seiner eigenen Mutter vier Kinder gezeugt hat, wird seine Stadt von einer Seuche heimgesucht. Um Abhilfe zu schaffen, fordert das abermals zu Rate gezogene Orakel von Delphi, der Mörder des Königs Laios müsse endlich bestraft werden. Daß dies die Lösung sein sollte, ist das Bestürzendste, was sich denken ließe. Hat nicht Oidipus die Sphinx zu Fall gebracht, was will nun das Schicksal noch?

Was will das Schicksal hier? Aus dem bisher Gesagten ist ableitbar: Die Stadt hat einen falschen König, dieser

König ist noch kein König – es sieht von außen nur so aus. Dies kann man von der Ordnung ersten Grades aus nicht durchschauen, dies kann nur die Ordnung zweiten Grades wissen. Und diese will sich durchsetzen; sie muß sich durchsetzen. Denn die Ordnung ersten Grades ist das Arrangement, die Lüge, die verdeckte Unwahrheit, ist Machtpolitik – nicht Güte, nicht Liebe und nicht Versöhntheit.

Dreimal spielt das Orakel von Delphi eine Rolle in der Leidensgeschichte des Oidipus. Darum ist »Oedipus Rex« die Erzählung von der Unausweichlichkeit des Schicksals, eine gewaltige Tragödie, die Weltgeltung besitzt.

Die Tragödie

Den Zuschauer, der auf diese Weise im griechischen Theater den leidenden Heros vorgeführt bekam, erschütterten Furcht und Mitleid. »Schauer« und »Jammer« heißt es im Griechischen. Der griechische Philosoph Aristoteles sagt in seinem Buch über die Dichtkunst, die Aufgabe des Theaters sei es, unter den Zuschauern »Furcht« und »Mitleid« zu erzeugen, so daß eine seelische Reinigung, die »Katharsis« entstünde. Das hat damit zu tun, daß in den alten Asklepios-Heiligtümern, in jenen Tempeln, die dem göttlichen Arzt Asklepios geweiht waren, immer Theater eingebaut waren und der Besuch einer Theater-Aufführung integrierender Bestandteil der Heilbehandlung für die Patienten war. – So zitiere ich aus der Poetik von Aristoteles, Kapitel 14: »... die Handlung muß so zusammengefügt sein, daß jemand, der nur hört und nicht auch sieht, wie die Geschehnisse sich vollziehen, bei den Vorfällen Schaudern und Jammer empfindet. So ergeht es jemandem, der die Geschichte von Oidipus hört.« Der therapeutische Sinn der Theateraufführung ist, *den Zuschauer in einen Erregungszustand zu bringen, so daß das Vorfallende entsprechende Inhalte in ihm selber als Gefühl zum Vorschein bringt und er es ausdrücken kann.* Die Identifikation mit dem Titelhelden dieser Tragödie soll dazu führen, zu erleben, ja sich einzugestehen: *Das bin ich selber.* Ich bin Oidipus. Und so ergeht es mir, wenn ich nicht in der Übereinstimmung mit den Göttern oder mit der wirklichen Ordnung lebe. In welchem Sinne aber soll Oidipus mit den Göttern übereinstimmen?

Wir haben gesehen, daß hinter der Erscheinung der Sphinx, diesem Untier, das ursprünglich ein Drache war, niemand anders als die Göttin Hera steckt, die als Göttin der Ehe die homoerotischen Neigungen der Männer verfolgt.

In der frühen Matriarchatsordnung sind Drache und Schlange, Erde und Mond, Symbole für die *Große Mutter*. In dieser Zeit der Priorität der Mutter war die Mutter polygam. Es gab kein Inzesttabu. Die Mutter fühlte sich berechtigt, ihren jeweiligen männlichen Partner frei zu wählen, ihren eigenen Sohn nicht ausgeschlossen, sofern er herangereift war und um ihre Gunst warb. Der Vater war zur Zeit der Matriarchatskultur nur ein Mann unter anderen. Das ist ein Phänomen, welches wir auch als vormenschlich, als tierisch bezeichnen können, denn im Tierreich ist dies tatsächlich beobachtbar. Das Entscheidende aber ist: Die Göttin Hera war ursprünglich eine der großen Mütter. Doch der Götterhimmel hatte sich entwickelt, gewandelt. Inzwischen ist Hera nicht mehr die Große Mutter, sondern die Göttin der Ehe, und die Ehe fordert die Trennung der Sexualität der Eltern und Kinder, und sie verlangt die Trennung von der Mutter. Das ist das große Thema des Drachentötermärchens (wobei allerdings der Drache auch Unerlöstes des Vaters versinnbildlichen kann).

Der Kampf gegen die Versuchung, in der Liebe zu unserer Mutter abhängig zu bleiben, ist der tatsächliche Grund für das Inzesttabu. Wir haben hier eine psychologische und eine initiatische Ebene, wie in allem, was wir darstellen. Psychologisch gesehen gilt also: Die Frau, die uns geboren hat, zu lieben bedeutet, trotz des inzwischen erreichten Reifezustandes, ein Säugling zu bleiben. Und vielleicht ist eine Quelle aller Angst des Menschen die Unfähigkeit, diese Trennung zu verschmerzen, eine Trennung, die wir in einem bestimmten Alter wie den Tod fürchten. *Von der Mutter geliebt zu werden ist für den Säugling oder das Kleinkind gleichbedeutend mit Leben, von ihr verlassen zu sein, das ist dasselbe wie der Tod.* Wenn wir miteinander das Szenarium der »Rites de passages« anschauen werden, wird uns dieser Bedeutungsgehalt noch deutlich vor Augen kommen. Das Kind als Kind der Mutter stirbt, um Sohn des Vaters zu werden (es handelt sich hier um die männliche Initiation), oder mehr noch, um Mann unter Männern zu werden. Das ist Sinn und Legitimation aller Männerbünde.

Nachdem wir also festgestellt haben, daß es in der Oidipussage zwei Teile gibt, die auseinanderbrechen, weil im ersten Teil ein Drache überwunden wird, im zweiten Teil aber der »große Drache Mutter« siegt, wollen wir den Zusammenhang dieser beiden Stücke neu formulieren:

Im ersten Teil haben wir verschiedene typische Merkmale des Zauber- oder Königsmärchens, nämlich die Trennung von den Eltern, zweimal sogar, als Säugling, dann als Jüngling. Aber, und das ist nun das totale Umschlagen in die Welt der Sage, im zweiten Teil ist Oidipus ein Rückkehrer zur Mutter. Dies ist der springende Punkt.

So sagen die Mythenforscher, die Oidipussage gehöre in die Grenzsituation hinein, in welche wir Menschen im Laufe der Zeit geraten sind, nämlich in die Zwischenzeit zwischen Matriarchat und Patriarchat, in der Zwischenzeit von der Herrschaft der Mutter zur Herrschaft des Vaters. Und dieser Übergang sei, so sagen zum Beispiel die Anthroposophen, der geforderte Übergang von einem kollektiven zu einem individuellen Bewußtsein.

Im Mittelpunkt der griechischen Tragödie steht ja nicht die Götterwelt, sondern der Held. Genauso im Märchen und in den Mythen. Der Mythos ist übrigens nicht aus seinem Wesen heraus schon Heilsgeschehen und Heilsbotschaft. Es gibt den Untergangsmyhtos. Nun sagen wir: Genauso im Märchen. Warum?

Weil es um diese Individuation geht. Diese ist ein Prozeß, und diesen Prozeß will das Märchen darstellen. Bei der Darstellung dieses Prozesses verzichtet das Märchen auf die Beschreibung einer einzelnen Individualität, wie wir dies heute in unseren Romanen kennen. Denn hier ist ja nur der stereotype Weg zum Ziel wichtig.

In unserer Oidipussage macht das Wissen des griechischen Dichters einen überraschenden Eindruck. Ich zitierte aus dem Tragödientext die Stelle, in welcher Jokaste dem Oidipus sagt, öfter habe schon im Traume ein Sterblicher sich im Bette seiner Mutter gesehen, doch wem dies nichts gilt, der trägt das Leben am leichtesten.

Die Psychoanalytiker freuen sich über diese Stelle. Sie gibt Anlaß zu behaupten, die Griechen hätten um den Oedipus-Komplex schon gewußt. Die antiken Traumdeuter aber sehen in diesem Traumsymbol etwas anderes. Oidipus' Frau und Mutter wehrt sich heftig und entschlossen gegen die »psychoanalytische Aufdeckung« der Wahrheit. Die Szene zeigt, wie ehrlich die Griechen waren. Freud hat diese Symbole realen seelischen Inhalten, die komplex sind, also verknotet sind und gelöst werden müssen, dienstbar gemacht. Dafür wollen wir ihn nicht verfolgen. Aber geht es hier um Psychoanalyse? Auch andere Einzelheiten der Sage symbolisieren nicht primär psychologische Sachverhalte. Von diesen wollen wir einige zur Kenntnis nehmen:

Als Erinnerung an historische Rituale, die erst in einer späteren Zeit zu Symbolen wurden, muß zum Beispiel der Durchstich der Füße von Oidipus gewertet werden. Es ist der Durchstich hinter der Achillessehne. Wenn der Bote, der den Säugling Oidipus aussetzt und an einen Baum bindet, ihm die Füße durchsticht – wie eine Variante der Erzählung berichtet –, so deutet dies auf ein altes Ritual hin. In sehr alter Zeit wurden die Fersen von Opfern, die man an wilde Pferde band, durchbohrt. Auf dem heiligen Boden der nahrungsbringenden Felder wurden sie zu Tode geschleift, um *die Mutter Erde,* befruchtet durch das Blut ihrer Söhne und Liebhaber, dem Menschen geneigt zu machen. Entsprechend gibt es Varianten der Oidipussage, wonach dieser seinen Vater gar nicht selber umbringt, vielmehr nur den Wagenlenker ermordet, worauf die durchbrennenden Pferde den König Laios zu Tode schleifen – eine sehr plausible andersartige Erzählweise der Geschichte.

Das Inzestthema hat selber einen nicht-psychologischen Blickwinkel. Das Symbol, welches in der Geschichte vom Vatermord und der Vereinigung mit der Mutter steckt, ist nicht Ausdruck einer individuellen Perversion oder einer Obszönität. Es ist ursprünglich jenes Symbol von Tod und Wiedergeburt der Jahreszeiten. Innerhalb des Matriarchats ist die Individualität des Zeugungspartners nicht gefordert. Diese Feststellung ist alles. Es gibt noch keinen Individuationsprozeß. In den prä-oidipalen Mutterkulturen wurde die Mutter niemals umgebracht, sondern einer der Männer, zum Beispiel einer der beiden königlichen Brüder, mußte getötet werden und in der Mutter Erde begraben werden, um ihre Fruchtbarkeit zu sichern. Und hier, in der griechischen Tragödie, da wehrt sich die *Große Mutter* gegen das Ende ihrer Herrschaft.

Aus dieser Sicht wird die Sage anders gewichtet. Das große Verbrechen war dann nicht der Mord am Vater oder der Inzest mit der Mutter, sondern die Auflehnung gegen das Gesetz der allmächtigen Mutter. Und nun müssen wir uns erinnern: Oidipus überwindet die Sphinx (vgl. Farbbild vor Seite 193). Er überwindet einen Teil des Drachens, aber er siegt noch nicht gegen die eigene Mutter. Dort, wo er siegt, da überwindet er den Drachen mit der Antwort: *ein Mensch.* Dies ist das Schlüsselwort: ein Mensch.

Es geht um die Menschwerdung, und die Menschwerdung ist das Überwinden der Großen Mutter. Das Reich der Großen Mutter will den »Individuierten« gar nicht. »Ein Mensch«, das ist einer mit einem wirklichen individuellen Ich. Das ist eine unsterbliche Seele.

Unser Held erledigt die Sphinx durch die richtige Antwort. Er weiß, es geht darum, »ein Mensch« zu werden. Aber als Unversöhnter, noch aus der Kindheit schwer Verletzter scheitert er zuletzt nicht an irgendeiner Chimäre, sondern an der eigenen Mutter, eine Tatsache, welche Eingeweihte sehr gut kennen. Die Losung heißt dann in ihrem Bewußtsein: Wenn du der eigenen Mutter begegnest, so bring sie um. Wie mancher auf dem initiatischen Pfade ist Oidipus in seiner ersten Phase; er siegt über die Sphinx und scheitert zuletzt doch, weil er als Unversöhnter wiederum dem Mutterreich verfällt, von dem er sich nie völlig gelöst hat.

Oidipus hat Ansätze zum furchtlosen, unverwundeten »Gekrönten«. Der ganze erste Teil der Geschichte zeigt dies. Die Gegenbewegung ist jene, *die Auserwähltheit zum Gekrönten doch zu verlieren,* ein falscher König zu werden, wie die meisten Menschen, *weil er doch noch der Welt der Mutter angehört.* Er wird vom Drachen zurückgeholt. *So verschwindet Oidipus am Ende der Erzählung als geblendeter alter Mann in einer Erdspalte.* Der Drache hat den Abkömmling des Drachengeschlechts wieder verschluckt. Oidipus ist zur Wiedergeburt berufen, aber er erlangt diese noch nicht.

Auf uns selber angewendet, kann dies heißen: Wir wissen die Lösung, aber wir leben sie nicht. »Menschsein« ist dann eine Vorstellung, noch keine eigene Erfahrung. – Sigmund Freuds Entdeckung des Oedipuskomplexes ist die Ortung des tiefverborgenen Grundes, warum im Einzelleben Individuation gestört ist. Die schreckliche Geschichte von König Oidipus ist eine Warnung. Denn Oidipus ist ein noch »marsischer« Mensch; astrologisch gesehen, ist er noch ganz im ersten Quadranten, das heißt im Selbstverständnisbereich »des Tötens um des Überlebens willen«. Einen Mann an einer Wegkreuzung zu töten, weil man aus dem Wege gehen sollte und nicht will, das ist nicht einmal Töten um des Überlebens willen, das ist Machtdemonstration. Oder es ist das typische Verhalten desjenigen, der – ohne es zu wissen – an jedem Ort und zu jeder Zeit um seine Identität kämpft und daher mit der Identität anderer in den Krieg gerät. An der Weggabelung zwischen Delphi und Theben geschieht es, daß einem Identitätslosen einer entgegenkommt, der Platz will. Das erträgt Oidipus, der Identitätslose, nicht, kommt er doch gerade aus Delphi, wo seine Herkunft nicht geklärt wurde. Kommt er doch gerade von dem Heiligtum als ein dort Fortgejagter. Ich wiederhole:

Der Identitätslose ist immer verwundet, ob er es weiß oder nicht, und er kämpft jederzeit und überall um seine

Identität, ob er es weiß oder nicht, und er wird jederzeit und überall durch die Anwesenheit anderer in seiner Identität in Frage gestellt, ob er es weiß oder nicht.

Oidipus' Forschen nach seiner Herkunft verläßt die Ebene dessen, was wir aus dem Märchen kennen. Wäre Oidipus ein Märchenheld, ihn kümmerte die Herkunft nicht. Denn, wie wir im dritten Teil überdeutlich sehen werden, gehört die Elternlosigkeit zu den Wesensmerkmalen des Menschen, der auf dem Wege der Befreiung geht. Der wahre initiatische Held ist immer elternlos, und nie würde ihm einfallen, ein Orakel zu befragen, und zwar darum nicht, weil er seine Identität nicht aus der Herkunft, sondern aus der Hin-Kunft, also von dorther bezieht, wo er hingeht, aus der Zukunft, also aus dem, was auf ihn zu-kommt.

Wer seine Herkunft sucht, der tut dies um der menschlichen Ordnung willen; wer seine Hinkunft vor Augen hat, der tut dies um der göttlichen Ordnung willen. Herkunftsbestätigung gilt immer für die Augen der Welt, Hinkunftswille gilt anderer Gerichtetheit. Und wo menschliche Herkunft wichtig ist, unterwirft man sich der göttlichen Ordnung immer nur oberflächlich. Der wahre Homo religiosus hat einen Adelsausweis in seiner Hinkunft.

Oidipus sucht das Orakel auf, um Aufschluß über seine Herkunft zu bekommen. Er erhält diese nicht; aber die ganze darauf folgende Geschichte entwickelt Schritt für Schritt seine Herkunft bis zu dem Augenblick, wo er in der sich öffnenden Erdspalte wieder verschwindet, ein Erdgebundener, der blind, das heißt »lichtlos«, in die Finsternis zurücksinkt, aus welcher er stammt. – Die unerlöste Welt der Sage ist die Welt der Angst. Hier herrscht die große Angst vor dem Untergang, die auch eintritt. Der Märchenheld hingegen braucht nicht zu orakeln, weil er diese Angst nicht (mehr) kennt.

Wir sprachen von einer Warnung, welche vom Oidipus-Drama ausgeht, und diese heißt: Wenn ihr es machen wollt, wie die alte mütterliche Ordnung vorschreibt und euch nicht entwickelt, dann muß der Sohn den Vater töten, um die Mutter heiraten zu können, ob er dies will oder nicht. Und alle werden qualvoll untergehen unter der Rache der Götter. Denn die Götter wollen eines: daß wir uns *vom Tier zum Gott* entwickeln. Woran sieht man das? Daran, daß wir in der Astrologie Herkunft und Hinkunft unterscheiden können. Das Tierkreiszeichen ist unsere kollektive Herkunft, der Himmelskörper aber unser individuelles Ziel. Die Himmelskörper haben immer Götternamen, und Gott ist der Titel für Unsterblichkeit. Diese erlangen wir durch das Betreten einer Kette von Inkarnationen, wodurch wir den Sieg über die Große Mutter beweisen. – Wer dies nicht »will«, dem bleibt wiederum nur das Zurücksinken in die un-individuelle, kollektive Anonymität. Und dies ist vom *Standpunkt der Berufung* her eine Katastrophe.

Die Kette der Inkarnationen nenne ich an dieser Stelle »die seelische Unsterblichkeit«, nicht die körperliche, was auf der Hand liegt. Der physische Tod bleibt. Ihn gilt es zu erleiden, aber nur ihn. Der Körper stirbt, die Seele bleibt. In dem Sinne sagt C. G. Jung in seinen »Erinnerungen« einen uralten Satz aus den Mysterien der Thesmophorien zitierend: *»Für das Ich ist der Tod eine Katastrophe, für die Seele ein Freudenfest.«*

Mit dem Beginn einer Reinkarnations-Kette wird die Seele unsterblich. Es ist eine unzerstörbare Individualität entstanden. Der Sinn des Drachenkampfes ist die Gewinnung der unzerstörbaren Individualität. Der Drache symbolisiert den Tod der individuellen Existenz. Und dies ist der Grund, warum die Drachentöter-Mythologie und der Sieg über den Drachen eine so überragende Bedeutung haben, warum jahrtausendelang dieses Motiv immer wieder die Menschen beschäftigt hat.

Ferner sind in den Märchen vom Drachentöter Überreste alter Rituale sowie alter Weltdeutungen und sozialer Verhaltensweisen eingegangen. Das Märchen hat diese Motive aufgenommen, *verdichtet und erhöht.*

Wir sehen also: Das Drachentötermärchen ist etwas ganz anderes als die Drachentötersage. Das Märchen stellt eine hoch komplexe Materie einfach und verständlich dar. Darum ist das Märchen höchste Dichtung. Entsprechend kann die Sage nicht Dichtung von diesem Range sein.

7 Das Drachengeschlecht

In der Sagenwelt hat der Drachenkampf eine ganz andere Bedeutung als im Märchen. In der Sage gibt es dessen endgültiges Gelingen nicht. Darum erfassen Sagenwelt und Märchenwelt überhaupt nicht dieselbe Seinsweise des Menschen. – Kommen wir noch einmal auf das Königshaus von Theben zurück, denn seine Geschichte ist typisch für die Sagenwelt.

Die Geschichte des Königsgeschlechtes von Theben ist die Geschichte eines Unterganges. *Die Daseinsweise des Unterganges ist anders als die Daseinsweise des Überlebens.* Das Menschenbild des Unterliegenden ist anders als das Menschenbild des Siegers. Aber die Sagenwelt hat eine ganz gewichtige Erkenntnisfunktion: Es geht immer und überall um die Menschwerdung, und ein in Menschengestalt Geborener ist noch kein Mensch, er ist nur der Rohstoff dazu. Dies lehrt uns die Differenz zwischen Sage und Märchen. Aber im täglichen Leben interessiert uns dieser Unterschied nicht. Wir verwischen ihn, wollen ihn nicht wahrhaben.

König Kadmos, der Gründer des Thebaner Adels, muß zuerst einen Drachen töten, bevor er die Stammburg seines Geschlechtes und die Stadt bauen kann. Kadmos ist ein Städtebauer und -gründer. Er beschäftigt sich mit dem Wohnen auf Erden. Der zu erledigende Drache wird auch der heilige Drache genannt; er bewacht eine Quelle. Die Stammburg wird nicht an irgendeinem Orte sein, es muß ein besonderer Ort sein. Nun braucht eine Stadt

Wasser zum Leben. Man würde also meinen, das genüge, der Drachenkampf sei damit erledigt. Aber der berühmte Herakles (lateinisch Herkules) war ja auch ein Thebaner. Er ist weltberühmt wegen der unsäglichen Prüfungen, welche er zu bestehen hat, und dazu gehört auch der Kampf mit der Hydra, der Wasserschlange, die immer wieder neue Köpfe bekommt.

Wenn immer wieder neue Köpfe wachsen, so muß ja der Kampf aussichtslos bleiben, oder aber er ist ein endloser Kampf. Nun können wir uns dies folgendermaßen vorstellen: Der erste Drachenkampf ist jener ursprüngliche des Sonnengottes gegen die Urmaterie, gegen das allesverschlingende Chaos, und die *Welt* entsteht dadurch erst, daß dieser Drache getötet wird. Aber die Bedrohung bleibt. Denn auch die so entstandene Welt ist ihrerseits nicht vor dem Untergang gesichert. Die Schlange oder der Drache bedrohen die Welt, das heißt: das ihr Abgerungene. Die menschliche Gesellschaft ist darum in der Verfassung, daß sie sich in der Abwehr bedrohlicher Ungeheuer immer wieder neu konstituieren muß. Die Erschaffung des Paradieses auf Erden gelingt nicht, denn Welt ist der ewige Kreislauf von Anfang und Untergang. Die offizielle Geschichtswissenschaft will ja von untergegangenen Kulturen nichts wissen, wenn sie nicht reale, materielle Spuren hinterlassen haben. Berichte darüber in Form von Mythen haben bei ihr keinen Wahrheitsgehalt. Die in die Mythen eingegangene Wahrheit aber enthält das Wissen darüber. Und wenn wir dieses ernst nehmen, so hat natürlich der Drachenkampf, der Kampf gegen den Untergang, ganz andere Vergangenheit, andere Ausmaße, schwerer wiegende Bedeutung, als wir zulassen wollen. Weitab von der historischen Forschung kann man in der Reinkarnationstherapie – dies sei nebenbei bemerkt – noch den Untergang von Atlantis erleben.

Wenn offiziell der Untergang von Kontinenten mit gleich hochstehenden Zivilisationen, wie wir sie heute haben, geleugnet wird, weil wir uns heute als die Spitze der Evolution verstehen, so sprechen die alten Mythen und die alten Märchen eine andere Sprache. In ihnen sind wir dauernd in der Bedrohung, und zu dieser Bedrohung gehört ja auch die Natur. Der Kampf gegen die Natur mit dem unbewußten Drang, *hier* das Paradies zu errichten, forderte ganze Drachentötergeschlechter heraus. *Die Natur soll unter Kontrolle gebracht werden.* Je mehr wir dies tun, um so mehr bäumt sie sich auf. Die Natur ist wirklich eine Hydra mit immer wieder neu wachsenden Köpfen. Siegen wir an einer Stelle, wächst an einem anderen Ort gleich ein neuer Kopf nach. *Aber wir sollen nicht auf dieser Ebene siegen.* Unser Sieg soll anderswo sein. In der Sagenwelt herrscht die Erdgebundenheit des Menschen, und hier gibt es keine Lösung. Erdgebundenheit bringt das ewige Scheitern der Menschen. – Wir werden darauf zurückkommen, denn der Märchenheld zeigt uns einen anderen Weg. Er verkörpert die *Weg-Bewegung von der Welt,* denn diese Wegbewegung ist der Grund dafür, daß er nicht scheitert.

König Kadmos begründet ein Geschlecht, welches das Drachengeschlecht heißt. Er tötet den Quelldrachen, aber er erzeugt ihn auch wieder. Er sät nämlich die Zähne des getöteten Drachen aus, wie es ihn die Göttin Athene hieß, woraus das Geschlecht der »Gesäten« entsteht. Die »Spartoi« sind bei den Griechen die vaterlosen Kinder, die nur ihre Mutter kennen. In diesem Zusammenhange ist der Name der Mutter von Oidipus interessant. Sie heißt auch Epikaste, Euryganeia, Eurykleida, Artymedusa usw., was immer ein anderer Name ist für *Mutter Erde.* Das Drachengeschlecht kann sich verhalten, wie es will, es geht doch wieder unter. Die Abkömmlinge des Drachengeschlechtes können alles den Göttern gemäß tun, wofür Oidipus ein Beispiel ist, es gibt doch keine Rettung vor dem Untergang.

Es ist nicht anzunehmen, daß in der Tragödie von Sophokles an eine individuelle Schuld gedacht worden ist, und sicherlich ist die Oidipussage keine psychologische Aussage. Oidipus ist unschuldig. Oder aber wir sagen: Schon Geborensein (erste Geburt) ist Schuldigsein, und zwar darum, weil man die Ureinheit verläßt. Die zweite Geburt würde dann von dieser Schuld reinigen. – Halten wir noch einmal fest: Unser Weg der Wahrheitsfindung ist hier nicht der der Psychoanalyse. Dies gilt, obgleich mit diesem Drama und anhand seines Themas psychoanalytische Wahrheitsfindung betrieben werden kann. Das Drachengeschlecht ist von »unten«. Es ist chthonisch, das heißt erdgeboren oder auch unterirdisch. Das Drachengeschlecht gehört den erdgebundenen Göttern; es gehört nicht den olympischen Göttern, den Lichtgöttern. Darum blendet sich Oidipus, weil er zu jenen gehört, die nicht von der Sonne stammen. Die Sonne sehen dürfen die Olympier, die Unsterblichen. Diese Erdgebundenheit kommt auch in den Namen der thebanischen Könige zum Ausdruck. König Laios' Vater heißt Labdakos, das heißt der Lahme; Laios heißt der Linkische, Oidipus heißt der Schwellfuß. Dies sind Namen, die Erdgebundenheit betonen. Es ist also der chthonische Mythos, der die Tragödie beherrscht, der Mythos der Allmutter Erde, deren Gesetz jenes der ersten Geburt und darum das Gesetz von »Geburt und Tod« ist. Das ist das Gesetz der physischen Welt, der körperlichen Welt. Leiber werden geboren und sterben. Die Allmutter Erde ist einerseits die Urmacht, die alles aus ihrem Schoße hervorbringt, die Fruchtbarkeit, das sichtbare Leben überhaupt, aber sie ist auch jene ungeheure Macht, die, was ihr dunkler Schoß geboren hat, wieder zurück will, wieder zurückholt. Hingegen: Es gibt eine andere Seite des Lebens, eine »obere Seite«, und diese hat ein anderes Gesetz. Und daß es diese obere Seite gibt, das ist der Grund der Tragödie; gäbe es diese obere Seite nicht, so hätten wir keinen Anlaß, uns bei solchen Geschichten aufzuhalten.

Es gibt das Licht des Tages, das sich innerhalb der menschlichen Ordnung des Zusammenlebens als »vernunftvolle Gesittung«, als »Staats- oder Stadt-Ordnung« manifestiert. Und dieser Bereich untersteht den olympischen Göttern.

Die untere und die obere Welt haben auch verschiedene Kulte. So sind zum Beispiel die Opfer unterschiedlich. Den chthonischen Göttern gilt das Trankopfer, den olympischen das Brandopfer. In der Tragödie kommen vorwiegend Trankopfer vor. Man schüttet etwas auf den Boden, wie die Blutopfer, man spendet der Erde. Beim Brandopfer aber steigt der Rauch zum Himmel empor. Entsprechend wirft man sich beim Gebet auf den Boden, wenn man den Göttern der Tiefe und des Todes verpflichtet ist. Beim Gebet zu den Göttern des Himmels und der Höhe aber erhebt man stehend die aufwärtsgewandten Handflächen nach oben. Daran sehen wir, wo einer steht. Und nun zurück zum Heroenkult, der ein Totenkult ist. Auch dieser beginnt mit einer Prozession, aber er führt nicht wie bei den Olympiern zum Tempel, er führt vielmehr zur Grabstätte des Helden.

Wir fragen uns darum, was im griechischen Sinne der Wahrheitsdrang des Königs Oidipus uns zeigen will. Die psychologische Deutung ist nicht griechisch; es ist gewiß, daß es sich nicht um den Menschen in seiner individuellen Schuld handelt. Das Orakel von Delphi gehört dem Gott Apoll. Es befiehlt, den immer noch unter den Bewohnern von Theben weilenden Mörder des Königs Laios ausfindig zu machen und zu vertreiben. Oidipus unterwirft sich dem Orakel, diesem Wahrheitsfindungs-Heiligtume. Er unterwirft sich dieser »oberen Ebene«, dieser Wahrheitsebene zweiten Grades, wie wir auch sagten.

Delphi war ursprünglich eine Weissagungsstätte, welche der Göttin Gaia gehörte. Aber der Gott Apoll, wenige Tage nach seiner Geburt schon erwachsen, will als Gott der Mantik (das ist die Wahrheitsfindung, wir nannten sie auch die »Gottesenträtselung«), ferner als Gott der schönen Künste und der Musik, ein Orakel gründen. Er zieht nach Mittelgriechenland und kommt zu einer Erdspalte, die von einem riesigen weiblichen Drachen, Python genannt, bewacht wird. Apoll tötet diesen Drachen. *Der Lichtgott Apoll ist also selber der Drachentöter.* Der Name Delphi ist nicht von ungefähr, denn das Wort »Delphys« bedeutet ursprünglich »Schoß«. Der Orakelort erhielt die Weissagungen aus dem Schoß der Erde. Nun war es ein apollinisches Heiligtum geworden. Also wurde dem Drachenabkömmling Oidipus aus dem Ort des überwundenen Drachen geweissagt. Dies müssen wir wissen, wenn wir die Frage stellen, was der Wahrheitsfindungsdrang des Königs Oidipus für einen Sinn habe. Und wir können nun darauf antworten: *Es geht nur um die Aufdeckung der Wahrheit im nicht-psychologischen Sinne, also um die Aufdeckung der religiösen Wahrheit. Und die Aufdeckung der religiösen Wahrheit besteht darin, zu entdecken, daß die Bedingungen für das Dasein des »Homo religiosus« noch nicht erfüllt sind.*

Von der Betrachtung dessen aus gesehen, was die Daseinsbedingungen für den »Homo religiosus« sind, ist keine Wahrheit schrecklicher als diese, einem Geschlechte anzugehören, das die Bedingungen für die seelische Unsterblichkeit noch nicht erfüllt. Es gibt keine schrecklichere Wahrheit als diese, nämlich dann, wenn man die andere Seite schon kennt, um diese schon weiß. Es handelt sich hier um den Unterschied zwischen dem König in unserem Märchen »Der Teufel mit den drei goldenen Haaren«, dem die Stange in die Hand gedrückt wird, der über den Fluß rudern muß, ohne ihn selber überqueren zu können, und dem jungen König, dem Glückskind; es handelt sich um den Unterschied zwischen Pelias und Jason, zwischen Herodes und Jesus von Nazareth.

Nun wollen wir noch einmal auf Sigmund Freud zurückkommen, der ja dafür gesorgt hat, daß die Oidipussage innerhalb der modernen Psychologie, der Tiefenpsychologie, sozusagen zum Markenzeichen geworden ist. Ihr geht es beim sogenannten »Oedipus-Komplex« um die Vermengung kindlicher und elterlicher Sexualität. Die Psychologie hat zentrale religionsgeschichtliche Themen aufgegriffen und verpsychologisiert, und heute ist sie sogar auf dem Vormarsch in die Gebiete des traditionellen Okkultismus. In der Psychologie spielen die initiatischen, reinkarnatorischen Zusammenhänge keine Rolle. In der Esoterik geht es um das »Menschsein«, in der Psychologie hingegen wird dieses vorausgesetzt, wenn auch irrigerweise. Ich erinnere noch einmal daran, daß der Drache vernichtet wird mit dem Losungswort »ein Mensch«. Wenn der »Mensch« auftritt, stürzt sich die Sphinx zu Tode. Aber bei Sigmund Freud geht es nicht darum, sondern um einen innerseelischen Konfliktstoff. Diesen kennen wir in der Astrologie von Döbereiner auch; er heißt dort »Undine-Syndrom« oder die gleichgeschlechtliche Dominanz. Damit möchte ich auf die Tatsache hinweisen, daß die Oidipussage sicherlich *auch* individualpsychologisch relevante Zusammenhänge enthält und daß natürlich der König-Oidipus-Fall das Vorgehen der psychologischen Wahrheitsfindung exemplarisch zur

Darstellung bringt. Wenn auch die Griechen darin etwas anderes gesehen haben, gilt trotzdem uneingeschränkt: *Die Oidipustragödie ist das großartigste Beispiel von Psychoanalyse. Aber diese Tragödie ist zugleich das hohe Exempel für menschliche Wahrheitsfindung überhaupt. Diese Geschichte ist Divinationsmodell auf verschiedenen Ebenen. Diese Geschichte ist Wahrheitsfindungs-Muster allgemeiner Gültigkeit.* Um den Vorgang der Wahrheitsfindung besser erkennen zu können, will ich den Ablauf der Ereignisse noch einmal genau vor Augen führen:

> Volk und die Priester der Stadt Theben sind vor dem Königspalast versammelt. Da die Pest grassiert, will man Hilfe vom König. König Oidipus hat bereits seinen Schwager Kreon zum Orakel von Delphi gesandt. In diesem Augenblicke kehrt Kreon zurück und berichtet: Apollon habe gesagt, daß die Ermordung des vorigen Königs Laios noch ungesühnt sei. Hierin liege der Grund für die Pest. Das Orakel sagte, der Mörder sei noch in der Stadt. Oidipus verspricht dem Volk, alles daranzusetzen, die Schuldigen zu finden. Es wird der greise und blinde Seher Teiresias geholt, von dem das Volk annimmt, er wisse die Wahrheit genauso gut wie Apoll. Aber Teiresias will zuerst nicht sprechen. Oidipus vermutet darum bei diesem eine Mitschuld. Daraufhin beschuldigt Teiresias den König, der so reagiert, daß er den Seher und Kreon eines Komplottes gegen ihn bezichtigt. Teiresias sagt darauf Oidipus, er, Oidipus, wisse ja nicht, woher er stamme und wer ihn geboren habe. Als Blinder werde er durch die Lande ziehen, wenn er erfahre, mit wem er verheiratet sei. Nun tritt Kreon auf, der gehört hat, Oidipus habe ihn beschuldigt, ein Komplott gegen ihn zu schmieden. Es ergibt sich ein heftiger Streit zwischen den beiden, und Königin Jokaste vermittelt. Sie sagt, es sei doch schwierig, ein Orakel richtig

zu deuten. Als Beispiel führt sie an: Das Orakel habe doch geweissagt, Laios komme durch die Hand seines Sohnes um, er sei aber, wie jedermann wisse, von Räubern erschlagen worden. Jokaste will beruhigen, aber gerade diese Aussage beginnt den König aufs tiefste zu beunruhigen. Er will nun näheres über Laios' Tod wissen. Nachdem Jokaste einiges sagt, was Oidipus immer unruhiger macht, befiehlt er, jenen Diener herbeizuschaffen, der den Tod des Königs Laios mit- und überlebt hat. Inzwischen erzählt Oidipus seiner Frau, daß ihm geweissagt wurde, er werde seinen Vater töten, worauf er nicht mehr nach Korinth zurückgekehrt sei; er erzählt ihr, daß er seinerzeit auf dem Wege nach Theben an einem Dreiweg einen Mann erschlagen habe, der ihm den Weg versperrte. Sollte jener Mann Laios gewesen sein, so wäre er, Oidipus, der Elendeste unter den Menschen, denn er müßte die Strafe bekommen, die er selber dem Mörder des Laios angedroht habe.

Inzwischen ist ein Bote aus Korinth eingetroffen, der meldet, König Polybos von Korinth sei gestorben und das Volk von Korinth möchte Oidipus zu seinem König machen. Oidipus und Jokaste atmen auf. Oidipus sagt dem Boten, er könne nicht König von Korinth werden, weil ihm vorausgesagt sei, er würde seine Mutter heiraten, und diese lebe ja noch. Da beginnt der Bote aus Korinth den König zu beruhigen, er sei ja gar nicht der Sohn von Polybos und Merope, er selber habe Oidipus seinerzeit als ausgesetztes Kind dem Herrscherpaar von Korinth gebracht, nachdem er dieses von einem Diener des Königs Laios bekommen habe. Jokaste bittet Oidipus, diesen Dingen nicht weiter nachzugehen. Aber Oidipus will es nun wissen. Er glaubt nämlich, sich seiner Gattin gegenüber rechtfertigen zu müssen bezüglich seiner Herkunft, sie könnte ja annehmen, er wäre vielleicht Sohn von Sklaven und nicht königlicher Abkunft. Oidipus will wissen, von wo er abstammt, koste es, was es wolle. Er schickt also nach dem Diener von Laios, worauf es keine Rettung mehr gibt.

Brechen wir hier die Zusammenfassung des Berichtes ab. Dieser Hirte ist das letzte Glied in der Kette der Wahrheitsfindung. Was danach folgt, wissen wir. Ich wollte dieses großartige Beispiel von Psychoanalyse oder auch Lügendetektion einmal etwas genauer vor Augen führen. Man könnte die Oidipustragödie auch als das erstes große Kriminalstück bezeichnen. Was auch immer in den unterschiedlichsten Bezügen in der Tragödie enthalten sein mag oder welche thematische Sicht eingenommen wird, es handelt sich hier um *die Aufdeckung der Wahrheit unter der Beteiligung des Menschen.* Zwar ist auch das Orakel von Delphi daran hervorragend beteiligt, weil es Grundgegebenheiten enträtselt, aber es sagt nicht, wie die Verteilung der Dramatis personae aussieht; dies zu entdekken ist Aufgabe des Hauptbetroffenen selbst. Die Aufdeckung bedarf einer Analyse. Aber ich zweifle daran, daß die Griechen besseren Zugang zu ihrem Unbewußten gehabt haben als wir späteren europäischen Menschen, wie dies von Freudianischer Seite behauptet wird. Es sind die Dichter, die Zugang haben. Große Dichtungen bearbeiten Stoffe, die allgemeingültig sind; und große Dichtung ist deshalb groß, weil sie in andere Wahrheitsbereiche eindringt und diese ins Bewußtsein holt, weil sie sich auf der Ebene der Wahrheit zweiten Grades abspielt.

Wenn das Ziel das Erwachsensein und das eigentliche, nicht umdeutbare Thema unseres Lebens die Umwandlung des Kindes zum Erwachsenen ist, dann muß das Leben auch den Konfliktstoff aus sich selber heraus gebären und zum Ausdruck bringen. Dieser Konfliktstoff ist das Mißlingen des Erwachsenwerdens.

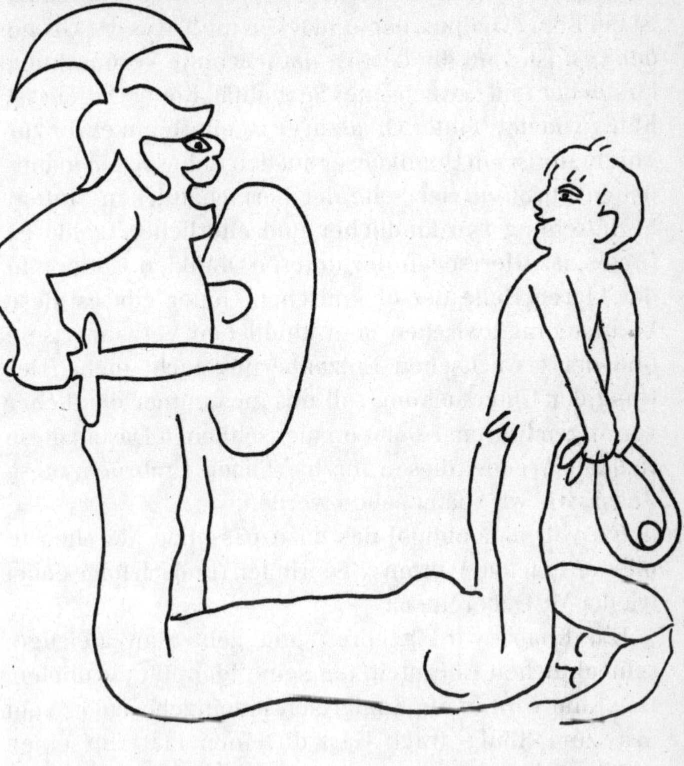

Der Machtkampf zwischen Vater und Sohn, der aus der gleichgeschlechtlichen Dominanz hervorgeht, ist vom Zeichner Max Rüedi so dargestellt, daß der Sohn – als Muttis Liebling – ganz eindeutig gegen den Vater emporgehoben wird.

Wir betrachten dieses Thema aus initiatischer Sicht, aber natürlich spielt es sich auch auf der psychologischen Ebene ab. Jeder, der sich einer Psychoanalyse unterzieht, ist ein König Oidipus, der aufdecken muß, was der Grund der Pest ist. Und die Pest ist natürlich die Vermischung kindlicher und erwachsener Sexualität. König Oidipus ist König von der Mutter Gnaden; er ist ein Heimkehrer zur Mutter. Er ist ein Heimkehrer auf den unbesetzten männlichen Thron an der Seite der herrschaftlichen Mutter. Vermischung von kindlicher und elterlicher Libido ist Chaos, ist »Herrschaft der unteren, dunklen Götter«. In der klaren Helle der olympischen Götter gibt es diese Vermengung zwischen dem kindlichen Verzaubertsein und der erwachsenen Entzauberung nicht mehr. Der Gang der Untersuchung soll uns dies immer deutlicher vor Augen führen. Es gibt im menschlichen Dasein diese radikale Wende, diesen fürchterlichen Umbruch, diese Zäsur, wie wir später sehen werden.

Ich will hier einmal das dazu passende Märchen in meinen eigenen Worten wiederholen (und ich folge dabei wieder W. Döbereiner):

Ein Knabe wird geboren und geht zum gleichgeschlechtlichen Elternteil, um seine Identität abzuholen. Das Kind wird in ein Königreich hineingeboren, er geht also zum König, fragt: Hast du einen Platz für einen weiteren Mann in deinem Königreich? Der König sagt nein. Es bleibt dem Knaben, der ja geboren ist und einen Platz zum Leben sucht, nichts anderes übrig, als zur Königin zu gehen. Königin, hast du einen Platz für einen weiteren Mann in deinem Königreich? Sie sagt ja. Sie flüstert ihm aber zu, es dem König nicht zu sagen. Denn dieser Platz sei sozusagen unsichtbar, rein seelisch, aber um so schöner, an ihrer Seite. Seelisch ist der Thron an der Seite der Königin (Mutter) unbesetzt, wie in der Oidipus-Geschichte. Man kann fast behaupten, die Mutter des Knaben ist bereit, den Mann an ihrer Seite vom Throne zu verstoßen, um diesen Platz dem Sohne anzubieten. Und dies kommt dem durch die Ablehnung des Vaters schwer gekränkten und verwundeten Knaben in hohem Maße entgegen. Diese Situation ereignet sich immer dann, wenn die wahre sinnenfreudige, erotische und sexuell erfüllte Liebe zwischen den Eltern noch nicht stattgefunden hat oder sich wegen der Unvereinbarkeit der Eltern überhaupt nicht ereignen kann.

Es geht ja immer um diese Doppelbödigkeit. Es ist eine der entscheidensten Einsichten, daß es dieses Innen und Außen, dieses Oben und Unten gibt, diese zwei Ebenen, die nicht übereinstimmen, solange die zweite Geburt nicht stattgefunden hat. Psychologisch gesehen ist die zweite Geburt jene zum Erwachsenen, ich meine zum »wirklichen Erwachsenen«. Darum ist Psychotherapie »Geburtshilfe für Erwachsene«.

Nach außen bleibt in unserem doppelbödigen Drama der Vater als König über dem Knaben, nach innen aber nicht, da ist die Lage umgekehrt, innerseelisch sitzt der Liebling der Mutter auf dem Thron und hält die Füße auf dem Vater als Schemel.

Der Knabe hat einen frühen und leichten Sieg über den Vater erreicht, bei der Geschlechtsreife aber nützt ihm diese Pseudolösung nichts mehr. Sie war ja von Mutter Gnaden. Erhält man vom gleichgeschlechtlichen Elternteil nicht die Daseinsberechtigung, so muß man sie sich selber geben. Das ist die Lösung; man weiß es aber nicht. Und solange der Knabe, auch dann wenn er junger Erwachsener geworden ist, sich die eigene Identität nicht geben kann, sucht er natürlich unterbewußt immer noch, sie zu erhalten, das heißt, er kämpft darum, ohne es zu wissen. Wie Oidipus, als er Laios umbringt. Solange Abhängigkeit vom Vater besteht, heißt der Kampf immer: entweder der Vater oder der Sohn. – Wird nun der Kampf zum Beispiel durch den freiwilligen Weggang des Sohnes beendet, so haben wir die Möglichkeit einer Lösung. Aber dieser Weggang darf nicht Flucht sein, wie im Falle von Oidipus. Dieser flieht ja nur vor der eigenen Aggression. Damit ist das Konfliktthema nicht gelöst. Die Lösung heißt immer nur *Versöhnung*. Und Versöhnung setzt voraus, daß der Sohn sich die Legitimation, ein Mann sein zu dürfen, unabhängig vom Vater selber gibt. Bleibt die Unversöhntheit, so bleibt der Kampf, und dieser endet mit einer Königsleiche – in unserer Sage entweder jene von Laios oder von Oidipus respektive von beiden. Der Sohn, der zum König berufen ist, hat wirklich nur die Möglichkeit, eine Königsleiche zu werden, so wie der Mensch, auf der initiatischen Ebene betrachtet, berufen ist, ein Mensch zu werden, aber am Ende nur eine Menschwerdungs-Leiche bleibt. – Wir haben im Märchen den tränenlosen Weggang, den furchtlosen, weil versöhnten. Wir haben dort die Lösung. Sie besteht darin, daß der Sohn unverwundet weggeht und sein eigenes Königreich erreicht.

Wir können dies auch so aussprechen: Der Sohn muß, um eine wirkliche Lösung zu finden, zu einem wirklichen Märchenhelden werden. Wir werden diese Zusammenhänge später vertiefen und zwar dann, wenn wir die Eltern-Kinder- und Kinder-Eltern-Beziehung betrachten. Was wir über die Sohn-Vater-Beziehung sagten, gilt natürlich auch für die Tochter-Mutter-Beziehung. Und was wir über die Beziehung Sohn-Mutter sagten, gilt ungeschmälert auch für die Beziehung Tochter-Vater. Wir werden sehen, daß die Lösung immer nur in einer wahren Loslösung besteht, also in einem Erreichen der Daseinsberechtigung aus erster Hand, was zugegeben das

Schwerste ist, weil es die Legitimation aus sich selber darstellt. Dies schließt an die alte esoterische Lehre an, die sagt, es gebe nur die Erlösung durch sich selber, niemals durch einen anderen, es gibt nur Helfer auf diesem Wege. – Die Märchen zeigen, wie wahr dies ist.

An dieser Stelle möchte ich noch einmal auf die Döbereinersche Undine-Thematik hinweisen, die in der Horoskopdeutung Anwendung findet und die eine Parallele zu unserem Erzählstoff enthält. Hier wird der Identitätslose, für den wir ja auch Oidipus halten müssen, als »Undine« gesehen. Es handelt sich dem Namen und der Thematik nach um jene berühmte Meerjungfrau im Kunstmärchen von de La Motte-Fouqué, die Mensch werden will, es aber aus eigener Kraft nicht schafft und deshalb das Territorium eines Menschen betritt, eines Königssohnes, und diesen heiratet, aber doch zuletzt wieder verstoßen wird. Das Undine-Dasein *ist noch kein Menschsein.*

Die Undine ist ein zuerst von Paracelsus erwähnter Wassergeist, der nach mittelalterlichem Volksglauben als »unbeseelt« aufgefaßt wird und nur durch die Vermählung mit einem irdischen Mann eine Seele erhalten konnte. Dieser Stoff ist den sogenannten Marten-Ehen zuzurechnen. Der Ausdruck kommt vom Wort Mahr, althochdeutsch »mara«, das ist ein weiblicher Nachtgeist, der den Alpdruck verursacht. Es handelt sich um einen Sagenstoff. Die Eheschließung mit einer außernatürlichen Frau, einer Fee, einer Waldfrau u. a. wird für den irdischen Partner mit Verboten verbunden, zum Beispiel die Geliebte nackt zu sehen usw. Setzt der irdische Mann sich darüber hinweg, zieht er Unheil auf sich, oder die Jenseitige entflieht für immer. Unschwer ist also in diesem Erzählstoff zu erkennen, wie die Integration eines noch unbewußten Seelenanteils dramatisiert wird. Es geht darum, zu überleben und nicht wieder ins Element des Wassers, in das Urelement des Lebens, in das Chaos zurückgestoßen zu werden. Das urweibliche Element bedarf des Männlichen, die Urmaterie der Form, um Individualität zu werden.

Nun gilt es also, sich zu merken: Wir Menschen können psychologisch als Undinen bezeichnet werden, wenn wir unsere Identität noch nicht gefunden haben. Versuchen wir diese durch andere zu bekommen, so müssen wir notwendigerweise zurückgestoßen werden ins Wasser. Wir sollen das »eigene Land« betreten, nur von dort können wir nicht mehr vertrieben werden. Das ist der Grund, warum das Eigene so betont wird. Es gibt nur die Erlösung durch das Eigene.

Wenn wir das thebanische Drama damit vergleichen, so wird dort nicht von Undinen, aber doch vom Drachengeschlecht gesprochen. Auf der einen Seite haben wir das Zurückgestoßenwerden ins Meer, auf der anderen das schließliche Wiederverschlungenwerden durch die Mutter Erde. Beides meint dasselbe: die tragische Rückkehr in den uneigenen Anfang.

Einige Bemerkungen zum Unterschied zwischen Sage und Märchen

Die Welt des Märchenhelden ist keine kindliche Welt. Hier ist eine Höhe erreicht, die auch keine psychologische Ebene mehr ist, wenn wir dies streng bedenken. Natürlich haben wir bisher das Wort Psychologie verwendet, aber wir werden später lieber vom »Menschenbild im Märchen« sprechen, von einem sehr hohen Menschenbild, vom Bild des »wahrhaftigen Menschen«.

Wir haben das Märchen, um das es uns wegen dieses

Menschenbildes geht, mit der Sagenwelt konfrontiert. Wovon spricht eine Volkssage? Dies müssen wir noch kurz untersuchen, weil wir von einer Kunst- und nicht von einer Volkssage ausgegangen sind.

In der Sage haben wir den Menschen vor uns, der als Ortsansässiger und Erdgebundener ein numinoses Erlebnis hat, dieses nicht seelisch verarbeiten kann und an diesem Erlebnis krankt und zugrunde geht. Numinos heißt, es bricht etwas ein aus einer anderen Welt. Um ein wahrer Mensch werden zu können, muß der Held diesen Einbruch akzeptieren. Das tut der Sagenheld nicht, und damit geht er unter. Die Sage ist Zeugnis der Erdgebundenheit, und unsere Erdgebundenheit muß zugrunde gehen. In der Sage wird der Drache nicht endgültig getötet, er tritt wieder neu auf. Oidipus tötet die Sphinx, heiratet aber die Mutter. Und die Mutter ist Wasser- und Erdprinzip. Das Meer ist Mutter, und die Erde ist Mutter. Das Feuer und die Luft würde niemand so bezeichnen. Feuer und Luft sind männlich. Die Erdgebundenheit von Oidipus zeigt sich auch in der Frage nach seiner Herkunft. Das Dunkle wird nicht überwunden. Wir haben darauf hingewiesen, daß Heroenkulte Totenkulte sind. Ein solcher bestand auch bei den Nazis, die den Totenkopf als Emblem hatten, die dunkel und finster in der Nacht ihre Fackelumzüge und Zeremonien feierten. Es gibt da etwas Dunkles, Unteres, was die Söhne zum Opfer ruft, es gibt eine Art Mütter, die die Söhne in den Krieg und in das Verderben schickt. Das gibt es immer noch, und es wird vielleicht zu allen Zeiten lebendig bleiben.

Oidipus ist ein Held, er ist aber kein Sonnenheld, obwohl das Volk glaubt, er sei ein solcher. Die Geschichte von Oidipus mag als Beispiel gelten, wie einer zum Drachentöter berufen ist, die Höhe dieses Daseins aber noch nicht schafft. Der Zuschauer im Theater, der diese Tragödie miterlebt, *erlebt sich selbst in der Möglichkeit des Scheiterns, in der Allgegenwart des möglichen Untergangs.* Da ist einer schon König, aber leider, leider ... unter den falschen Bedingungen, und er wird gefällt. Da ist einer schon so weit, so nahe dran, aber nicht im richtigen Sinne. Oidipus ist ein jeder von uns. Da ist der unerlöste Mensch, der glaubt, er hätte die Prüfung bestanden, er wäre gerettet, aber er ist es nicht, weil er es nicht weiß. Und weil er es nur glaubt, kann er es noch nicht sein.

Hören wir, was der Chor singt, nachdem Oidipus der Schuld überführt worden ist:

Viertes Standlied des Chores

Strophe

Menschengeschlechter,
Ihr wandelt im Licht
Und seid doch
Ein Nichts.
Wer, ja wer
Unter euch Menschen
Trägt des Glücks
Mehr davon als den Wahn,
Als den Sturz aus dem Wahn?

Dich vor Augen, mein König,
Deinen, ja Deinen unseligen Dämon,
Preise ich nichts mehr
Glücklich auf Erden.

Gegenstrophe

Strahlend erstiegst du
Durch Kämpfe und Sieg
Den Gipfel
Des Glücks,
Du bezwangst
Klaue der schlauen
Sängerin,
Wurdest gegen den Tod
Thebens mächtiger Turm.

Seitdem bist du mein König,
Wurdest teilhaftig der göttlichen Ehren,
Bliebst du der Herr im
Mächtigen Theben.

Strophe

Und heute? Ach heute
Ist keiner unselger als du
Und keiner den Stürmen,
Den Schmerzen vertrauter
Im plötzlichen Absturz.

Ruhmreicher Oidipus, ach,
Der gleiche bräutliche Hafen
Empfing den Sohn und den Vater.
Wie konnte, wie konnte
Der Acker des Vaters
Schweigend so lang, ach, so lang
Dich Unseligen dulden?

Gegenstrophe

Doch fand dich so spät noch
Die Zeit, die allwissende Zeit,
Die längst schon gerichtet
Ehwidrige Ehe,
Den zeugend Gezeugten.
Hätten wir, Laios' Sohn,
Dich niemals, niemals gesehen.

Ach, unserem Munde entringt sich
Die grausame Klage,
Die bittere Wahrheit:
Blick, den du hell uns geweckt,
Hast du wieder verdunkelt.

Dritter Teil

Isolation und Allverbundenheit

oder

das Menschenbild im Königs- und Zaubermärchen

8 Die Isolation

Grundlegend für diese Darstellung sind die Forschungen und literarischen Analysen von Max Lüthi. Die Gattung der zugrundegelegten Märchen ist, wie oft schon erwähnt, diejenige der »Zauber- und Königsmärchen«. Dafür gibt es auch noch andere Namen wie »Erlösungsmärchen«, »Entwicklungsmärchen« und »Reifungsmärchen«. – Wie auch schon mehrfach erwähnt, verdanke ich den Anstoß, mich mit den Märchen zu beschäftigen, dem Astrologen Wolfgang Döbereiner, der sagt, die Anlage des Menschen sei wie die Verzauberung im Märchen. Für astrologisch Interessierte zitiere ich genau:

> Das Verhalten hat die Vermittlungs- bzw. Aussteuerungsrolle zwischen dem Ich in der Anlage und der äußeren Erlebniswelt zu übernehmen. Es soll die innere Anlage zum äußeren Ereignis werden lassen, die Talente wecken und in der Außenwelt zur Entfaltung bringen. Da nach Ansicht der Astrologie die ganze Welt über die gleichen Struktur-Bausteine verfügt, die nur jeweils anders zusammengesetzt sind, heißt das mit anderen Worten: das Verhalten soll das innere ABC mit dem äußeren ABC verbinden.
>
> Gelingt dem Verhalten diese Aufgabe vollständig, *so hat es die schlummernde Anlage erlöst. Dieser Vorgang ist mit dem Mythos des Märchens vergleichbar. Im Märchen ist man in eine bestimmte Erleidens- oder Erlebnisform hineinverzaubert oder verwunschen* – etwa als Zwerg Nase. Das

symbolisiert die Anlage mit dem Trieb zur Verwirklichung oder *Erlösung. Und dann muß man diese oder jene (bisweilen unangenehme) Aufgabe erfüllen, um erlöst zu werden.* Das symbolisiert den Verhaltensweg. Am Schluß ist man jedenfalls von der Verzauberung befreit und lebt das, was man wirklich ist. Der »häßliche« Frosch wird zum »schönen« Prinzen.

Die Verbindung von Astrologie und Märchenpsychologie erweist sich als äußerst fruchtbar. Die Auffassung von Döbereiner, der Mensch sei in seiner Anlage, die er mit der Geburt erhält, ein Verzauberter oder ein Verwunschener und er habe im Laufe des Lebens »sich von dieser Verzauberung zu befreien«, enthält eine Psychologie, welche diejenige der bürgerlichen Welt übersteigt. Es ist die Lebensschau im initiatischen Sinne.

Wenn ich nun also einerseits diesen Hinweis dankbar aufgenommen habe, so bin ich andererseits dem Märchenforscher noch viel mehr verpflichtet, der durch seine formale Analyse der Märchentexte Möglichkeiten des Verstehens herausgearbeitet hat, womit das Bild des Menschen, so wie es in den Märchen vorliegt, erfaßt werden konnte.

Da die Märchen hohe Dichtung und gleichzeitig Volksliteratur sind, sind sie wichtige Mitteilungen, aber für das einfache Gemüt. Mit einfachem Gemüt meine ich, diese Literatur setzt nichts an Bildung oder besonderem Wissen voraus. Darum wurde sie auch lange Zeit als Literatur für Kinder eingestuft. »Einfach« bezieht sich auch auf die Tatsache, daß wir in diesen Erzählungen keine Individualitäten vor uns haben, fast eher ein Schema eines Menschen oder von verschiedenen Menschenrollen. Das griechische Wort »Schema« stammt aus der Tanzkunst und bezeichnet einen der drei Hauptteile, die da heißen

»Schritte«, »Stellungen« (Schemata) und »Handbewegungen«. So beschreiben die Märchen eine Stellung in einem Bewegungsablauf, die Figur eines Dramas, die Position im Bewegungsereignis, nämlich auf dem Wege zwischen Verzauberung und Entzauberung. Und dafür braucht es keine Individualitäten. So wie der Tanzlehrer dieses Schema für alle Schüler gleichermaßen zeigt, so zeigt auch das Märchen – für uns alle im selben Maße gültig – den Bewegungsablauf mit dem Ziel der Befreiung.

Der Tanz war einmal heilige Handlung, in dem Menschen auch Götter dargestellt haben (z. B. Aphrodite, Dionysos, Zeus, Nymphen, Musen usw.). Der Gott Dionysos ist der Gründergott des griechischen Theaters; Theaterbesuch ist Heilbehandlung. Theater und der Tanz in ihm ist darum notwendigerweise eine nach höherer Ordnung und Regel geschehende Handlung. In diesem Sinne ist auch das Märchen Zeugnis einer heilenden und höheren Orts geregelten Handlung. Es bedarf keiner Individualitäten, um diesen Heilsweg zu zeigen, es bedarf wie in der griechischen Tragödie nur der Masken, der Typen.

Diese Typisierung wollen wir der Analyse von Max Lüthi entnehmen und hier in eine Übersicht bringen:

1. Die Hauptfigur, die das eigentliche Bild des Menschen zur Darstellung zu bringen hat, ist der Held oder die Heldin. Wir benutzen auch das weniger schöne Wort Protagonist oder die Titelfigur oder den typologischen Namen des Haupttäters. Wenn in den Märchen vom Helden geredet wird, so ist dies nicht zufällig. Wir haben ja bereits gehört, daß das eigentliche Zaubermärchen jenes vom Typ des »Drachentöters« ist. Der Drache ist der Dämon, und der Überwinder des Dämonischen ist der Held. Das deutsche Wort läßt sich sprachgeschichtlich nicht eindeutig klären. Aber das griechische Wort »Heros« heißt Göttersohn, Halbgott. Von der Hauptfigur im Mär-

chen her gesehen, ergibt sich allerdings nur indirekt eine Verbindung zu dieser althergebrachten Bedeutung, indirekt insofern, als der Märchenheld in keinerlei religiösem Zusammenhange auftritt. Gleichwohl wollen wir die Idee des Halbgottes und des Göttersohnes nicht wegschieben. Wir bewahren sie auf und schauen später, wie es sich damit verhält.

In der griechischen Tragödie ist der Heros der Mensch, welcher dem Zuschauer die Bedingtheit des Menschen schlechthin, seine Verstrickung und die Katastrophe, das heißt die Wende, die aus der Verstrickung herausführt, vor Augen führt. Diese Wende wird vollzogen, auch wenn es keine glückliche Wendung ist. Wir haben in der Oidipusgeschichte gesehen, daß die Wende darin bestand, die Wahrheit zum Vorschein zu bringen und die von den Göttern geforderte Ordnung wiederherzustellen, gleichgültig welche Opfer dies unter den Menschen erfordert. Das Wort Katastrophe, welches Umkehr heißt, hat seither einen negativen Sinn, wurde aber anfänglich wertungsfrei angewendet. In den beiden bisherigen Teilen der Untersuchung haben wir das Heldische des Helden hinreichend aufgezeigt.

2. Die zweite Art der Figuren, welche auftreten, sind die »Helfer« des Helden. Abgesehen von den von uns bisher angeschauten Märchen, zeigen sich als Helfer ein dankbares Tier, ein dankbarer Toter, Gestirne, Winde, alte Frauen, ein kleines Männchen, Geschwister, Reisegefährten. Kaum einmal – darauf sei jetzt schon hingezeigt, obgleich es uns erst später beschäftigen wird – sind

Rechte Seite:
Ein christliches Beispiel des Drachentöters (vgl. Kapitel 5).
Hans Leu d. J. (um 1490–1531): »Hl. Michael im Kampf mit Luzifer« (Kunsthaus Zürich).

es die eigenen Eltern. Aber es gehört zur Konstitution des Märchenhelden, daß Helfer gegenwärtig sind und zur rechten Zeit erscheinen. Dieses faszinierende Thema wird uns noch eindringlich beschäftigen.

3. Die übrigen Figuren im Märchen sind entweder Partner, als Braut oder Bräutigam, oder es sind Kontrastfiguren, wie zum Beispiel die Eltern, der ältere Bruder oder die Schwester und alle jene Rollen in der Erzählung, die als die sogenannten »Unhelden« eine Gegenposition einnehmen oder die »Erfüllungsgehilfen des Schicksals« sind.

Nun wollen wir uns sogleich mit der zentralen Figur des Märchenhelden beschäftigen.

Der Märchenheld

Ich möchte eine Kurzfassung seiner entscheidenden Wesenszüge geben, um anschließend auf einzelne dieser Charakteristika ausführlich eingehen zu können, und ich lasse mich dabei wieder von Max Lüthis literarischer Analyse leiten.

Der Märchenheld ist ein *Isolierter*. Er ist oft einziges Kind, jüngstes Kind, Stiefkind, oder er ist durch eine *Extremposition oder soziale Randstellung* gekennzeichnet, entweder ein Kind der allerobersten oder der untersten Bevölkerungsschicht.

Als Isolierter ist er darum auch sozial *leicht ablösbar*, es hält ihn nichts an seinem gesellschaftlichen Umkreise

Linke Seite:
Der griechische Vasenmaler Hermonax: »Oidipus und die Sphinx« (vgl. Kapitel 6), um 470–460 v. Chr. (Wien, Kunsthistorisches Museum).

fest, im Gegenteil, er ist einer, der wegwandert. Er ist ein *Auswanderer,* und er ist auf keinen Fall ein Heimkehrer.

Wir sagten schon, wie zentral dieses Merkmal sei: *die Hilfebedürftigkeit.* Der Märchenheld oder die Märchenheldin weiß nicht, mit welchen Mitteln Schwierigkeiten zu bewältigen sind. Aber dieses Nichtwissen erweist sich überhaupt nicht als Hindernis. Der Märchenheld ist ein Hilfebedürftiger, und er verheimlicht dies auch nicht.

Der Mensch im Märchen ist ein *Mangelwesen,* hat von Haus aus keine besonderen Fähigkeiten. Das ist gerade darum für uns wichtig, weil heute jene Leute, die sich für Esoterik interessieren, oft gierig auf »besondere Begabungen« sind wie zum Beispiel Hellsicht, Wahrsagen oder Händeauflegen. Dabei sind dies nur Eigenschaften des noch verzauberten Ichs.

Sehr schön zeigt uns das Märchen den Menschen, von dem es handelt, als einen *Beziehungsfähigen.* Dies wird an vielen Gegebenheiten sichtbar; so stellen sich die Helfer, die er irgendwie braucht, ohne genau zu wissen, wen er braucht, auch ein. Der Märchenheld ist fähig zu Kontakten, er ist befähigt, die Gaben und Ratschläge der Helfer entgegenzunehmen. Er ist grundsätzlich dafür offen. Man kann ihm etwas geben, er ist ein *Be-gabter. Die Beziehungsfähigkeit erstreckt sich auch auf den mühelosen Kontakt mit Fernwelten,* auf die Berührung mit der Über- und der Unterwelt. Ja, es wird von Max Lüthi gezeigt, wie seine soziale Isolation geradezu die Bedingung dafür ist, eine universale Beziehungsfähigkeit leben zu können. Das klingt paradox, doch wir werden dies genauer untersuchen. Lüthi gibt dem erwähnten Sachverhalt in seinem Buch »Das europäische Volks-Märchen« die Formel: *Isolation und Allverbundenheit.* Ein weiterer Wesenszug des Märchenhelden sind die Umwege. Er ist ein *Umweg-*

wesen. Umwege zu machen gehört zu ihm, das wird ihm in seiner Lebensart eingeräumt. Denn diese Umwege erweisen sich als notwendige Entwicklungsschritte oder als ein geordneter Stufengang.

Der Märchenheld ist *ein Sich-Wandelnder, ein Entwickler.* Und in diesem Zusammenhange steht auch, daß er *ein Grenzüberschreitender* ist. Er überschreitet Verbote, er dringt in fremde Reiche ein (was für unser Vorhaben, den Märchenhelden als den insgeheimen Homo religiosus aufzuzeigen, ein ganz wichtiges Merkmal darstellt), ohne dabei Schaden zu nehmen. Der Märchenheld ist ein *Wanderer.*

Der Märchenheld ist ein *Täter.* Seine Aktivität und Bewegtheit richtet sich nicht nach innen, er ist nicht innerseelisch orientiert. Er hat keine Empfindungen, aber er hat Emotion, was heißt, daß alles Seelische nach außen bewegt wird, also umgesetzt wird in sichtbare Bewegung. Alle Emotion dient dem Fortgang der Geschichte. Das sichtbare Geschehen ist wichtig und nicht etwa das, was sich der Held neben dem Ablauf der Ereignisse auch noch denkt. Alles ist somit Tun, alles ist Tat: eigene Tat oder Tat der anderen. Und damit bleibt kein Spielraum für andere Wesenszüge, die wir in unserer Zivilisation so schätzen, wie das Grübeln, Tüfteln, Philosophieren. Der Märchenheld ist kein Forscher und kein Philosoph.

Der Märchenheld ist *ein Erlösungsbedürftiger.* Der Märchenheld befindet sich *in einer Bewegung von unten nach oben.* Diese Feststellung ist markant. Er ist eine wahrhaftige Kippfigur, er erlebt die Drehung um 180 Grad. Er kommt ans Ende einer Entwicklung, durch die er umgepolt wird. Er wird vom Schweinehirten zum König oder von der Gänsemagd zur Königin. Und er gelangt von einem Zustand der Dunkelheit in jenen der Helle. Der

Märchenheld ist Gegenstand einer *Transmutation im Sinne der Alchemie.*

Der Märchenheld ist der Mensch auf dem Einweihungswege. Auch wenn unser Gewährsmann Max Lüthi diese Schlußfolgerung nicht zieht, so kennt er sie natürlich, unter anderem durch den Religionsforscher Mircea Eliade. Für uns aber ist sie eindeutig, ja fast zu offensichtlich. Aber man kann nur sehen, was man sich eröffnet hat. Unsere Behauptung wird dann nachvollziehbarer, wenn wir Analogien genauer aufzeigen, sei es aus der Welt der sogenannten primitiven Initiation oder aus der Domäne des eigenen Kulturkreises. Und dafür haben wir schon einige Vorarbeit geleistet.

Ein Stichwort fehlt in Lüthis Analyse, und auch ein zweites, welches wir bereits benutzt haben. Sie seien hier ergänzt: Der Märchenheld ist ein *Versöhnter*, das heißt, er kennt *keine Rachsucht.* Alle Schmach der Kindheit führt ihn nicht dazu, am Ende seiner Entwicklung im Umkreise der Unhelden notwendig gewordene Sanktionen zu ergreifen. Dies übernehmen andere, Vergeltung ist nicht seine Sache. Er sorgt nicht für sogenannte Gerechtigkeit, auch wenn sie hergestellt werden muß.

Der Isolierte und der Allverbundene

Max Lüthi hat in seiner Stilanalyse der Märchen, wie bereits erwähnt, die Formel *Isolation und Allverbundenheit* geprägt und uns damit einen hervorragenden Schlüssel zum Verständnis gegeben. Es geht darum, diesen Befund nachzuweisen und danach zu sehen, was uns das angeht.

Wer Märchen liest, stößt auf dieses Thema. Aber wer

erkennt es so präzise als solches? In den Zauber- und Königsmärchen, und nicht nur in diesen, wird der Mensch als einer gezeigt, der in einer gewissen Isolation lebt. Was ist damit gemeint? Mit Isolation ist die *Entwurzelung* des Menschen gemeint, zu der im sozialen Leben folgende Phänomene gehören:

- ein Elternteil fehlt von Anfang an
- beide Eltern fehlen nach der Geburt
- das Kind wird in den ersten drei oder in den ersten sieben Jahren von den Eltern weggegeben und wächst dann bei fremden Leuten auf
- das Kind wird ausgesetzt
- das Kind kennt seine Eltern überhaupt nicht
- das Kind wird durch die Wiederverheiratung des übriggebliebenen Elternteils aus seiner bisherigen Rolle entthront und an den Rand gedrängt
- das Kind wächst als jüngstes und damit als sozial schwächstes auf usw.

Die *soziale Isolierung* als Charakteristikum kann sich auch darin äußern, daß das Kind unterwegs geboren wird, auf einer Wanderschaft oder auf einer Flucht, also nicht innerhalb des angestammten Wohnreviers, oder darin, daß das Kind an einem Orte auf die Welt kommt, wo die Eltern sich nicht hinreichend heimisch fühlen oder selbst ungenügend verwurzelt sind. Der Mensch, auf den die Wesensverfassung, die hier gezeigt wird, zutrifft, ist ein Entwurzelter, ein Heimatloser, und eben dadurch ein Isolierter. Isolation heißt auch, aus den Zentren der menschlichen Gesellschaft und ihren Verhaltensweisen verdrängt sein. Zentren, oder auch nur »das Zentrum«, darunter verstehen wir die Konzentration der Macht, die im Sinne der Verteilung von Bestätigung arbeitet. Und bestätigt werden nur jene, die sich den Machtzentren unterwerfen. Ein anderer Ausdruck für Zentrum ist »die Herde«. Unter Herde verstehen wir in dem eben festgelegten Sinne alle jene Menschen, welche sich dem Gesetz der »reaktiven Energieanwendung« widmen. Wenn die Hauptverhaltensweise das Reagieren ist (anstelle des unabhängigen und eigenständigen Agierens), dann gilt immer die Devise »Auge um Auge, Zahn um Zahn«. Ist das Verhalten im Leben primär vom Reagieren geprägt, so ist die Maxime das »Töten um des Überlebens willen«.

Der Märchenheld gehört nicht mehr unter die Menschen, die so leben. Er gehört nicht mehr zur Herde. Darum ist er isoliert. Soziale Isolierung bedeutet, an Macht solcher Art keinen Anteil mehr zu haben. Wer auf der Wanderschaft oder auf der Flucht auf die Welt kommt, wie zum Beispiel auch Jesus von Nazareth, wer ausgerechnet unterwegs das Licht der Welt erblickt und nicht zu Hause, gerät unweigerlich in die gesellschaftliche Absonderung, seelisch vor allem, gleichgültig, wieviel man davon äußerlich sieht. Die soziale Isolation ist kein Zufall, im Gegenteil, sie ist schicksalshaft gewollt. Und sie ist nicht nur ein Thema der Märchen, sie ist auch ein biblisches Thema. So greifen die Zauber- und Königsmärchen in den Bewußtseins- und Erfahrungsschatz der Menschheit, der uralt und bestens gehütet ist. Die Isolation, die Entwurzelung, dieses Nicht-zur-Herde-Gehören kommt in vielen anderen Märchen auch vor. Ich will hier nur einige aus der Sammlung der »Kinder- und Hausmärchen« der Brüder Grimm benennen: »Marienkind«, »Brüderlein und Schwesterlein«, »Rapunzel« (hier muß ein Kind wegen eines Paktes mit einer Hexe weggegeben werden), »Hänsel und Gretel«. Letzteres ist allerdings kein Zauber- oder Königsmärchen, es ist ein sogenanntes Regressionsmärchen, weil die Hauptfiguren am Schluß der Geschichte wieder nach Hause zurückkehren. Nun muß man hier aber aufpassen: Auch hier geht es natürlich um dieselbe alte, ewig wiedererzählte Geschichte, die dunkle weibliche Macht in der Gestalt der Hexe zu überwinden, und zwar mit Klugheit, und die Rückkehr zum hellen väterlichen Reich ist ja dem Wiederauftauchen der Sonne vergleichbar. Wir können hier über die sehr tiefe Bedeutung der Regressionsmärchen nicht weiter nachdenken. Doch es könnte sein, daß sie eine noch höhere Ebene darstellen als die Drachentötermärchen, die nicht in einer Rückkehr ins lichte Reich des Vaters, sondern mit der Eheschließung des Helden enden. Weitere Beispiele von Entwurzelungsmärchen: »Aschenputtel«, »Frau Holle«, »Der Räuberbräutigam«, »Schneewittchen« (wo es heißt: »und wie das Kind geboren war, starb die Königin«), »Rumpelstilzchen« (dieses ist unter anderen ein Beispiel für alle jene Märchen, in welchen nie von einer Mutter die Rede ist, in anderen wird der Vater mit keinem Wort erwähnt).

Das Märchen, welches ich hier wieder in den Mittelpunkt stellen will, damit wir *ein* Märchen so ausgiebig wie möglich anschauen, ist unser Märchen vom Anfang, und ich zitiere noch einmal aus der Kurzfassung von W. Scherf:

»Eine arme Frau bringt einen Sohn zur Welt, dem man weissagt, so arm und vaterlos er auch sei, werde er doch die Tochter des Königs heiraten. Diese Weissagung ruft die Furcht und den Haß des Königs herauf, der unerkannt im Dorf weilt. Mit leeren Versprechungen bringt er das Kind in seine Gewalt und setzt es in tiefem Wasser aus. Aber das Neugeborene geht nicht unter, es schwimmt in seiner Schachtel den Fluß hinab und wird an einem Mühlenwehr gefunden. Die kinderlosen Müllersleute ziehen es auf.

Wir erinnern uns jetzt, daß wir bei der Besprechung des Märchens den ersten Teil vernachlässigt haben. Für uns war zunächst vor allem der zweite Teil wichtig, nun aber holen wir die Beschäftigung mit seinem ersten Teil nach. Wir werden sehen, wie wichtig dieser erste Teil für uns ist und warum wir auch seinetwegen dieses Märchen an den Anfang gesetzt haben. Es ist ein beispielhaftes Märchen für unser Thema, und beispielhaft ist es eben auch für *das Thema der Entwurzelung.*

In unserem Märchen ist eine Entwurzelung sogar wegen der Weissagung notwendig, nämlich wegen des Aufstieges zur Königswürde. Einiges mehr an Gewicht hat jedoch das von Döbereiner genannte Herodes-Syndrom. So heißt es: »Der König, der ein böses Herz hatte und über die Weissagung sich ärgerte«, will das gute Geschick des »Glückskindes« vereiteln. Anläßlich der Geburt des Jesus von Nazareth geschieht Ähnliches: Herodes erschrickt, als er hört, daß es einen neugeborenen König der Juden geben soll. Im zweiten Kapitel des Matthäus-Evangeliums wird Joseph im Traum von einem Engel aufgefordert, mit Frau und Kind nach Ägypten zu entfliehen, um dem Kindermord zu entgehen. Es wird erzählt, daß die drei Weisen aus dem Morgenland den König Herodes besuchen und fragen, wo der neugeborene König der Juden sei. »Da das der König Herodes hörte, erschrak er und mit ihm das ganze Jerusalem und ließ versammeln alle Hohepriester und Schriftgelehrten unter dem Volk und erforschte von ihnen, wo der Christus sollte geboren werden.« Übrigens bat Herodes die drei östlichen Besucher, zu ihm zurückzukehren, um ihm zu sagen, wo der Neugeborene zu finden sei. Aber die drei Astrologen kehrten nicht zurück, auch sie bekamen einen Wink: »Gott befahl ihnen im Traum, daß sie nicht sollten wieder zu Herodes zurückkehren, und sie zogen auf einem anderen Wege wieder in ihr Land.« Der Kindermord wird so erzählt: »Da Herodes nun sah, daß er von den Weisen betrogen war, ward er sehr zornig und schickte aus und ließ alle Knäblein zu Bethlehem töten und in der ganzen Gegend, die da zweijährig und darunter waren, nach der Zeit, die er mit Fleiß von den Weisen erkundet hatte.«

Die Jesusgeschichte beinhaltet eine doppelte Thematik der Entwurzelung, nämlich sowohl die Geburt unterwegs als auch die Flucht bald danach. Dann aber ist sie ja Hauptzeuge für das »Herodes-Syndrom«, denn die Geburt eines männlichen Kindes bedroht den amtierenden Herrscher oder die leitende Vaterfigur. Uns wird das Schlußkapitel mit dem Titel »Der Kinder-Eltern-Beziehung« darüber belehren, wie wahr und wie wenig zufällig dies alles ist.

Hier ist uns zunächst die Verbindung von Märchen und biblischer Geschichte wegen der Idee des Homo religiosus von besonderer Bedeutung.

Nun kommt als drittes Motiv in unserer Entwurzelungsgeschichte jenes der Weissagung vor. Geburten können mit Voraussagen verbunden sein. In Walter Scherfs »Lexikon der Zaubermärchen« heißt es dazu: »Ganze Motivketten alter Herkunfts- und Gründungssagen, alter Fabeln und Legenden, die zu zeigen versuchen, daß der Mensch gegen das Schicksal und den göttlichen Beschluß ohnmächtig ist, und uralte Berichte von Jenseitsfahrten (das bezieht sich auf den zweiten Teil unseres Märchens, den wir ausführlich bearbeitet haben; Anmerkung des Autors) haben den Grundstoff zu dem Zaubermärchen vom Glückskind geliefert, das auch die grausamsten Verfolgungen einer scheinbar übermächtigen Vaterfigur durchsteht und hoch geehrt und reich begabt von der Reise in die andere, jenseitige Welt zurückkehrt.« Der Märchenforscher Walter Scherf interessiert sich nicht so sehr für die Entwurzelungsthematik, sein Blick ist auf andere Gegenstände gerichtet.

Ich zitiere dazu noch einmal den Märchentext: »Der König legte es in eine Schachtel und ritt damit weiter, bis er zu einem tiefen Wasser kam; da warf er die Schachtel hinein und dachte: von dem unerwarteten Freier habe ich meiner Tochter geholfen. Die Schachtel aber ging nicht unter ...« Wir haben erstaunt festgestellt, daß es eine Oidipusvariante gibt, die dasselbe erzählt. Doch erinnert uns dieses Motiv vor allem an das zweite Buch Mose, woraus wir die entsprechenden Stellen hervorheben wollen:

> 1.6 Da nun Joseph gestorben war und alle seine Brüder und alle, die zu der Zeit gelebt hatten, wuchsen die Kinder Israel, und zeugten Kinder, und mehrten sich und wurden sehr viel, daß ihrer das Land voll ward. Da kam ein neuer König auf in Ägypten, der wußte nichts von Joseph, und sprach zu seinem Volk: Siehe, des Volks der Kinder Israel ist viel und mehr als wir. Wohlan, wir wollen sie mit List dämpfen, daß ihrer nicht so viel werden. Denn wo sich ein Krieg erhöbe, möchten sie sich auch zu unseren Feinden schlagen und wider uns streiten, und zum Lande ausziehen. Und man setzte Fronvögte über sie, die sie mit schweren Diensten drücken sollten; denn man baute dem Pharao die Städte Pithon und Ramses zu Vorratshäusern. Aber je mehr sie das Volk drückten, je mehr es sich mehrte und ausbreitete. Und sie hielten die Kinder Israel wie einen Greuel. Und die Ägypter zwangen die Kinder Israel zum Dienst mit Unbarmherzigkeit, und machten ihnen ihr Leben sauer mit schwerer Arbeit in Ton und Ziegeln und mit allerlei Frönen auf dem Felde und mit allerlei Arbeit, die sie ihnen auflegten mit Unbarmherzigkeit.
>
> 1.15 Und der König von Ägypten sprach zu den hebräischen Wehmüttern, deren eine hieß Siphra und die andere Pua: Wenn ihr den hebräischen Weibern helft und auf dem

Moses wird von der Tochter des Pharaos und ihren Begleiterinnen aus dem Wasser des Nils gerettet. Im Hintergrund rechts beobachtet die Schwester von Moses den geplanten Vorgang (Zeichnung von Schnorr von Carolsfeld).

Stuhl seht, daß es ein Sohn ist, so tötet ihn; ist's aber eine Tochter, so laßt sie leben. Aber die Wehmütter fürchteten Gott und taten nicht, wie der König von Ägypten ihnen gesagt hatte, sondern ließen die Kinder leben. Da rief der König von Ägypten die Wehmütter und sprach zu ihnen: Warum tut ihr das, daß ihr die Kinder leben lasset? Die Wehmütter antworteten Pharao: Die hebräischen Weiber sind nicht wie die ägyptischen, denn sie sind harte Weiber; ehe die Wehmutter zu ihnen kommt, haben sie geboren. Darum tat Gott den Wehmüttern Gutes. Und das Volk mehrte sich, und ward sehr viel. Und weil die Wehmütter Gott fürchteten, baute er ihnen Häuser. Da gebot Pharao allem seinem Volk und sprach: Alle Söhne, die geboren werden, werft ins Wasser, und alle Töchter laßt leben.

2.1 Und es ging hin ein Mann vom Hause Levi und nahm eine Tochter Levi. Und das Weib ward schwanger und gebar einen Sohn. Und da sie sah, daß es ein feines Kind war, verbarg sie ihn drei Monate. Und da sie ihn nicht länger verbergen konnte, machte sie ein Kästchen von Rohr und Pech und legte das Kind darein und legte ihn in das Schilf am Ufer des Wassers. Aber seine Schwester stand von ferne, daß sie erfahren wollte, wie es ihm gehen würde.

2.5 Und die Tochter Pharaos ging hernieder und wollte baden im Wasser. Und da sie das Kästlein im Schilf sah, sandte sie ihre Magd hin und ließ es holen. Und da sie es auftat, sah sie das Kind; und siehe, das Knäblein weinte. Da jammerte es sie, und sie sprach: Es ist der hebräischen Kindlein eins. Da sprach seine Schwester zu der Tochter Pharaos: Soll ich hingehen und der hebräischen Weiber eine rufen, die da säugt, daß sie dir das Kindlein säuge? Die Tochter Pharaos sprach zu ihr: Gehe hin. Die Jungfrau ging hin und rief des Kindes Mutter. Da sprach Pharaos Tochter zu ihr: Nimm hin das Kindlein und säuge mir's: ich will dir lohnen. Das Weib nahm das Kind und säugte es. Und da das Kind groß war, brachte sie es der Tochter Pharaos, und es ward ihr Sohn, und sie hieß ihn Mose; denn sie sprach: Ich habe ihn aus dem Wasser gezogen.

Gerade dieser letzte Satz ist für unsern Zusammenhang von besonderer Bedeutung. Im Alten Testament, 2. Buch Moses 2.11 ff, wird dann ferner erzählt, wie es dazu kommt, daß der großgewordene Moses einen Ägypter erschlägt, der die Hebräer bei der Arbeit zu sehr schindet, und daß Moses dafür vom Pharao verfolgt wurde. Moses floh zu den Hebräern und heiratete eine der Töchter des Priesters in Midian, die einen Sohn gebar, dem Moses den Namen Gersom gab, das heißt: Ich bin ein Fremdling geworden im fremden Land.

Nun lesen wir aber, bevor wir uns der Entwurzelungsgeschichte von Moses näher widmen, die Geburtsgeschichte von Moses noch einmal in der Version, wie sie in den »Sagen der Juden« (gesammelt von Micha Josef bin Gorion) geschrieben steht:

Die Geburt Moses

Und es begab sich zu jener Zeit, daß der Geist Gottes kam über Mirjam, Amrams Tochter und Aarons Schwester, und sie weissagte in ihrem Hause und sprach: Siehe, ein Sohn wird von meinem Vater und meiner Mutter ausgehen, der wird Israel erlösen aus der Hand der Ägypter. Als Amram die Worte seiner Tochter hörte, machte er sich auf und holte sein Weib zurück in das Haus, denn er hatte sie, nachdem Pharaos Mordbefehl ergangen war, vertrieben. Und Amram nahm sein Eheweib zu sich im dritten Jahr nach ihrer Vertreibung. Er ging zu ihr ein, und sie ward schwanger. Nach sieben Monaten gebar sie einen Sohn; da ward das Haus voll Licht, so hell wie vom Schein der Sonne und des Mondes, wenn sie strahlen. Das Weib besah den Knaben, und es war ein feines Kind und schön von Aussehen, und sie verbarg ihn drei Monate im innersten Gemache.

Man erzählt, die Ägypter hätten Israel nur eine Stunde zu harter Arbeit genötigt, denn bei dem Herrn gelten tausend Jahre nur wie ein Tag; mithin sind die dreiundachtzig Jahre bis zur Geburt Moses nur als eine Stunde anzusehen.

Die Weissager sprachen zu Pharao: Ein Knabe wird bald geboren, und der wird Israel aus Ägypten führen. Da sprach Pharao in seinem Herzen: Ich will alle neugeborenen Knaben in den Strom werfen lassen, dieser wird dann mit hineingeworfen werden, und also wird seine Sendung nicht erfüllt werden. Als Mose aber auf die Welt kam, sprachen die Zauberer: Nun ist er dem Leib seiner Mutter entsprossen, unseren Augen aber ist er verborgen. Pharao antwortete: Nun er geboren ist, werft die Knaben nicht mehr ins Wasser; wir wollen lieber ein hartes Joch ihren Eltern auferlegen, um ihnen ihr Leben zu verbittern.

Als die Eltern Moses sahen, wie schön er war, und daß er einem Engel glich, beschnitten sie ihn am achten Tage und hießen seinen Namen Jekutiel. Andere sagen, sie hätten ihn Tow (das heißt der Gute) benannt.

Die Ägypter, die den Namen Israels austilgen wollten, verfuhren folgendermaßen. Sie ließen ihre Frauen nach Gosen gehen, auf den Schultern die kleinen Kinder, die noch nicht reden konnten. Die Frauen in Israel aber hielten ihre neugeborenen Söhne verborgen, damit die Ägypter sie nicht fingen. Wenn nun eine Ägypterin mit ihrem Kind vor das Haus eines Israeliten trat und das Kleine zu lallen begann, so antwortete der Knabe im Innern des Hauses ebenso durch Lallen dem ägyptischen Kinde. Die Ägypterinnen erzählten davon dem Pharao, und dieser sandte seine Häscher, die die Knaben ergriffen und sie töteten.

Und so geschah es, daß das Geheimnis der Jochebed im Hause Pharao ruchbar wurde. Das Weib aber ergriff eilends, noch ehe die Schergen kamen, den Knaben, machte ein Kästchen aus Schilfrohr und verklebte es mit Erdharz und Pech; sie setzte das Kind darein und legte das Kästchen in das Schilf am Ufer des Wassers. Aber Moses Schwester Mirjam stand von ferne, um zu erfahren, wie es ihm erginge und ob ihre Worte Wahrheit würden. Da sandte Gott an diesem Tage einen Glutwind über Ägypten, das Fleisch der Menschen brannte, und es wurde ihnen angst. Ganz Ägypten stieg zum Flusse hinab, um zu baden. So kam auch Bitja, die Tochter Pharaos, herab und wollte im Flusse baden; ihre Jungfrauen gingen am Ufer des Stromes entlang. Bitja ließ ihre Augen über den Fluß schweifen und ersah das Kästchen im Schilf. Sie sandte die Magd hin und ließ es holen. Und da sie es auftat, fand sie das Kind, und siehe, das Knäblein weinte. Da jammerte sie das Kind, und sie sprach: Es ist der hebräischen Kindlein eins.

Der Herr sieht alles voraus und bestimmt alles voraus. Bitja, die Tochter Pharaos, war mit einem schweren Ausschlag behaftet und konnte ihren Körper in heißen Quellen nicht baden.

Also stieg sie in den Strom, um ihren Leib zu erfrischen. Sie sah den Knaben auf den Wellen schaukeln und weinen; sie reckte ihre Hand aus und rührte ihn an. Da wurde sie alsbald gesund. Sie sprach: Dieser Knabe hier ist ein Gerechter, und seine Bestimmung ist, zu leben. – Dafür wurde die Königstochter für wert befunden, unter die Flügel der Gottheit aufgenommen und die Tochter Gottes genannt zu werden (Bitja = Bat-Jah, die Tochter Gottes; Anm. d. Autors).

Alle Weiber Ägyptens, die am Gestade einherwandelten,

wollten den Knaben säugen, aber er mochte die fremde Brust nicht nehmen; denn das war so vom Herrn ausgegangen, daß der Knabe zurückkäme zu seiner eigenen Mutter Brust. Mirjam aber, die auch am Flußufer war mit den Weibern, sah dies und sprach zu der Tochter Pharaos: Soll ich hingehen und der hebräischen Weiber eine rufen, daß sie dir das Knäblein nähre? Die Tochter Pharaos sprach zu ihr: Tu das. Da rief die Jungfrau des Kindes Mutter, und die Tochter Pharaos sprach zu ihr: Säuge mir den Knaben; ich will dir Lohn geben, zwei Silberlinge den Tag. Das Weib nahm das Kind und stillte es.

Die Kohle

Als das Kind groß war, brachte seine Schwester es der Tochter Pharaos, und es ward ihr Sohn. Mose überragte seine Genossen an Wuchs. Die Tochter Pharaos aber hatte ihn lieb, sie küßte und herzte ihn immerfort, als wäre es ihr eigenes Kind, und ließ ihn nicht aus dem Schoße. Da er sehr schön war, begehrten ihn alle zu sehen, und wer ihn sah, war des Entzückens voll. Auch Pharao hatte ihn überaus lieb; er umarmte ihn stets und drückte ihn an sein Herz. Mose durfte mit seiner Krone spielen und setzte sie sich aufs Haupt.

Es war im dritten Jahre nach Moses Geburt, da saß Pharao bei Tische und speiste; zu seiner Rechten saß Alparanit, die Königin, und zu seiner Linken seine Tochter Bitja, und der Knabe Mose saß auf ihrem Schoße. Bileam ben Beor mit seinen zwei Söhnen und alle Fürsten des Königreiches saßen ebenfalls an der Tafel vor dem Könige.

Da streckte der Knabe seine Hand nach dem Haupte des Königs aus, ergriff die Königskrone und setzte sie sich selbst auf.

Der König und die Fürsten entsetzten sich über die Dreistigkeit des Knaben, Schrecken packte den Herrscher und seine Großen, und alle erstaunten sehr. Und Pharao sprach zu den Fürsten: Wie, dünkt euch, soll ich mit dem hebräischen Knaben verfahren, der solches getan hat?

Der Zauberer Bileam gab zur Antwort: Mein Herr und König, gedenke doch an den Traum, der dir geträumt hat vor langer Zeit und den dein Knecht dir hat deuten dürfen; und nun sieh: das ist ja der Knabe von den hebräischen Kindern, in dem der göttliche Geist ist. Der König wähne ja nicht, daß das Kind das begangen hat, weil es klein und unverständig ist. Er ist ein Knabe von den Hebräern, und Weisheit und Wissen sind ihm eigen; er hat sich die Krone aufgesetzt, denn er strebt nach der Herrschaft über Ägypten. Gefällt es also dem König, so wollen wir sein Blut auf die Erde gießen, daß er nicht groß werde.

Allein Pharao sprach zu Bileam: Wir wollen noch die Richter Ägyptens und die Weisen befragen, ob dem Knaben hier wirklich der Tod zukommt.

Und Pharao rief alle weisen Männer Ägyptens; die erschienen, und mit ihnen zusammen kam auch ein Engel des Herrn in der Gestalt eines der Weisen. Der König sprach zu ihnen: Ihr wißt ja, was der hebräische Knabe, der hier im Schloß ist, begangen hat. So und so hat Bileam in dieser Sache entschieden. Und nun richtet auch ihr und sagt, was für eine Strafe der Knabe verdient hat.

Da antwortete der Engel in Richtergestalt: Ist's dem König recht, so lasse er Edelsteine und glühende Kohlen bringen und beides vor den Knaben legen. Streckt nun der Knabe seine Hände nach den Steinen aus, so wissen wir, daß seine Tat mit Vorbedacht erfolgt ist, und er muß sterben. Greift er aber nach den Kohlen, dann hat er den Frevel aus Unverstand begangen und kann leben bleiben.

Pharao ließ nunmehr einen Edelstein und eine glühende Kohle holen, und der Knabe wollte die Hand nach dem Edelstein ausstrecken; allein der Engel lenkte die Hand des

Kindes, daß es die Kohle griff, und sie brannte in seiner Hand. Er steckte sie noch in den Mund, und sie versehrte ihm Lippen und Zunge; das ist der Grund, daß er eine schwere Sprache bekam.

Der König und die Fürsten erkannten, daß der Knabe nicht aus List und Mutwillen nach der Krone gegriffen hatte. Und Pharao ließ ab von dem Plane, das Kind umzubringen, und der Knabe Mose wuchs auf in Pharaos Hause und nahm immer mehr zu, und der Herr war mit ihm.

Das ist die Geschichte bis zur zweiten Todesgefahr. Und Moses begegnete dann auch einer dritten Lebensgefahr – wie wir dies ja aus unseren bisherigen Belegstellen kennen – und zwar nachdem er einen ägyptischen Vorsteher umbringt.

Ausführlich zitiert haben wir die Mosesgeschichte deshalb, weil hier ebenfalls alle Bedingungen für den Helden erfüllt sind, so wie wir sie bisher kennengelernt haben. Es bestehen hier alle Bausteine für den Heldenmythos.

Eine der Grundgegebenheiten ist die frühe Todesgefahr durch das Wasser: dem Wasser übergeben werden. Wir kennen dies aus dem Märchen mit den drei goldenen Haaren, aus der Oidipusgeschichte, aus Jasons Flußüberquerung, aus der Geschichte Moses. Und nun heißt Moses gar »der aus dem Wasser Gezogene«.

Wir haben früher darauf hingewiesen, daß »das Wasser den Berufenen nicht will«, das Wasser stößt ihn ab. Das wird durch all diese Szenarien deutlich vor Augen geführt. Das Skript des Geschehensverlaufes enthält überdeutlich die Wasserabstoßungskraft des initiatischen Helden. Es sind Erfüllungsgehilfen des Schicksales da, die seinen Untergang im Wasser wollen. Aber er gelingt einfach nicht. Mit anderen Worten: *Der Sonnenheld hat das Wasser bereits überwunden und ist gegen den Untergang im Wasser immun.*

Moses ist also *der aus dem Wasser Gezogene.* Als Repräsentant und bedeutendste Gestalt des Alten Testamentes wird er zeitlich der Ära des ägyptischen Pharaonen Ramses II. (1301–1234 v. Chr.) und Merenphat (1234–1220 v. Chr.) zugeordnet.

Moses ist ein durchaus beispielhafter Entwurzelter. Er wächst als Ausgesetzter unter fremden Eltern auf und zwar als Schützling der Pharaonentochter am Hofe. Er weiß nicht, wer er ist.

Moses und Aaron erreichen später den Auszug des hebräischen Volkes aus Ägypten mit Hilfe der sprichwörtlich gewordenen zehn Plagen, deren letzte darin bestand, daß der Würgeengel umging und Ägyptens Erstgeburt tötete, die Häuser der Juden jedoch verschonte, welche nach dem Verzehren des Passahlammes ihre Türen mit dem Blut des Lammes bestrichen hatten. – Es kommen immer wieder dieselben Motive vor.

Beschäftigen wir uns noch einmal mit Moses' Namen. Er gibt uns Anlaß festzustellen: Der *initiatische Held ist immer der »aus dem Wasser Gezogene«.* Erinnern wir uns der Beurteilung des Drachenkampfes im Märchen und in der mit den Motiven der Märchenwelt eindeutig verbundenen Oidipussage. Wir sahen schlußfolgernd im Drachenkampf nichts anderes als das Überwinden des Urwassers.

Wenn es darum geht, ein Mensch zu werden, und wenn der Mensch ein solcher ist, der sich daraus befreit, nach dem Tode in die anonyme Urmaterie zurückzusinken, wenn er also in seiner Individualität erhalten bleibt, so ist das »Dem-Wasser-Entzogensein« der richtige Ausdruck für diese Seinsweise.

Die Hauptcharakteristika des Menschenbildes, welches wir hier untersuchen und darstellen, nannten wir »Isolation und Allverbundenheit«. Wir betrachteten nun zuerst die *Isolation*, und Grundbedingung für das Phänomen der Isolation ist die *Entwurzelung*. Diese zeigte sich in unseren Belegstellen als das Ins-Wasser-Geworfensein und als das Aus-dem-Wasser-Gerettetsein.

Das Element Wasser stand im Vordergrund. Beim wahren initiatischen Helden kommt jedoch das Feuer hinzu. Man kann metaphorisch auch sagen, der initiatische Mensch wird mit Wasser *und Feuer* getauft. Die Feuertaufe erhält Moses in seinen Feuerbegegnungen, das heißt bei seiner Berufung (2. Moses 3):

> Moses ... hütete die Schafe Jethros, seines Schwiegervaters, des Priesters in Midian, und trieb die Schafe hinter die Wüste und kam an den Berg Gottes, Horeb. Und der Engel des Herrn erschien ihm in seiner feurigen Flamme aus dem Busch. Und er sah, daß der Busch mit Feuer brannte, und ward doch nicht verzehrt; und sprach: Ich will dahin, und beschauen dies große Gesicht, warum der Busch nicht verbrennt. Da aber der Herr sah, daß er hinging, zu sehen, rief ihm Gott aus dem Busch und sprach: Mose, Mose. Er antwortete: Hier bin ich.

Etwas später finden wir eine zweite Erscheinung Gottes in Begleitung des Feuers, nämlich die Erscheinung Gottes auf dem Berge Sinai. Da heißt es (2. Moses 19.17):

> Und Moses führte das Volk aus dem Lager Gott entgegen, und es trat unten an den Berg. Der ganze Berg Sinai aber rauchte, darum daß der Herr herab auf den Berg fuhr mit Feuer.

Darauf erfolgt die Übergabe der heiligen zehn Gebote. Wir haben diese Stellen wegen des Feuerelementes zitiert. Der Eingeweihte vereinigt Wasser und Feuer, Sonne und Mond. *Und die Zugehörigkeit zum Feuer- oder Sonnenprinzip gewährleistet ja das Überleben im Wasser.*

Wir kommen noch einmal auf Moses' Namen zurück, für den es verschiedene andere Deutungen gibt. Im Brockhaus »Lexikon zur Bibel« wird Moses zum Beispiel übersetzt als »Sohn eines unbekannten Vaters«. Offensichtlich verbindet dieser Name wichtige Grundbedingungen für den »initiatischen Menschen«, nämlich die Rettung aus dem Wasser und die Elternlosigkeit, damit die Identitätslosigkeit, das heißt, mit anderem Namen unter fremden Menschen aufwachsen und lange nicht wissen, wer man wirklich ist.

Die Flucht von Moses zu den Hebräern, nachdem er einen Ägypter erschlagen hatte, erfolgte nach gewissen Berichten erst im Alter von vierzig Jahren. Solange blieb er am ägyptischen Hof; erst um diese Zeit begann er sich mit den Hebräern voll zu identifizieren. Erst mit Vierzig kam die Wende zu seiner wahren Identität.

Wir wenden uns einer noch viel früheren literarischen Vorlage dieses Motives zu, nämlich dem *Gilgamesch-Epos,* wo wir im Vorgesang lesen:

Es war einst in uralten Zeiten ein König,
Enmekar mit Namen, ein Herrscher in Uruk-Gart.
Dem hatten die Wahrsagepriester verkündigt:
»Wen deine Tochter gebären wird,
Der wird des Königstums dich berauben.«
Furcht befiel den König, und damit's nicht geschehe,
Schloß er die Jungfrau in einen Turm.
Aufs genaueste ließ er sie dort bewachen.

Doch nach der Götter Bestimmung, die nicht zu ändern,
Gebar sie heimlich von einem Niemandssohn.
Die Wächter, aus Furcht vor des Königs Zorn,
Warfen den Knaben vom Turme herab.
Das erspähte der Adler mit scharfem Auge,
Nahm das Kind, eh' zu Boden es schlug, auf den Rücken,
Zu einem Palmengarten trug er's, und setzte daselbst
Es behutsam nieder.

Der Gärtner entdeckte das schöne Knäblein,
Gewann es lieb und erzog es auf,
Gilgamesch nannte er es mit Namen.

Herangewachsen, zum Manne geworden,
Entriß Gilgamesch Enmekar, dem Vater seiner Mutter,
das Königtum.

So hat sich an ihm die Bestimmung erfüllt.

Das Gilgamesch-Epos ist das bedeutendste Werk der babylonischen Literatur und stammt vom Ende des zweiten Jahrtausends vor Christus. Es enthält den sumerischen Sagenstoff um den König Gilgamesch, den frühgeschichtlichen Herrscher von Uruk.

Wir erkennen auch im Vorgesang zu diesem Epos das *Entwurzelungsthema*. Nun gehört Gilgamesch allerdings nicht zu den Helden, welche überleben, er erlangt die Unsterblichkeit nicht. Als nämlich Gilgamesch seinen Diener, Freund und Gefährten Enkidu verliert, weil dieser stirbt, macht er sich auf die Suche nach dem ewigen Leben. Er unternimmt eine Jenseitsfahrt. Eine Schlange aber stiehlt Gilgamesch das vom Meeresgrund geholte »Lebenskraut«, so daß ihm nur Ergebung in das Schicksal und in das menschliche Todeslos und der Nachruhm seiner Taten bleibt.

Nachdem wir versucht haben, in der Geschichte so weit wie möglich zurückzugehen, um literarische Bestätigung unseres Themas zu erhalten, machen wir nunmehr einen Sprung in das zwölfte christliche Jahrhundert. Wir finden die für uns wichtige *Parzival-Erzählung:*

Parzival ist ein Vaterloser. Er ist, wie wir sehen werden, eines der Modellbeispiele des *Entwurzelten. Er ist der sozial und seelisch Heimatlose.* Parzival ist der Sohn von Gahmuret und dessen zweiter Gemahlin Herzeloyde. Nachdem Gahmuret im Dienste des Kalifen im Orient gefallen ist, verläßt Herzeloyde ihr Königreich und zieht sich mit Parzival in die Waldeinsamkeit zurück, um ihren Sohn vor den Gefahren des Ritterlebens zu bewahren. Nach einer »zufälligen« Begegnung mit Rittern, welche durch den Wald reitend zwei Männer verfolgen, die eine Jungfrau geraubt haben, will Parzival nichts mehr anderes, als selber so ein glänzend-metallisch gerüsteter Ritter zu werden. Er trotzt der Mutter den Abschied und den Gang in die weite Welt ab, woran das Herz der Mutter zerbricht, sie fällt nach seinem Weggang tot zusammen. Das ist der Anfang der Erzählung. Parzival wächst also nicht an einem der drei ihm gehörenden Königshöfe auf, weder in Nord- und Südwales noch in Anjou, sondern einem in den Wald verlegten »Hof«. Und an diesem Hofe fehlt das männliche Element. Er ist von lauter Frauen umgeben. Durch die Begegnung mit blitzend-strahlenden Rittern – das ist das Sonnenelement – bricht sein wahres Wesen, wenngleich immer noch anonym, zur Erreichung seiner Bestimmung auf. Der Wald kommt in den Märchen häufig vor, nämlich als Symbol des Unbewußten, des Lebens in der Dunkelheit und Identitätslosigkeit. Zugleich ist der Wald Sinnbild der Verzaubertheit. Wer im

Walde wohnt, ist ein Verzauberter. Diese Aussage gilt für den Helden. In diesem Zustande weiß er noch nicht, wer er ist, er ist der Namenlose, er ist in dieser Daseinsverfassung durchaus ein »Niemandssohn«, wie es im Gilgamesch-Epos heißt. Dieses »Niemandsein« ist ein sehr wichtiges Thema. In diesem Sinne wird Parzival auch von seiner Mutter entlassen, als ein »Niemand«, nicht als Königssohn, sondern auf einem alten Klepper von Pferd und in einem Sackleinenkleid. Im weltlichen Sinne als Narr verkleidet, beginnt Parzival seinen Auszug aus dem Reiche der Mutter. Wie im Märchen ist es dann der Identitätslose, der zu höchsten Ehren gelangt; es ist der Niemandssohn, der Gralskönig wird.

Zu seiner Narrheit gehört, auf seinem Weggang von der Heimat der Mutter Anweisungen getreulich zu befolgen, wodurch er mehrere Male das Gegenteil von dem erreicht, was er eigentlich möchte, so zum Beispiel, als er die Gemahlin des Herzogs Orilus von Lalant entehrt. Bei erster Gelegenheit verwirklicht er Mutters Rat: »Kannst du von einer edlen Frau Ring und freundlichen Gruß erringen, so greife zu, denn es vertreibt alle trüben Gedanken. Zögere nicht lange beim Küssen und schließe sie fest in die Arme. Wenn sie keusch und rechtschaffen ist, erlangst du Glück und edlen Sinn.« – Kaum ist er also von der Mutter Waldeinsamkeit aufgebrochen, versucht er diesen Rat zu befolgen, als er auf einer Wiese das schöne, kostbare Zelt der Herzogin entdeckt. Er benimmt sich dabei wie ein Räuber und Einbrecher und reißt der edlen Frau Ring und Spange vom Leibe. Der Herzog findet sie wie geschändet vor und nimmt an, seine Frau habe hinter seinem Rücken einen Liebhaber empfangen. Von da an muß die Frau mit den zerrissenen Nachthemd auf einem Esel hinter dem Herzog herreiten.

Aleister Crowley schreibt in seinem ägyptischen Tarot-

Buch: »In seinem ersten Stadium ist Parsifal der Reine Tor. – Als erste Handlung erschießt er den Heiligen Schwan.« – Es handelt sich allerdings hier um die Wagnersche Parsifal-Version, in welcher im ersten Aufzug der kranke König Amfortas von vier Knappen im Gebiete der Gralsburg zum Teiche gebracht wird, damit er badend Linderung von seinem Leiden erfahre. Da geschieht die törichte Tat. Der frevelhaften Szene des Schwanentötens geht die Erzählung von Amfortas' Leiden voraus. Der Gralskönig hat den heiligen Gralsspeer im Kampfe mit dem schwarzen Magier Klingsor verloren, denn dieser hat ihn mit einer schönen Frau verführt. In der sexuellen Umarmung läßt er den Speer liegen, und Klingsor raubt ihn. Aber er verletzt den König auch noch mit dem Speer an der rechten Körperseite. Und diese Wunde will nun nicht mehr heilen. Diese Wunde wird auch noch mit jener des göttlichen Heilandes verglichen. Der Priester des Gralsheiligtums sagt (Zitat aus dem Textbuch zur Oper):

Gurnemanz.
Vor dem verwaisten Heiligtum
in brünst'gem Beten lag Amfortas,
ein Rettungszeichen bang erflehend:
ein sel'ger Schimmer da entfloß im Grale,
(leise)
ein heilig Traumgesicht
nun deutlich zu ihm spricht
(immer leiser)
durch hell erschauter Worte (Wunder) Zeichen (Male):
(Sehr leise)
»Durch Mitleid wissend
der reine Tor:
harre sein,
den ich erkor.«

Die vier Knappen (in großer Ergriffenheit).
»Durch Mitleid wissend
der reine Tor –«

Und nun kommt hier diese plötzliche Unterbrechung, verursacht von Parsifal, der naiven Gemütes wie einst im Walde dahinlebt:

(Vom See her vernimmt man plötzlich Geschrei und das Rufen der Ritter und Knappen. Gurnemanz und die vier Knappen fahren auf und wenden sich erschrocken um).
Knappen und Ritter.
Weh – Weh – Hoho.
Auf. – Wer ist der Frevler?
(Ein wilder Schwan flattert matten Fluges vom See daher; die Knappen und Ritter folgen ihm nach auf die Szene).
Gurnemanz (währenddem).
Was gibt's?
Vierter Knappe. Dort.
Dritter Knappe. Hier.
Zweiter Knappe. Ein Schwan.
Vierter Knappe. Ein wilder Schwan.
Dritter Knappe. Er ist verwundet.
Alle Ritter und Knappen. Ha. Wehe. Wehe.
Gurnemanz.
Wer schoß den Schwan?
(Der Schwan sinkt, nach mühsamem Fluge, matt zu Boden; der zweite Ritter zieht ihm den Pfeil aus der Brust).
Erster Ritter.
Der König grüßte ihn als gutes Zeichen,
als überm See dort kreiste der Schwan:
da flog ein Pfeil –
Knappen und Ritter (Parsifal hereinführend).
Der war's. Der schoß.

(Auf Parsifals Bogen weisend)
Dies der Bogen.
Zweiter Ritter (den Pfeil aufweisend).
Hier der Pfeil, den seinen gleich.
Gurnemanz (zu Parsifal).
Bist du's, der diesen Schwan erlegte?
Parsifal. Gewiß. Im Fluge treff ich, was fliegt.
Gurnemanz.
Du tatest das? Und bangt' es dich nicht vor der Tat?
Knappen und Ritter. Strafe dem Frevler.
Gurnemanz.
Unerhörtes Werk.
Du konntest morden, hier im heil'gen Walde,
des stiller Friede dich umfing?
Des Haines Tiere nahten dir nicht zahm,
grüßten dich freundlich und fromm?
Aus den Zweigen, was sangen die Vöglein dir?
Was tat dir der treue Schwan?
Sein Weibchen zu suchen flog er auf,
mit ihm zu kreisen über dem See,
den so er herrlich weihte zum heilenden Bad.
Dem stauntest du nicht? Dich lockt' es nur
zu wild kindischem Bogengeschoß?
Er war uns hold: was ist er nun dir?
Hier – schau her – hier trafst du ihn,
da starrt noch das Blut, matt hängen die Flügel,
das Schneegefieder dunkel befleckt –
gebrochen das Aug', siehst du den Blick?
(Parsifal hat Gurnemanz mit wachsender Ergriffenheit zugehört; jetzt zerbricht er seinen Bogen und schleudert die Pfeile von sich).
Gurnemanz.
Sag, Knab', erkennst du deine große Schuld?
Wie konntest du sie begehen?

Parsifal. Ich wußte sie nicht.
Gurnemanz. Wo bist du her?
Parsifal. Das weiß ich nicht.
Gurnemanz. Wer ist dein Vater?
Parsifal. Das weiß ich nicht.
Gurnemanz. Wer sandte dich dieses Weges?
Parsifal. Das weiß ich nicht.
Gurnemanz. Dein Name denn?
Parsifal. Ich hatte viele,
doch weiß ich ihrer keinen mehr.

Wir haben hier eine sehr schöne Belegstelle dafür, daß die Identitätslosigkeit, wie wir sie beim jungen Oidipus gesehen haben, zu reinem reaktivem Verhalten, also unter anderem jenem des Tötens, führt. Der Gralspriester Gurnemanz vertritt hier eine völlig andere Verhaltensweise, nämlich jene des Friedens, der aus der Identität kommt, die daher rührt, daß der Mensch weiß, wer er ist, woher er ist, wo er ist *und* wohin er geht. Parzival (Parsifal in Wagnerscher Schreibweise) weiß nicht, wer ihn zu diesem heiligen Ort hingeleitet hat. Die reaktive Daseinsweise, von der wir gesprochen haben, zeigt sich darin, daß er sich so benimmt, wie er als Jüngling im Wald und bei der Mutter gelernt hatte, er handelt überhaupt noch nicht aus eigenem Seelengrunde. Er ist zwar dazu berufen, ein Mensch zu werden, aber er ist in diesem Stadium seiner Lebensbahn noch gar kein Mensch, er ist ein Reaktionsmechanismus. Er schießt auf den Schwan, weil er es aus seinem Dasein im Walde so gewohnt ist, er handelt aus seiner unbewußten und verzauberten Daseinsweise heraus. Er schießt auf den Schwan, weil er eben alles trifft, was sich im Fluge befindet.

Auch spätere Szenen, vor allem in der Erzählung von Wolfram von Eschenbach, zeigen Parzival als denjenigen, der nach dem Recht des Stärkeren lebt, also im Bewußtsein des Tötens um des Überlebens willen gefesselt ist. Und mit diesem Verhalten muß er natürlich im Bereiche des Gralsheiligtumes völlig scheitern. Hier gelangt Parzival an den Ort, wo der Mensch, sofern er noch kein Mensch ist, scheitert. Wohl geführt durch seines Schicksals Hand, wie es ja dem initiatischen Helden geziemt und wie wir es durch unsere Märchen kennengelernt haben, gelangt Parzival an einen heiligen Ort, wo das Niveau des reaktiven Menschen unhaltbar wird, wo dieses Verhaltensniveau *schuldig wird*, und dies nur darum, weil der Mensch sich angesichts des Gesetzes, das nun hier herrscht, die entsprechende Gemütsverfassung und Handlungsweise noch schuldig geblieben ist.

Parzival, stellvertretend für alle Menschen, die diesen Weg gehen (wollen), gelangt an einen Ort, wo eine Grenze überschritten werden muß, wo er gezwungen wird, alles in eine höhere Lebensweise umschlagen zu lassen. Aber dieser Umschlag braucht seine Zeit. In Eschenbachs Parzival-Erzählung geschieht zwischen dem ersten Besuch und dem zweiten Besuch auf der Gralsburg die entscheidende Umkehr.

Wir sehen in diesen Bildern, daß der sozial und seelisch Entwurzelte, Heimat- und Identitätslose die Welt der Erfahrungen und der Reifung zunächst als Narr betritt. Er wiegt sich im Glauben, alles bisher Gelernte genüge, um in dieser Welt auszukommen. – Wie viele von uns müssen diesen Weg auch gehen, um dann einzusehen, daß darin einer der größten Irrtümer liegt?

Unser Held ist ja unschuldig wie ein Kind, aber »schuldig«, weil er als Erwachsener *noch ein Kind* ist. Er befindet sich noch im Zustand der Verzauberung. Er ist noch nicht, wer er wirklich ist, sondern immer noch verzaubert, als trüge er eine Tierhaut oder als wäre er Zwerg Nase.

Parzival ist der seelisch noch vom Reiche der Mutter Gefangene; seine Fessel ist eine große Mutterbindung, welche auch dann gilt, wenn er den Wohnort der Mutter verlassen hat. Er ist auf dem Weg der Befreiung davon, aber er ist zur Zeit des Abschusses des Schwanes noch weit davon entfernt, sich befreit zu haben.

Es gibt bei Wolfram von Eschenbach eindrückliche Stellen der erotischen Verführung durch die Mutter. Es ist nicht leicht, sich aus der Mutter Königinnenreich zu befreien, wenn sie den Sohn einmal auf den Thron neben sich gesetzt hat. Ich sage dies alles ohne Kritik, einzig im Sinne der Feststellung. Denn es ist ja dem Menschen, der zur Befreiung berufen ist, auch die Kraft der Befreiung gegeben, wie die Geschichte von Parzival zeigt. Er hat die *Kraft des Weggehens.*

Szenarien der Entwurzelung in den »Rites de passage«

Wir verlassen nun die Reihe der Beispiele der Entwurzelung, der Isolation, der (relativen) Elternlosigkeit des initiatischen Helden, welche uns das Menschenbild schildern, das wir in den Zaubermärchen erstmals aufgefunden haben. Diese Reihe von literarischen Belegstellen für dieses Motiv hat uns gezeigt, daß die wesentlichen Themen der Zauber- und Königsmärchen von allerhöchstem Range sind.

Wir wollen uns jetzt einmal die schon mehrmals angekündigten »Rites de passage« oder die Übergangsriten sogenannter primitiver Völker anschauen. Es handelt sich um *Initiationsriten,* welche dem Verhaltensrepertoire nicht-zivilisierter Völker eigen sind. Diese Initiationsriten haben sehr viel mit dem Phänomen der Entwurzelung zu tun. Denn hier wird Entwurzelung geradezu zum heiligen Ereignis des Erwachsenwerdens. Wir benützen einen Einblick in diese religiösen Riten darum, weil nicht-zivilisierte Völker bedeutende Inhalte des Homo religiosus direkt und unverstellt in ihren religiösen Zeremonien zum Ausdruck bringen und *darstellen.*

Ich beginne diesen Abschnitt mit Überlegungen zum Thema: *Initiation und Zäsur*.

Initiation und sei es auch nur Einweihung in das religiöse Stammesbewußtsein von ethnologisch betrachtet primitiven Völkern, ist immer durch ein Phänomen der Zäsur, das heißt der Unterbrechung, gekennzeichnet. Das Wort »primitiv« heißt »ursprünglich« oder auch »urwüchsig«. Damit ist ausgesagt, es handle sich um Völker, welche immer noch so sind, wie wir Menschen am Ursprung unseres Daseins waren oder wie wir uranfänglich gewachsen waren. Esoterisch gesehen, handelt es sich dabei um Völker, die darum, weil sie innerhalb einer gewissen Ordnung stehengeblieben sind, ursprüngliches Menschsein überliefern können; die dadurch Formen sehr altehrwürdiger religiöser Handlung relativ unverfälscht bewahrt haben, weil sie die zentrifugale Bewegung *weg vom Ursprung* der Zivilisationen nicht mitmachten. Doch sind im Grunde auch diese Völker oder Stämme schon mehr oder weniger Degenerationserscheinungen des anfänglichen Menschseins. Wir Heutigen nennen diese Völker primitiv und fassen das Wort primitiv auch als Bewertung im Sinne von »niedrig« auf, weil wir davon ausgehen, die bisherige Spitze der Entwicklung des Menschengeschlechtes darzustellen. Vom Standpunkt der Esoterik aus aber ist dies der allergrößte Irrtum. Am höchsten sind die Menschen immer am Anfange eines Äons, eines Zeitalters; und von da an sinken sie in ihrem Wesen immer mehr ab in die Veräußerlichung, mag diese noch so großartig sein, wie wir es heute ja erleben.

Initiationsriten, Einweihungsrituale heißen die Zeremonien, welche uns beschäftigen werden. Darin liegt die bekannte Tatsache eingeschlossen, daß gewisse Völker »den Übergang vom Kind zum Erwachsenen« feiern. Für uns kommt es darauf an, *wie* dieser Übergang gefeiert wird. Wir schauen uns die »Rites de passage« an, weil in ihnen im Sinne einer »heiligen Handlung« *die Entwurzelung sozusagen künstlich erzeugt wird,* im Sinne einer plötzlichen Unterbrechung des Bisherigen, und weil damit Entwurzelung eine höhere Bedeutung erlangt. *Die höhere Bedeutung wird dadurch erzeugt, daß die Entwurzelung zum Ritual erhoben ist.* Sie wird nicht dem »bloßen« Schicksal überlassen, sondern vielmehr als etwas für den Menschen Notwendiges angesehen, als »Conditio sine qua non« für das wirkliche Erwachsenwerden. Diese Haltung zeugt davon, daß ein hohes und auch ursprüngliches Wissen am Werke ist oder wenigstens treu überliefert wurde. Wir modernen Menschen müssen uns dessen gewahr werden, daß es da Menschen gibt, die – anders als wir Heutigen – um die Notwendigkeit der Entwurzelung wissen und sie folglich feierlich-religiös institutionalisieren, mit aller Ehrfurcht und allem Ernst bedenken, ausstatten, durchführen und nicht bejammern, nicht als dummen Streich des Schicksals betrachten. – Ich erinnere mich in diesem Zusammenhang der Erzählung eines katholischen Geistlichen über einen österreichischen Amtsbruder, der durch den Zweiten Weltkrieg seiner Pfründe und seines herrlichen Pfarrgebäudes beraubt wurde. Der Geistliche berichtete, sein Amtsbruder habe ein Leben lang das »Bruderklausengebet« gebetet, das mit dem Satz endet: »Herr, nimm alles von mir, was mich hindert zu dir«, nur habe er dann entrüstet hinzugefügt: »Aber so war doch das gar nicht gemeint.« – Die sogenannten primitiven Völker kennen diese Doppelmoral nicht. Sie sind das, was sie leben.

Wir wollen nun die Gedankenverbindung zwischen den beiden Begriffen »Zäsur« und »Initiation« verdeutlichen. Initiation kommt vom lateinischen Tätigkeitswort »inire« (*ineo* heißt »ich gehe hinein«, »ich betrete«). So wird das Hauptwort »Initiation« traditionell verwendet für Eintritte in religiöse Gemeinschaften und in Geheimbünde und auf deutsch oft mit »Einweihung« übersetzt. Aber das ist eine übertragene Sprechweise, denn damit ist der Eintritt zu einem feierlichen, weihevollen gemacht; und weihevolle Eingänge oder Eintritte gibt es nur, wenn es sich um eine nicht-alltägliche Handlung, um eine Handlung mit höherer Bedeutung handelt. So ist Einweihung eine »sakrale Handlung«, das heißt eine mit vollem Ernst und Bedacht vollzogene Handlung, die nicht nur ihre Gültigkeit auf Erden hat, sondern die auch »höheren Ortes« gilt. Wir kennen aus dem Christentum die Bevollmächtigung der Priester durch das Christuswort: »Was ihr auf Erden binden werdet, wird auch im Himmel gebunden sein; und was ihr auf Erden lösen werdet, wird auch im Himmel gelöst sein« (Matth. 16.19). Einweihung als sakrale Handlung ist frei von Zufälligkeit, sie empfängt ihren Sinn aus der Verbundenheit mit einer höheren (kosmischen) Ordnung.

Demgegenüber steht die profane Einweihung, die es natürlich auch gibt. Damit ist gemeint, Eingeführtwerden in eine bestimmte Kunst, in einen Beruf, in die Geheimnisse eines Handwerkes mit den darin verwendeten Materialien, deren Verbindungen und verschwiegenen Rezepturen, in die Kunstgriffe, die darin geübt werden und welche Uneingeweihten nicht verraten werden dürfen.

Im Zusammenhang mit den »Rites de passage« beschäftigt uns *nur* die nicht-profane oder heilige Einweihung. Die Bezüge dazu sind in den Märchen nicht direkt gegeben, aber für den Kenner drängen sie sich schier unübersehbar auf. Es ist verblüffend: Märchen haben weder Geheimnishaftes noch Religiöses noch Heiliges an sich. Und doch verweisen sie uns zwingend in diesen Bereich. Max Lüthi erklärt klipp und klar: Märchen sind weltliche Literatur, genauer: weltliche Volksliteratur. Und innerhalb der Wissenschaften, die sich mit Literatur befassen, hat Volksliteratur bisher eher einen schweren Stand gehabt, denn sie gilt als trivial. Aber wir wissen inzwischen, daß in Trivialität verkleidete Weisheit gut geschützt und sicher verwahrt die Zeiten überdauert. Für uns ist es aufgrund der bisherigen Darstellung der Beziehungen zum Heldenepos und zur Mythologie fraglos gewiß, daß Märchen altes Einweihungswissen verkörpern. Und es ist sogar äußerst reizvoll, daß das Märchen diesen Zusammenhang und Hintergrund völlig verdeckt *und verschweigt.*

Und nun zum Begriff der »Zäsur«. Ich muß auch hier etwas ausholen. Der Begriff der Zäsur stammt aus der Poetik und wird heute weniger gebraucht als früher. Das Wort kommt aus dem Lateinischen, es heißt dort als Tätigkeitswort »caedere«, auf deutsch »schlagen, einschneiden«. Die »caesura« ist der Einschnitt im Bau des Verses oder einer ganzen Versperiode. Dieser Einschnitt ist der Ort, wo man einhält beim Rezitieren, damit das Vorangegangene als abgeschlossener Atemzug oder als abgerundetes Bild oder als fertiger Gedanke vernommen und die kommende Sequenz als Neues verstanden werden kann. Dieser Einschnitt macht auch dasjenige aus, was wir Rhythmus nennen. Wir sehen daran und auch im folgenden, daß es gut ist, der Sprache und ihrer Geschichte nachzugehen. Oder anders gesagt: Der Esoteriker kümmert sich um die Tradition, was er nicht tun kann, ohne ein bißchen Bildung. Er muß zum vorliegenden Wissen Zugang haben.

Der Rhythmus aber ist der Geist der Poesie, er ist etwas ganz anderes als die fließende Zeit und ihr Takt, etwas anderes als der Pendelschlag der Uhr. Dieser ist gleichmäßig, schwingt sich aus in immer gleichem Maße. Ganz anders der Rhythmus: Er bringt das in der Sprache Ausgedrückte auf eine andere Ebene, hebt es auf die Höhe der Kunst. Und nun unser Vergleich: Dies gilt auch für das Leben eines Initiierten. Es wird durch Rhythmus bestimmt, nicht mehr nur durch das Gleichmaß des Taktes der Uhrzeit, *es ist geisterfüllt. Und zum Rhythmus gehört die Zäsur. Der Rhythmus ist die durch die Unterbrechung gekennzeichnete Kontinuität.*

Wir erinnern uns in diesem Zusammenhang daran, daß wir an anderer Stelle, als wir vom Drachenkampf sprachen, großen Wert auf die ununterbrochene Kontinuität gelegt haben. Wenn Einweihung eine Zäsur darstellt, dann heißt das, daß eine höhere Form und Gestalt der Kontinuität nur möglich ist, wenn die bisherige unterbrochen wird. Das Heilige unterbricht das Profane. Der Himmel ist die Unterbrechung des Irdischen. Das Irdische ist auch die Unterbrechung des Himmlischen. Damit kommen wir auf unsere Aussage vom Rhythmus und der Kunst zurück: Die Schläge der Uhrzeit messen die Kontinuität der Natur; der Rhythmus der initiatischen Zeit durchbricht diese, und die Antwort des Menschen auf die Ordnung des Himmels erhebt sein Leben zum Kunstwerk. Wir haben hier auch den Unterschied zwischen Zeitquantität und Zeitqualität vor uns. Der Rhythmus ist qualitativ, er setzt Inhalte. Dies gilt sowohl im Jahreslauf, worauf wir schon hingewiesen haben, als auch im Tageslauf. Es ist ein Unterschied, ob man vom Morgen oder vom Abend spricht oder ob man die Zeit vor dem Mittag und die Zeit danach a. m. oder p. m. nennt. Dies ist der Grund, warum die Betrachtung des Sonnenlaufes übers Jahr und am Tage allein schon weise machen kann, weil dann die Zeit »inhaltlich« gesehen wird, und dieser Inhalt kündet vom göttlichen Gesetz. So gesehen ist Zeit »geisterfüllt«.

Wir sehen einen weiteren Grund dafür, daß der Begriff Zäsur nicht zufällig aus der Poetik stammt, in der Verbindung von Dichtkunst *mit Ordnung und Werk.* So wie die wahre Dichtung Abbild kosmischer Wahrheit und Ordnung ist, so ist auch das Leben des wahrhaft Eingeweihten Abbild des Kosmos. Das Obere ordnet das Untere. Das Untere wird auf eine höhere Ebene gehoben. Diese Erhebung ist ein Werk, sie kommt in der Natur nicht vor. Und auf diese Weise wird auch das Leben des Initiierten zum »Opus«. Zäsur ist Einbruch in das von Natur Gegebene, ist Heraushebung aus der Natur, wie dies auch von der Alchemie gilt. Auf der alleruntersten Ebene der Alchemie werden zum Beispiel Pflanzentinkturen hergestellt. Dies ist nur möglich, indem Pflanzen ausgerissen werden aus ihrem Erdreich, indem sie zerstückelt, getrocknet, gekocht, destilliert und verbrannt werden. Sie werden dabei in Leib, Seele und Geist getrennt. Man nennt dies die Separatio, die eine enorme Zäsur darstellt. Der Leib ist ein Salz, die Seele ist Schwefel, der Geist der Pflanze Quecksilber: Sal, Sulfur und Mercurius. Diese isolierten, separierten Bereiche werden dann gereinigt und zu einer »hochzeitlichen« Vereinigung geführt. Zur Vereinigung gehören insgesamt die Phasen *Separatio* (Zäsur), *Purificatio, Coagulatio* = Trennung, Reinigung, Zusammenfassung. *Trennung ist im Märchen die Trennung von den Eltern oder die Entwurzelung; Reinigung ist im Märchen die Phase der Prüfungen, dieser schwierige und oft lange*

Weg von der Aufgabenstellung bis zur Erfüllung der Aufgabe; und Coagulatio ist die Hochzeit, die im Märchen am Ende folgt. Damit haben wir alchemisch knapp formuliert, was das Märchen ist. In anderem Bilde könnten wir sagen: So wie »Gold« in der Alchemie, so vergegenwärtigt »die Krone des Königs« im Märchen (gemeint ist das Königsein) die Idee, das Leben auf die Höhe des reinen Einsseins mit sich selber zu bringen. Diese Höhe zu erlangen ist das Ziel des Opus; diese Höhe hat Opus-Charakter, ist Kunstwerk. Darum ist die Alchemie die »königliche Kunst«. Auf der Höhe des Menschenbildes im Märchen zu *leben* ist »königliche Kunst«. Und um dahin zu gelangen, bedürfen wir der Zäsur.

Zum Opus-Charakter der Initiation gehört nun wesensmäßig auch das Ritual. Opus heißt Werk, verweist auf Arbeit. In den »Rites de passage« handelt es sich um eine enorme Arbeit. Der Ausdruck *Opus* steht also gegen den Begriff *Natur*. Kunst ist Zäsur, und jeder Ritus ist eine Kunstform. So steht jeder Ritus im Dienste der Zäsur und ist Heger höherer Kontinuität. Im Dienste der Zäsur meint, daß der Ritus selber Zäsur ist, sie aber auch als explizites Ereignis veranschaulicht. Der Ritus ist immer um das Phänomen der Zäsur angesiedelt, sie zu heiligen und zu heilen. Die alltäglichen, unbewußt oder halbbewußt inszenierten und ablaufenden Riten sollen Zäsur-Situationen überbrücken oder beheben helfen. Die Einschlafrituale bei Kindern sollen helfen, den Bruch zwischen Tag und Nacht zu überwinden, den Einbruch der Nacht in den Tag, welcher Angst auslöst. Die »Rites de passage« bei den Naturvölkern dienen dem sehr beängstigenden Übergang von der Jugend zum Erwachsensein. Wir wollen darum das Szenarium der primitiven Einweihung und ihre Phänomenalität im Hinblick auf das uns interessierende Ereignis der Zäsur untersuchen.

Mircea Eliade beschreibt in seinem Buch »Das Mysterium der Wiedergeburt« das vielfältige Szenarium von Einweihungsriten bei verschiedenen Naturvölkern. Es handelt sich dabei im allgemeinen um Übergangsriten, welche eine Einweihung in das religiöse Bewußtsein eines Stammes zum Ziele haben. Eine solche kollektive Einweihung aber verläuft anders als die individuelle Einweihung, welche für Könige, Priester und Medizinmänner vorgesehen ist und von der wir bisher durch unser Märchen »Der Teufel mit den drei goldenen Haaren« vorwiegend ausgegangen sind.

Zur Dramaturgie der Pubertäts- und Übergangsriten

Hier und im folgenden beziehe ich mich, wenn ich von »primitiven« Stammeskulturen oder »Naturvölkern« spreche, vor allem auf Bräuche aus dem australisch-polynesischen Kulturkreis, die stellvertretend für andere solche Traditionen stehen können.

Das Initiationsfest wird meist von den Männern eines Stammes oder mehrerer Stämme vorbereitet, wobei alles sorgfältig vor den Frauen verborgen wird. Oft wird ein Zeremonienplatz ausgewählt und hergerichtet, wohin sich die Männer während der Dauer des Festes zurückziehen. Das kann zum Beispiel ein eigens errichteter Erdring sein, wo gewisse Zeremonien stattfinden werden. In einem gewissen Abstand davon entsteht dann ein kleiner, geschlossener, geweihter Bezirk. Diese zwei Konstruktionen werden durch einen Fußweg verbunden. Meistens werden entlang eines solchen Weges die heiligen Bilder und Insignien der Stämme aufgestellt. Die

Knaben, die hier ihre Initiation erfahren sollen, dürfen diese Bilder aber nicht sehen, bevor sie nicht in diese und deren Sinn und Bedeutung eingeweiht sind. Oft werden diese Figuren zerstört, bevor die Initianden (die wir auch »Neophyten«, das heißt »neue Pflanzen«, oder »Novizen«, das sind die »Neuen«, nennen) eintreffen. Der Zeremonienplatz wird so aufgebaut, daß er symbolisch den Ort der Weltschöpfung darstellt oder den Ort der Neuschöpfung umgrenzt; er ist also eine Art »Imago mundi«, ein Abbild der Welt, und durch die Gegenwart des göttlichen Wesens geweiht. Hier werden die Knaben durch eine feierlich-festliche, heilige Handlung in die Welt der Männer hinübergeführt. Der Übergang vom Kind zum Erwachsenen wird nicht dem Zufall überlassen; er gehört nicht der profanen Welt an, sondern ist ein heiliger Akt. Hier besteht das Bewußtsein, wozu der Geborene berufen ist, nämlich ein Homo religiosus zu werden. Der rituell gefeierte Übergang ist bewußt und betont Zäsur, Unterbrechung. Und im Bewußtsein solcher Völker weiß man vom totalen Anderssein des Erwachsenseins gegenüber dem Kindsein. Dies gibt es in unserer modernen Zivilisation nicht; bei uns wird nur auf das physische Erwachsensein Wert gelegt. Das Wissen darum, daß dieser Übergang eine wahrhaftige »Transmutatio« im alchemistischen Sinne ist, fehlt heute. In unserer Zivilisation ist das Erwachsensein nur eine Verlängerung der Kindheit und Jugend, eigentlich nur die Behauptung, man wäre erwachsen. Wie kann man erwachsen werden in einer Welt, in welcher diese Übertritte in einen neuen Lebensbereich nicht mehr »sanktifiziert« werden? Es fehlt da jeder wirkliche Ernst und jegliche Verbindlichkeit. Nach alter religiöser Tradition sind alle neuen Wegabschnitte den Göttern zu weihen, denn alles auf Erden ist ungültig, wenn es nicht eine solche Bedeutung erlangt, daß es auch höheren Ortes gilt. Da der Mensch ein Wesen ist, das Himmel und Erde zugehört, muß alles Wesentliche auf Erden zugleich himmlische Bedeutung haben.

Ein ganz wichtiger Teil der Dramaturgie eines Einweihungsfestes ist die Trennung von den Müttern. Sie geschieht, je nach dem Erdteil oder Stamm, wo man dies miterlebt, auf unterschiedliche Weise und kann zum Beispiel so aussehen:

Die Mütter setzen sich, unter Decken versteckt, auf die Erde, vor ihnen ihre Knaben. Plötzlich rennen die Männer, bisher unbemerkt, herbei, packen die Knaben, fliehen mit ihnen und bringen sie in den Wald. Oder: Eine Gruppe von Männern kommt aus dem geweihten Bezirk; sie lassen Schwirrhölzer ertönen, trommeln mit Stöcken auf die Erde oder werfen brennende Äste in die Luft. So brechen sie ins Dorf ein, rauben den Müttern die Knaben und entführen sie dorthin, wo die Frauen keinen Zutritt haben. Es handelt sich also *um den plötzlichen, gewaltsamen Bruch mit der Kindheit.*

Gleichzeitig soll die mütterliche und weibliche Welt, der kindliche Zustand der Verantwortungslosigkeit und Glückseligkeit, der Unwissenheit und Geschlechtslosigkeit verlassen werden. Der Bruch vollzieht sich so, daß er *sowohl auf die Mütter als auch auf die Novizen einen mächtigen Eindruck* macht. Es gibt Rituale, wo die Frauen überzeugt sind, daß ihre Kinder durch eine geheimnisvolle, feindliche Gottheit getötet und verschlungen werden. Die Stimme der Gottheit, das sind dann zum Beispiel die Schwirrhölzer, die einen schrecklichen Lärm erzeugen. Man versichert den Frauen, daß die Gottheit die Novizen bald als erwachsene Männer, das heißt als Initiierte, auferstehen lassen werde. Bei anderen Stämmen beweinen die Mütter ihre Söhne, wie man Tote beweint.

Was nun die Novizen selber betrifft, so ist ihre Erfahrung noch entscheidender. Sie lernen zum ersten Male die religiöse Furcht und das religiöse Entsetzen kennen, das »Mysterium tremendum«. Man hat ihnen im voraus gesagt, daß sie von göttlichen Wesen geholt und getötet werden. Schon während der Trennung von ihren Müttern wird von den Neulingen auf höchst dramatische Weise dieses Streben vorausgefühlt, denn sie werden von unbekannten (maskierten) Männern gepackt und weit weg von ihrer vertrauten Umgebung gebracht. An dem fremden Ort werden sie auf dem Boden mit Ästen zugedeckt. Dies soll das Erlebnis der Finsternis, des Todes und der Nähe der göttlichen Wesen ermöglichen. Das mütterliche Universum war jenes der profanen Welt; das Universum, in welches sie nunmehr eintreten, ist jenes der heiligen Welt.

Der Begriff »Universum« ist hier nicht unbedeutend. Wir erinnern uns der Oberbegriffe, unter welchen wir die ganze Entwurzelungsthematik des reiligiösen Menschen betrachten. Diese heißen »Isolation« und »Allverbundenheit«. Allverbundenheit ist eben die Verbundenheit mit dem All, dem Universum. Hier können wir wiederum die Verbindung herstellen zwischen Märchenhelden und Neophyten. Die Zauber- und Königsmärchen enthalten die Psychologie des Neophyten. Bei der Schilderung der »Rites dc passage« sehen wir direkt den Zusammenhang von Entwurzelung und kosmischer Verbundenheit. Warum aber die Entwurzelung auch Isolation heißt, das werden wir am Ende dieses Abschnittes deutlich sehen.

Wir haben erwähnt, daß nach der Trennung von den Müttern die Dunkelheit erlebt wird. Die Dunkelheit wird von Zeit zu Zeit unterbrochen, um den Neulingen Instruktionen zu geben. Sie erhalten also Unterweisung in den Stammesmythen, wobei auch eine Erscheinung des Stammesgottes inszeniert wird. Seinen Namen dürfen die

Frauen und Kinder nicht wissen. Es handelt sich hier um eine Form der Arkandisziplin. Damit ist gemeint, daß Schweigen aus Gründen der Schulung (zum Erwachsenen) auferlegt wird. Diese Schweigeverpflichtungen kommen in allen Einweihungen vor.

Im Zentrum der Zeit zwischen dem Raub der Knaben und den abschließenden Weihen zum Manne steht die Reihe der Prüfungen, die auch mit Opfern verbunden sind. Die Begegnung mit dem Stammesgott kann gar nicht ohne Opfer erfolgen. Die Zeit der Prüfungen ist vielfältig und hart; Verwundungen und Opfer gehören dazu, wie Zahnausschlagen, Haarausreißen, Verwundungen am Rücken usw. Ich möchte an dieser Stelle an die Nachtmeerfahrt von Jona erinnern, der im Bauche des Fisches sein Haar verliert. Das Opfer ist Bedingung dafür, höhere Erkenntnis zu bekommen. Die Einweihung in die göttlichen Bereiche, soweit diese dem Menschen überhaupt zugänglich sind, gelingt nicht ohne Opfer. Insgesamt kann die Initiationszeremonie bei den primitiven Völkern mitsamt ihren Prüfungen mehrere Monate bis fast ein Jahr dauern. Es müssen zugleich zahlreiche Nahrungsverbote respektiert werden, durch die das Geheimnisvolle *bekräftigt* wird. Der Erwachsene ißt anders als das Kind, er redet anders. Es geschieht eine Umpolung der Knaben. Die Zäsur, der Einschnitt im Leben, beinhaltet Sterben und Wiedergeborenwerden. Darum spricht man auch vom Initiationstod.

Bis zum Ende der rituellen Hinüberführung ins Erwachsenenalter bleiben die Neophyten abgesondert im Wald, im Busch. Sie erleben durch Tänze dargestellte Instruktionen und Offenbarungen über den Stammesmythos und die Stammesgottheit. Und symbolisch tötet dieser Gott die Knaben, zerschneidet sie in Stücke, verbrennt sie, setzt sie wieder zusammen, erweckt sie wieder zum Leben, als neue Wesen, aber jedes mit einem Zahn weniger. (Das ist ein Vorgang, der an die Alchemie erinnert und auch in den Märchen vorkommt.) Zu den Initiationsprüfungen gehört auch der Schlafentzug. Das Wachbleiben in der Nacht soll die Knaben zu bewußten »Gewärtigen« machen, zu bewußtem Gegenwärtigen führen. Es wird nicht gezögert, die Novizen handgreiflich am Einschlafen zu hindern. Wir kennen dieses nächtliche Wachsein auch in den christlichen Klöstern, wo die Mönche zu nächtlichen Gesängen aufstehen müssen. Die Prüfungen, vor allem die Schlaf-, Trink- und Eßverbote, haben die Bedeutung, den Knaben aus seiner kindlichen Schlaftrunkenheit herauszureißen und »wach« zu machen für die »reale Welt« mit ihrer Polarität, wozu auch die Sexualität gehört. Die *Isolation* dient dieser Umwandlung. Das Sterben des Kindes im Neophythen ist auch in gewissem Sinne eine Rückkehr in die Kindheit, die Rückkehr zum Ursprung. Das Sprechverbot erinnert daran, daß auch das Kleinkind nicht sprechen kann. Der Novize darf nur auf Fragen der Instruktoren antworten. In manchen Stämmen ist das Sehen verboten. Der Knabe darf sich nur so im heiligen Bezirk bewegen, daß er den Blick auf den Boden gerichtet hat, er darf nur seine Füße anschauen. Ruht er, so ist er mit einer Decke oder mit Laub zugedeckt oder hat die Augen verbunden. Die dadurch erlebte Finsternis gehört zum »Regressus ad uterum«, zu dieser Rückkehr in den Mutterleib, aus der heraus der neue Mensch entsteht. Und diese Finsternis ist außerdem nicht nur symbolisch, sondern ermöglicht eine neue Erfahrung, über die wir hier nicht mehr sagen können.

In gewissen Stämmen werden die Knaben von den Männern sogar in die Luft geworfen, im Sinne einer Darbietung als Opfergabe an den Himmelsgott. Oder die Knaben müssen auf einen Baum steigen, der die kosmische Achse, den Weltenbaum darstellt, auf dem man in den Himmel eindringt. Solche Handlungen symbolisieren das Ende des profanen Lebens, der Kindheit, der Geschlechtslosigkeit und der Unwissenheit. Die »heilige Geschichte des Stammes« wird erfahren. Was dem Kinde verschlossen bleibt oder es bisher nicht beschäftigt hat, wird dem Novizen eröffnet. Er erfährt, wie es mit den Dingen und der Welt in Wirklichkeit steht. Die infantile Ahnungslosigkeit hat ein Ende; das Leben wird als etwas erkannt, das von übernatürlichen Wesen geschaffen und geschenkt wird.

Wir wollen zum Abschluß unserer Betrachtung der Initiationsriten der Naturvölker auf eine Verletzung zu sprechen kommen, woran das Wesen des Homo religiosus noch deutlicher wird. Es handelt sich um die *Beschneidung*. Welchen Sinn hat die rituelle Verletzung, insbesondere die der rituellen Beschneidung?

Um diese Frage beantworten zu können, müssen wir noch einmal auf ganz grundsätzliche Gegebenheiten zu sprechen kommen. In den Einweihungsriten der Naturvölker begnügt sich eine szenarisch ritualisierte Dramatik nicht mit dem bloßen Darstellen. *Der Jugendliche wird wirklich verletzt*, und diese Verletzung hat bleibenden Charakter, sie verursacht eine bleibende Veränderung. Es wird mit etwas Irreversiblem Ernst gemacht.

Eine Hilfe für das Verständnis ergibt sich durch eine Betrachtungsweise, welche die Einheit von Leib und Bewußtsein berücksichtigt. Ich meine die phänomenologischen Schulen und denke an Husserl, Merleau-Ponty, Sartre, Ludwig Binswanger (innerhalb der Psychiatrie), der auf Martin Heideggers Denken zurückgreift. Binswangers »Grundformen und Erkenntnis menschlichen Daseins« legt uns nahe, den Leib und alles Leibliche, das leibliche Geschehen als wahrnehmbare und erfahrbare

Wahrheit unserer Weise, »in der Welt zu sein« (Heidegger), zu verstehen. Das »In-der-Welt-Sein« heißt auch »Welt-Erfahren«. Dieses kann sich nur aufbauen durch leibliche Verifikation. Die existentiellen Möglichkeiten, welche der Mensch entwirft, bewahrheiten sich immer viel weniger konkret, viel weniger radikal und weniger wahr in der Vorstellung als vielmehr im leiblichen Existieren dessen, was man entwirft. Was bedeutet dies für unsere Frage nach dem Sinn der kultisch-rituellen Beschneidung? Bei der Beschneidung handelt es sich um eine Operation an den Geschlechtsteilen von Mann und Frau (Präputium, Klitoris). Es ist eine gezielte Operation, sie betrifft hochempfindliche Körperstellen, ist schmerzhaft und hinterläßt eine Veränderung. Das Ereignis der Beschneidung wird von den Neophyten oder Novizen meist mit verbundenen Augen erlitten, oder sie werden überwältigt und von Stammesmitgliedern, die als wilde Tiere verkleidet sind, an Armen und Beinen festgehalten. Die Operation hat den Charakter eines plötzlichen Ereignisses, von dem der Novize überwältigt wird. Was zeigt sich hier? *Das Göttliche wird als etwas Einschneidendes erlebt.*

Dieses Einschneidende ist für den ganzen Erfahrungsgang der Einweihung konstitutiv. Das Einschneidende ereignet sich im Ausgeliefert- und Überwältigtsein, in der Machtlosigkeit, im Geschnittenwerden. Der Novize geht aus den Einweihungen als *Geschnittener* hervor. Die menschliche Existenz wird dadurch gegenüber dem Göttlichen, diesem *Einschneidend-Überwältigenden,* als eine verletzte, angeschlagene, fragmentarische Existenz signalisiert und erlebt.

Wir sagten: Das Göttliche wird in der Einweihung als etwas Einschneidendes erfahren. Rudolf Otto spricht in seinem Buche »Das Heilige« (1917) bei der Betrachtung der verschiedenen Formen der religiösen Erfahrung von der *furchtbaren Macht*, vom *göttlichen Zorn*, von den Gefühlen des Schreckens, vom *Mysterium tremendum*, ja von der erdrückenden Macht des Numinosen. Im christlichen Bereich ist der Gekreuzigte der von der höheren Macht Überwältigte. Alle »Religio« ist unverzichtbar mit dieser Phänomenologie verknüpft.

Wir wissen nun, daß der Novize der sogenannten primitiven Initiation das überwältigend-schmerzbringende Geschehen nicht bloß darstellt; er erlebt es auch. Er erlebt den Eingriff an sich selber konkret, er erlebt den Schmerz.

Die Radikalität der Umsetzung ins Physische muß mit der Weise des Verstehens zusammenhängen. Der Mensch der primitiven, naturvölkischen, kultischen Einweihungsrituale *versteht nur, was er »leibt«.* Er begnügt sich nicht mit dem durch Hören und Sehen erzeugten Er-fühlen und Vor-stellen.

Wir müssen uns die Frage stellen, ob dies nur auf die Menschen der Naturvölker zutrifft? Gilt dies nicht auch für uns: *Der Mensch versteht nur, was er »leibt«?* – Eine vieljährige Erfahrung mit der Reinkarnationstherapie gibt hier eindrücklich Aufschluß. Die in den Leib und den leiblichen Bestand eingreifenden Erlebnisse von Tortur und Hinrichtungen in früheren Situationen übertreffen jede ritualisierte Form primitiver Initiation. Solcherart wird der Schmerz in radikalster Form im Sinne des Einschneidenden erfahren. Aber sind nicht auch Schicksalsschläge Einschnitte?

Wir wollen jetzt noch tiefer eindringen in den Sinnzusammenhang, in welchem wir den Schmerz hier zu verstehen haben. Wir fragen nach dem *Sinn des Schmerzes* und lassen uns dabei wieder von der phänomenologischen Methode leiten:

Im Aufbau der Welterfahrung (des Erfahrens überhaupt) spielt der Tastsinn eine erste Rolle. Husserl sagt: »Jedes Ding, das wir sehen, ist ein tastbares, und als solches weist es auf eine unmittelbare Beziehung zum Leib hin.« Im Sehen allein unterscheiden wir uns noch nicht vom Phantasieren; dieses macht noch nichts aus über die Realität. Das Sehen macht Sinnzusammenhänge wahrnehmbar, von denen wir die Wirklichkeit nicht aussagen können (Phantasie, Traum, künstlerische Inspiration usw. gehören hierher). Die Differenz zwischen bloßer Phantasie und wacher Wirklichkeit entscheidet sich im Tasten. Darum sagt Husserl: »Ein bloß augenhaftes Subjekt könnte gar keinen erscheinenden Leib haben ... Der Leib kann sich als solcher ursprünglich nur konstituieren in der Taktualität und in allem, was sich mit dem Tastempfinden lokalisiert wie Wärme, Kälte, Schmerz und dergleichen.« Daraus folgt: *Leiblichkeit ist durch Tasten und Ertastetsein aufgebaut.*

Wir stellten fest: Der Mensch der primitiven Einweihung setzt seinen Leib ein, begnügt sich nicht mit der Einbildungskraft oder der Vorstellung. Wir würden philosophisch-phänomenologisch sagen: Es ist nicht schon wahr und wirklich, was bloß gesehen oder gehört wird. »Die seelische Realität ist konstituiert durch den Leib«, heißt es bei Husserl.

Sartre hat, etwa gleichzeitig mit Merleau-Ponty, diesen Faden aufgenommen und sagt: »Mein Bewußtsein ist mein Leib« (was aus esoterischer Sicht sowohl wahr sein kann als auch nicht, je nachdem, welche Rolle der körperliche Tod in unserem Bewußtsein spielt). Sartre unterscheidet zwischen Leib »für den andern« und Leib »für sich selbst«; der erste kann eine physikalische Größe sein, der zweite aber nie. Das »Für-sich-Sein« muß als ganzer Leib und als ganzes Bewußtsein sein. Der Leib ist ganz und gar »seelisch«.

Mein Leib ist eine bewußte Struktur meines Bewußtseins, aber eigentlich so, daß ich ihn nur *im Schmerz* ganz habe. Denn der Leib ist sonst der ständig auf die Dinge außer mir Überschrittene. Wir sind immer schon bei den Dingen der Welt. Daraus läßt sich folgern: Unsere leibliche Gestimmtheit (sie mag unsere je eigene oder eine solche sein, welche wir mit einem Kollektiv gemeinsam erleben, ja die von diesem induziert ist) wirft uns, wenn wir durch sie überdeutlich berührt sind, auf uns selber zurück. Im Lachen sind wir ganz bei den Dingen oder bei den anderen Menschen. *Im Schmerz sind wir bei uns selber.*

Was versammelt sich in unserem Bewußtsein durch den Schmerz? Nichts anderes als die *Abkehr von der Welt* (Welt ist all das, worauf wir gerade bezogen sind oder waren), denn unter den wirklichen Dingen der Welt gibt es den Schmerz nicht. *Der Schmerz bringt in eine Grenzlage, in einen Entzug von Welt.* Der Schmerz negiert die bestehende Welt. Außerdem sind wir im Schmerz auch uns selber entzogen, insofern als wir »eine Welt sind«. Wenn wir von »außer sich sein vor Schmerz« sprechen, dann doch in dem Sinne, daß wir sowohl uns als der Welt entzogen sind. Durch diesen Welt- und Selbstentzug wird eine Wandlung möglich. Die Heilung von Schmerz ist Rückkehr zu der Welt und zu sich selbst (zu seinem leib-orientierten Ego), aber als anderer, als Gewandelter.

Angewandt auf unser Beispiel der »primitiven Initiation« und Beschneidung heißt das: *Aus dem Schmerz gewinnt der Novize eine gewandelte Welt,* nämlich jene des

Stammesbewußtseins und des erwachsenen Menschen. Wir sehen nun klar, daß die Naturvölker diese Bedeutung des Schmerzes nicht gedanklich entwerfen und nachvollziehen, sondern vielmehr in und mit ihm existieren. Und zwar *existiert* der Betroffene den Schmerz, *er ist dieser selber,* in kultisch-rituellen Begehungen, welche völlig aus dem Alltag herausheben. Erhoben zu einem feierlich-festlichen Bewußtsein, erreicht der Stamm mit seinen Novizen vor allem *im Schmerz* die Wandlung zum erwachsenen-religiösen Dasein, zum Dasein des Homo religiosus. Der Schmerz der Beschneidung ist daher ein beispielhafter, konstitutiver Schmerz. Die Bewahrheitung eines religiösen Existenz-Entwurfes muß sich durch die Taktualität, in diesem Falle durch das Schmerzempfinden, ereignen. Eine Grunderfahrung wird nicht einfach in irgendeiner Form doziert oder über anregende Vermittlung von Bildern zur Vorstellung gebracht, sondern wird erlebt, wird geleibt. Wir können sagen: An die Stelle der Theologie tritt die religiöse Erfahrung.

Wenn wir in der Tiefe bedenken, was hier geschieht, *weil* der Mensch diese religiöse Erfahrung existent, real und mit dem vollen Schmerzerlebnis durchsteht, müssen wir ausrufen: großartig. Wie unglaublich gesund und heilsam. Denn diese gelebte und ge-leib-te Erfahrung schließt alle Wahngebilde, alles Irresein und alle privaten Spinnereien aus, welche bei uns in diesem Bereiche grassieren. Weil bei uns die Initiation höchstens ein bißchen am Ertastetsein einer wirklichen Erfahrung kratzt, die »einschneidende Erfahrung« nicht wirklich vollzogen wird, wird der übriggebliebene Rest, dieses Nichtvollzogene, durch privaten Wahn ergänzt. In diese Lücke springt bei uns dann der Spiritismus; hier beginnt die Suche nach besonderen Fähigkeiten wie Hellsehen und Geistheilen, die Sehnsucht nach allen möglichen Zaubereien, welche für den Menschen, der das Ritual voll durchgestanden hat, wie jener der »primitiven Initiation« oder wie in den Jenseitsfahrten unserer Märchenhelden, uninteressant bleiben.

Es ist nicht zufällig, daß im Zusammenhang mit der primitiven Initiation von Wiedergeburt gesprochen wird. Das »Außer-sich-Sein vor Schmerz« und das Sichwiederfinden beim Ausklingen des Schmerzes ist wie ein Sterben und ein Wiedergeborenwerden. Beispielhaft dafür ist nicht nur die Beschneidung, sondern eine Reihe anderer schmerzzufügender Handlungen während der Zeit der Pubertätsriten.

Wenn wir nunmehr aus diesen grundlegenden Gedanken die Schlußfolgerung ziehen, so ergibt sich, daß *der Sinn der leiblichen Verletzung* in den Einweihungen der Naturvölker darin besteht, daß im Novizen *der Homo religiosus erschlossen wird.* Und zwar geschieht dies, indem der Novize das Einschneidende erlebt und fortan ein »Geschnittener« ist. Das ist im christlichen Bereiche der Gekreuzigte. Die Erfahrung der »Religio«, das ist das Respektieren der außerhalb des Menschen und seiner Gemeinschaft bestehenden göttlichen Macht, ereignet sich durch einen *Einschnitt,* eine Zäsur, durch die der Mensch für das Göttliche offen wird. Er verliert seine ich-hafte Geschlossenheit, denn diese ist immer nur die Abwendung vom Göttlichen, also die menschliche Unerlöstheit und Verzaubertheit.

Eine weitere Folgerung heißt: Der Homo religiosus ist kein natürlicher Mensch mehr. Er stellt eine Kunstform des Menschseins dar. Denn der Beschnittene kommt in der Natur nicht vor. Diese Art von Einschnitt, welche ich exemplarisch nehme für alle Arten von numinosem Einschnitt, hat den Charakter eines Werkes. Und dieses Werk ist eine Analogie zum Werk des alchemistischen Prozesses.

Am Ende dieses Exkurses in die Pubertätsriten, in die »Rites de passage« der Naturvölker, wollen wir uns noch einmal dem Wort Neophyt widmen. Denn auch dieses Wort hat mit Entwurzelung zu tun. Wir sagten bereits, daß »Neophyt« wörtlich »neue Pflanze« oder »das Neugepflanzte« heißt. Nun muß die Pflanze zuerst aus ihrem bisherigen Boden *entwurzelt* werden, erst dann kann sie in einen neuen Boden eingepflanzt werden. Und diese Entwurzelung ist die Zäsur; sie ist Bedingung dafür, daß eine Neuverwurzelung geschehen kann. Diese Neuverwurzelung ist ganz anderer Art. Stellen Sie sich die zwölfte Tarot-Karte vor, die den Namen »der Gehängte« hat. Sie zeigt die Umpolung, die Verwurzelung ganz anderer Art. Denn nunmehr hat der Mensch die Füße im Himmel, nun ist er im Himmel verwurzelt (natürlich hat dieses zwölfte Tarotsymbol noch ganz andere Bedeutungen). Der Neophyt ist also zuerst einmal und lange Zeit der Entwurzelte; er ist derjenige, der in der Entwurzelung lebt. Unverwurzelt aber ist er in Bewegung, er ist der »Homo viator«, der Wanderer zwischen den Welten, er lebt auf der Erde, aber unter dem Himmel. Und genau dies trifft auf alles zu, was wir über den Märchenhelden resümierten.

Abschließend können wir also sagen: Märchen, Alchemie und Einweihungspraxis gehören auf eine gewisse Weise zusammen. Sie sind sinnverwandt. Märchen sind Abbilder alchemistischer Prozesse, sie sind aber genausosehr Einweihungsgeschichten.

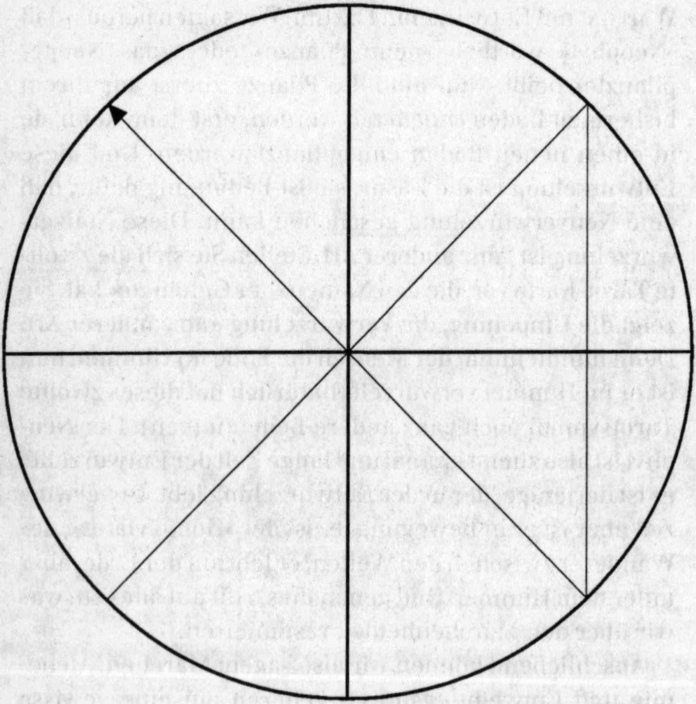

Der vierte Quadrant ist die Zielrichtung, die Finalität. Wenn man in den vierten Quadranten drei Zwischenhäuser einzeichnet, so entsprechen diese thematisch den Tierkreiszeichen Steinbock, Wassermann und Fische oder den dazugehörigen Planeten Saturn, Uranus und Neptun, identisch mit den Themen: Vor der Himmelspforte, Aufstieg zum Himmel, Einssein mit dem Himmel. Letzteres heißt: Einssein mit allem oder Allverbundenheit.

9 Die Allverbundenheit

There are more things in heaven and earth,
… Than are dreamt in your philosophy.

Wir beginnen mit einem astrologischen Hinweis: Astrologisch gesehen handelt die Entwurzelung vom ersten, zweiten und dritten Quadranten im Horoskop oder im Tierkreis. Verantwortlich dafür ist das Prinzip *Neptun.* Er entwurzelt sozial, seelisch und geistig, bewirkt unsere Heimatlosigkeit gesellschaftlich, familiär und weltanschaulich. Aber das entwurzelte Prinzip Neptun *verbindet auch.* Denn die Entwurzelung ist ja die Voraussetzung für eine andersgeartete Verbindung. Wir sprechen jetzt von der Verbundenheit, welche eine vorgängige Entbindung voraussetzt, von der *Allverbundenheit.* Im Horoskop ist diese im vierten Quadranten zu Hause, im zwölften Haus. Aber wir können das Thema auch auf den ganzen vierten Quadranten ausdehnen, denn der vierte Quadrant regiert und reguliert alle andern. Er ist der Repräsentant unseres Lebenszieles. Somit ist das Prinzip Neptun immer mit unserem Lebensziel verbunden. Er entbindet uns von der zwischenmenschlichen, der subjektiven und der ideologischen Abhängigkeit, somit schließlich von allen Eingrenzungen, er grenzt uns aus. Und wenn es keine Grenzen mehr gibt, dann ist alles da. Darum verbindet er uns mit allem; das ist sein Ziel, und der Märchenheld veranschaulicht dieses Ziel. *Allverbundenheit* heißt im Märchen, der Märchenheld oder die Märchenheldin *ist* mit allem verbunden, mit dem Unteren und dem Oberen, mit Erd- und Luftgeistern, mit dem Wasser und dem Feuer, mit den Unterirdischen wie mit den Himmlischen. Er wohnt auf Erden mit den Elementen und deren Repräsentanten, gerade deshalb, weil er nicht an sie gebunden ist. Die Entwurzelung hebt die Erdgebundenheit ebenso wie die Ortsgebundenheit auf. Während der Held der Volkssage noch ortsgebunden ist, ist der Märchenheld ortsungebunden: Der Mensch im Märchen ist universal.

Max Lüthi hat so Ausgezeichnetes über das Thema »Isolation und Allverbundenheit« geschrieben, daß wir einige Formulierungen nachvollziehen wollen. Der Mensch zeichnet sich im Märchen dadurch aus, daß er eine *erstaunliche Unempfindlichkeit für den Abstand zwischen diesseitiger und jenseitiger Welt* hat, es *fehlt ihm das numinose Staunen* und die Neugierde, ganz im Gegensatz zum Bild des Menschen in der Volkssage. In dieser Aussage steckt sowohl Humor als auch Respekt. Es gibt ein gewisses Staunen darüber, daß der Mensch in den Märchen selber kein Staunender ist. Das verwunderte Staunen über das Andersartige zeichnet das religiöse Verhalten aller Völker aus; und wie wir zitiert haben (nach Rudolf Otto), kommt ja der Schrecken dazu. Doch der wahre Homo religiosus, der durch Staunen und Schrekken schon hindurch ist, der die Grenzen und Schranken des Mysterium tremendum und das Staunen vor dem anderen schon durchschritten hat, ist derjenige, dem die anderen Welten vertraut sind. Die Allverbundenheit führt also zu einer Abstandlosigkeit. Im Märchen »Der Teufel mit den drei goldenen Haaren« wird dies deutlich. Der junge Mann macht sich wie selbstverständlich auf, die goldenen Haare des Teufels zu holen. *Es gibt keine Angst im Verkehr mit den Jenseitigen.* Max Lüthi nannte dies in seinem ersten Buche noch die *Beziehungsisoliertheit der*

Märchenfiguren. »Isolierte Diesseitige und isolierte Jenseitige begegnen sich, verbinden sich, trennen sich; es besteht keine dauernde Beziehungsspannung zwischen ihnen. Sie berühren sich nur als Handelnde.« Wir können dazu ergänzen: Der Mensch im Märchen ist nicht in Geschichten verstrickt, womit ein wesentliches Moment seiner Freiheit angesprochen ist. Denn wir sind im Gegensatz dazu dadurch gekennzeichnet, daß wir uns untereinander in Geschichten verstricken. Wenn Menschen zusammenkommen, passiert die Verstrickung. Oder anders ausgedrückt: Wenn Menschen zusammenkommen, entwickeln sie sich nicht, sie verwickeln sich (Th. Dethlefsen). Der Mensch im Märchen aber bleibt in den Beziehungen frei.

In diesem Zusammenhang gibt es noch andere gewichtige Aussagen: *Die Märchenfigur hat keine Innenwelt, keine Umwelt, keine Beziehung zu Vor- und Nachwelt, keine Beziehung zur Zeit.* Das Fehlen der Innenwelt führt selbstverständlich von der Tiefenpsychologie weg. Dieses Thema können wir hier nicht weiter bearbeiten, wir kommen später kurz darauf zurück. Nur soviel mag bedacht werden: Wir sind ja in unserer Zivilisation von der seelischen Innenwelt so fasziniert, daß sich unsere schriftstellerische und tägliche journalistische Neugierde vorwiegend darauf konzentriert. Hier aber wird etwas ganz anderes gezeigt, und dies wird eigentlich erst im esoterischen Zusammenhang wirklich begreifbar.

Eine weitere wichtige Aussage lautet: »Die Handlungsträger des Märchens stehen in keiner lebendigen Beziehung zu Familie, Volk oder irgendeiner anderen Art von Gemeinschaft.« Die Isolation als Voraussetzung der Allverbundenheit wird in vielen Varianten vorgetragen: Die Eltern sterben und lassen die Kinder allein; sie sind arm, setzen die Kinder im Walde aus; sie verschreiben die

Kinder dem Teufel. Drei Brüder ziehen einzeln in die Fremde; zwei Brüder trennen sich und ziehen in verschiedene Richtungen von dannen. So lösen sich die zentralen Gestalten des Märchens von den vertrauten Menschen und von der vertrauten Örtlichkeit, sie gehen als Isolierte in die weite Welt.

Entsprechend ist auch die Erzählweise der Märchen isolierend, nämlich in dem Sinne, daß *nur die Handlung gilt,* es herrscht der Verzicht auf jede ausmalende Schilderung. Die Darstellung zeigt eine Handlungslinie, den Handlungsraum aber läßt sie nicht erleben. Wälder, Quellen, Schlösser, Hütten, Eltern, Kinder, Geschwister werden nur erwähnt, wenn sie die Handlung bedingen. Somit können wir von der Abstraktheit der Märchen reden. Sie abstrahieren von all dem, was sie nicht schildern, weil sie es unserer Vorstellungskraft überlassen und weil eine irgendwie mögliche Individualität von Örtlichkeiten oder anderen Menschen gar nicht gefragt ist. Im Märchen sind Eltern Eltern, entweder gut oder böse, Geschwister sind Geschwister, entweder gut oder böse, der Wald ist der Wald, das Schloß ist das Schloß. Das muß nicht beschrieben werden. Das Märchen hat weniger die Absicht, unsere Phantasie anzuregen, als vielmehr diejenige, wegzulassen, was beim Leser oder Hörer vorausgesetzt werden kann. Alles das, was der Zuhörer schon weiß, gibt er selber in seiner mitvollziehenden Phantasie dazu und dieses braucht das Märchen als literarische Endform einer Entwicklung gar nicht zu erwähnen. Das Märchen konzentriert sich auf das Wesentliche. *Das Wesentliche ist die Erlösungshandlung.*

Wir haben jetzt noch einmal von der Isolation gesprochen, obwohl unser Thema die Allverbundenheit ist. Es läßt sich eben über die Isolation viel mehr sagen als über die Allverbundenheit, wir kennen dies auch aus der Astrologie. Denn über alles im Horoskop läßt sich viel mehr reden als über den vierten Quadranten. Der vierte Quadrant ist sowohl die Isolation wie auch die Allverbundenheit. Und wir haben es bereits gesagt: Die Isolation ist die Voraussetzung für die Allverbundenheit. Die Isolation grenzt aus der irdischen Gebundenheit aus, und sobald wir diese Ausgrenzung erfahren, erleben wir die Verbundenheit mit allem. In diesem Zusammenhang sei auf einige Eigenschaften des Tierkreiszeichens Fische und des Planeten Neptun hingewiesen. Sie heißen: Widerstandslosigkeit, Grenzenlosigkeit, die Bejahung von allem, was ist. Wenn die Grenzen aufgelöst werden, sind wir integriert »in all das, was ist«.

Es gibt einen weiteren Grund, warum über die Allverbundenheit gar nicht soviel geredet werden kann. Der vierte Quadrant ist die Bildlosigkeit, der Bereich, den jeder für sich vorbildlos erfahren muß, so wie den Tod, von dem es keine allgemeingültigen Bilder gibt. Nach Max Lüthi ist *sichtbare Isolation, unsichtbare Allverbundenheit* Grundmerkmal der Märchenform. *Isolierte Figuren fügen sich, unsichtbar gelenkt, zu harmonischem Zusammenspiel.* Beides bedingt sich gegenseitig. Nur was nirgends verwurzelt ist, weder durch äußere Beziehung noch durch Bindung an das eigene Innere festgehalten ist, kann jederzeit beliebige Verbindungen eingehen und wieder lösen. Die Isolation empfängt ihren Sinn erst durch die allseitige Beziehungsfähigkeit, denn ohne diese müßten die äußerlich isolierten Elemente haltlos auseinanderflattern.

Max Lüthi erklärt: »Der ganze abstrakte Stil des Märchens steht unter dem Gesetz der Isolation und Allverbundenheit. Er arbeitet die einzelnen Elemente rein und klar heraus, trennt sie mit irrealer Deutlichkeit, verleiht den Körpern wie den Bewegungen der Märchendinge Festigkeit und Linienschärfe.« Zur Allverbundenheit gehört, daß alles ineinander- und zusammenpaßt, daß die Ereignisse präzise ablaufen und ineinanderpassen. Vielleicht haben wir dies aufgrund unserer Märchen bisher noch nicht so deutlich gesehen. Gemeint ist damit, daß der richtige Bräutigam genau an dem Tage wieder auftritt, an dem die Prinzessin mit dem falschen verheiratet werden sollte, oder daß die Gattin eines ins Jenseits entrückten Gemahls nach langer Wanderung gerade dann dort eintrifft, wenn er sich mit einer anderen Frau vermählen will. Ein anderes Beispiel aus »Das europäische Volksmärchen«:

> Ein Prinz zieht aus, ein Mädchen zu suchen, das von nirgend her ist. Denn er will kein anderes heiraten. Auf seiner Reise kommt er in einen großen Wald, dort trifft er ein strahlend schönes Mädchen, und er fragt sie, woher sie sei und worauf sie da warte. Sie antwortet ihm, sie gehöre niemand an, sie sei von nirgend her und warte hier auf ihr Glück. Darauf sagt er: Oh, so eine suche ich gerade, die von nirgend her ist; aber willst du mein werden? Sie: Ich will. – Da nimmt er den Ring von seinem Finger und gibt ihn ihr, und sie gibt ihm ihren.

So heißt also Allverbundenheit einerseits, daß die Märchenhelden mit dem All, dem Universum, dem Kosmos, also mit der »wohlgestalteten Ordnung« verbunden sind und daß andererseits alles miteinander verbunden ist. Die Märchenhelden leben innerhalb dieser Ordnung. Sie leben nicht in der Natur, sie leben in der kosmischen Ordnung. Dies ist der Grund, warum wir uns so eingehend mit dem Sonnenlauf und seiner Symbolik befaßt haben. Denn Natur ist Chaos, das wild Wuchernde, das durch den Menschen »lebenswert« gemacht werden muß.

Natur ist Verstrickung, Verflechtung, aber zugleich kommt in ihr auch Ordnung zum Ausdruck, nämlich durch kosmische Einwirkung. Kosmos ordnet Natur – so den Kreislauf des Wassers, den Lauf des Nils zum Beispiel. Da darf der Mensch nicht eingreifen, sonst zerstört er, in die Natur aber muß er eingreifen. Ohne den Menschen gäbe es keine Gärten, keine Parks, keine Straßen, keine Häuser, keine Tempel. Hier sind klare Unterscheidungen eine Frage wahrhaftigen Verstehens, und dieses ergibt sich nur aus einer übergeordneten Sicht.

Der Märchenheld lebt innerhalb der kosmischen Ordnung. Darum ist er der Verflochtenheit der Natur entwöhnt. Innerhalb der kosmischen Ordnung leben heißt: *Die Märchenhelden sind auch nicht durch eine Bindung an das eigene Ich, an das eigene Innere, festgehalten.* Das ist ein äußerst wichtiger Satz. Der Märchenheld oder die Märchenheldin ist nicht an die eigene Subjektivität gebunden. Subjektivität und Individualität sind Voraussetzung dafür, so haben wir bisher gesehen, daß die reinkarnatorische Kontinuität erreicht wird. Aber dann, wenn diese erreicht ist, muß sie sukzessive wieder aufgegeben werden. Der Märchenheld stellt den Gang dieser Aufgabe dar. Denn wenn er die Krone aufhat – die ja gegen oben offen ist –, dann hat er sein Einssein erreicht. Dieses besteht in der Öffnung nach oben, im Offensein zu allem, in der Allverbundenheit. Das Einssein besteht nicht in einer subjektiven Verfallenheit an sich selbst, sondern umgekehrt: Das Einssein mit sich selber besteht zugleich in einer völligen Offenheit an »all das, was ist«. Die Unverbundenheit gegenüber dem eigenen Innern ist das, was zur allseitigen Beziehungsfähigkeit gehört. Eine solche Aussage ist so ungewohnt, daß man daran irre werden könnte, wenn man all dies nicht richtig einordnen kann. Wovon redet das Märchen? Max Lüthi gibt folgende Antwort: »*Das Märchen fühlt und gibt sich selber als Wesensschau der Wirklichkeit.*«

Besser konnte der literarische Märchenforscher unser Anliegen nicht ausdrücken als durch diese Formulierung. Das Märchen zeigt so andersartige und befremdliche Zusammenhänge, daß sie zugleich faszinieren und nicht ernst genommen werden. Denn wir sind, in allem was wir tun und anstreben, der »Realität« verpflichtet, nicht der Wirklichkeit – wir Menschen als Kollektiv, bei einzelnen mag es anders sein. Einzelne, unsichtbarerweise, von der Masse der Leute nicht erkannt, folgen dem Weg in die Wirklichkeit, und dies seit eh und je.

Wenn das Märchen die Wesensschau der Wirklichkeit gibt, also nicht das Bild des Menschen in seiner Ausgeliefertheit an die Natur, die das chaotische Spielfeld des Kampfes aller gegen alle beinhaltet (jeder frißt jeden), so zeigt das Märchen den Menschen als in die kosmische Ordnung Eingebetteten. In ihr ist er zu Hause, von ihr läßt er sich führen.

Wo wollen wir denn sonst hin mit diesem Menschenbild, das uns seit Menschengedenken fasziniert und das wir nicht ernst nehmen (außer den wenigen Psychologen, die darin eine Fundgrube ihrer Tiefenpsychologie sehen)? Was fangen wir mit der Wesensschau der Wirklichkeit an? Ist es nicht das, was wir hier versuchen, nämlich daß wir den darin verborgenen Homo religiosus auf seinem initiatischen Pfad entdecken; den Menschen in dem, wozu er berufen ist zu sein, in seinem alchemistischen Prozeß der Läuterung nach oben, in seiner hermetischen Transmutation. Damit das bisher Dargelegte noch deutlicher wird, will ich versuchen, alles Wesentliche zusammenzufassen:

Dem Helden und der Heldin im Märchen geschieht alles außerhalb; alles Innere wird nach außen in Bewegung umgesetzt. Das erinnert uns an das Dasein des Kindes – vielleicht meint in diesem Sinne die Bibel, wir sollen wie die Kinder werden. Psychologisch muß aber für den Erwachsenen das Gegenteil postuliert werden: die Befreiung von der Kindheit durch den Weg nach innen. In der Märchenpsychologie aber gehen wir noch eine Stufe weiter voran. Hier wird die Bewegung nach innen bereits wieder verlassen, um einer noch höheren Freiheit willen: Der Märchenheld ist astrologisch in der Achse fünftes-elftes Haus beheimatet. Das fünfte Haus ist die Emotion, die Nach-außen-Bewegung, und die Zielrichtung ist das elfte Haus, die Freiheit von allen subjektiven Bindungen. Wenn alles Innere nach außen bewegt wird, dann ist alles im ersten Quadranten sichtbar. Das ist das Ende der Tiefenpsychologie, das ist ihre Umkehrung. Nun aber müssen wir uns merken: Diese Umkehrung ist nur möglich, wenn der Mensch zuvor den Weg nach innen gegangen ist und sich gefunden hat. Danach aber bewegt sich wiederum alles nach außen. Der Weg nach innen führt zum Einssein mit sich selber. Sobald dies geschehen ist, muß sich dieses Einssein im Bezug zu »all dem, was ist« bewähren. Dann wird alles Tiefe wieder flächenhaft. Auf der initiatischen Ebene der Allverbundenheit wird wieder alles nach außen und in den Körper transponiert. Das ist geradezu das Kennzeichen initiatischer Entwicklung.

Von da aus gesehen gilt es, auch das Kranksein neu zu bedenken. Kranksein ist wirklich ein Weg, der einen zu einem bestimmten Ziele bringt, das man vielleicht sehr lange nicht weiß, durch das der Mensch aber geführt wird. Wir haben gesehen, daß der Weg des Märchenhelden dem der Göttersöhne auf Erden ähnlich ist, und die Göttersöhne werden immer gekreuzigt. Doch diese Kreuzigung zeigt das Märchen nicht mehr; es führt den Leser und Hörer immer nur bis zum wahren Erwachsensein. Dieses ist frei von Tiefenpsychologie, denn es kennt die Rachsucht nicht mehr, welche aus der naturgegebenen kindlichen Verletzung stammt. Dieses wahre Erwachsensein lebt von Anfang an von der Versöhnung. Versöhnt ist nur derjenige, der unverletzbar geworden ist, und unverletzbar ist nur derjenige, der kein *Ich* mehr hat, jedoch eine Individualität im höheren Sinne, ein Selbst. Für diese Versöhntheit ist selbst das Wort Höhenpsychologie, das wir gefunden haben, nicht mehr geeignet, weshalb wir besser einfach vom *wahren Bild des Menschen* sprechen, denn die Psyche spielt hier gar keine Rolle mehr. Die vom Selbst geführte Seele lebt sich ohne Tiefgang, dafür leicht, lichtvoll und heiter.

Hierzu gilt es noch einige Anmerkungen zu machen: Wir haben die Bedingung dafür genannt, daß Allverbundenheit entsteht – sie heißt Isolation. Sie meint nicht eine Verminderung, sie bedeutet keine Einengung der Möglichkeiten. Es werden keine Bezüge abgebrochen, welche der Mensch braucht. Das Wort Isolation ist knappste Formel dafür, welche Befindlichkeit der Mensch dann hat, wenn er die Herde als Echo seiner selbst aus seinem Leben verbannt hat. Isolation ist der Titel dafür, daß der Mensch innerhalb der Bestätigungsmechanismen der Herde kein Stellungsspiel mehr mitmacht, wenn er sich aus aller Macht und Wertverteilung heraushält. Der Isolierte ist asozial, weil aus der Eigenbewegung lebend. Wir können nicht zugleich sozial denken und uns selber verwirklichen wollen.

Wer sich selbst verwirklicht, braucht nicht sozial zu sein. Warum? Weil er durch das Erlangen der wahren Eigenliebe die Quelle für die Liebe zu den anderen Menschen erschlossen hat.

Anders als in der Psychosomatik (das ist die Lehre von der Verdrängung seelischer Konflikte in den Bereich des Körpers: sie müssen dann körperlich statt seelisch erlitten werden) ist also die Verlagerung der Konflikte, die auch im versöhnten Leben entstehen, in den Körperbereich nicht »Verdrängung«, sondern es handelt sich um eine logische Folge dieser Daseinsweise. Da Seelentiefe fehlt, nicht mehr notwendig und auch nicht mehr wünschbar ist, muß alles in den Körper und damit nach außen, in die äußere Welt, in die taktile, berührbare, physikalische Welt getragen werden und dort stattfinden. Aber wir müssen gleichzeitig darauf aufmerksam machen: Der Mensch auf dieser Ebene des Daseins *sieht* und *erlebt* auch, wovon wir nur träumen oder phantasieren können, nämlich die Wesenheiten der unteren und der oberen Bereiche, er ist in der Lage, tatsächlich den Nymphen und Feen, den Meeres- und Waldjungfrauen, den Luft- und Erdgeistern zu begegnen. Diese Daseinsweise gibt es, und wir sind nicht berechtigt, sie in Abrede zu stellen, nur weil *wir* nicht in ihr leben.

Wir haben in der Zusammenfassung von einer Wende gesprochen. Es gibt eine Daseinsweise davor und danach. Davor besteht die Seinsweise der Tiefenpsychologie, des Menschen mit der Seelentiefe, der die Jenseitsfahrt noch nicht angetreten und glücklich durchgeführt hat. Das ist der Mensch, der der eigenen seelischen Tiefe noch verfallen kann. Denn in sie fällt man wie in die Hölle hinunter. Vergessen wir nicht: Das Tierkreiszeichen Krebs, Prinzip der Seelentiefe, ist zugleich die Pforte zur Unterwelt. Der Mensch nach der Wende ist der Mensch der »Höhenpsychologie«, astrologisch der Mensch an der Pforte zum Himmelreich, dem Prinzip Steinbock verpflichtet. Dies ist eine Seinsweise auf einer bestimmten Höhe, aus der man erstaunt herunterschaut auf das Treiben der Menschen und von wo herab man mit Verwunderung feststellt, woran die Menschen so Freude haben, was sie bewegt, was sie anstreben, was sie der Mühe wert finden ... ja wofür sie ihr Leben vergeuden. Aber wir sagten zugleich: Psychologie ist das nicht mehr. Denn die Psyche spielt hier keine Rolle mehr – die Seele hingegen schon, aber im Sinne des »höheren Selbst«.

Diese Seinsweise ist erst möglich nach der Wende. Die Wende nach dem Einssein mit sich selbst, das Dasein des Versöhnten: das beschreiben die Märchen, nichts anderes. Die Märchen beschreiben den Menschen, der *schon eins ist mit sich selbst.* Das ist aber zugleich derjenige, der dieses Einssein mit sich selber jetzt zu wahren, zu tragen, zu be-währen und bewahren hat. Dieser Mensch ist nicht mehr auf sein Inneres bezogen. Er handelt nach außen. *Er besitzt seine Eigenart derart, daß er sie verbrauchen kann.* Subjektives ist Brennmaterial des Lebens. Er lebt so, daß er – astrologisch gesehen – den vierten Quadranten erreicht.

Wir haben gesehen, daß gegenüber diesem Bilde vom Menschen, das heißt vom »wahren Menschen«, die Volkssagen ein Bild entwerfen, das keinerlei Einssein mit sich selber zeigt, das heißt, der ganze Bestand wird nur aus der Übereinstimmung mit der Umwelt gesichert, und ein Einbruch »von oben« zerstört dies alles. Wir müssen damit rechnen, daß es darüber hinaus Mischformen dieser beiden Daseinsweisen gibt.

Damit keine Unklarheit bestehe, wiederholen wir: Auch dann, wenn der Märchenheld oder die -heldin die uns jetzt hinreichend bekannte Polarität von jugendlichem Verzauberten und erwachsenem Entzauberten leben, auch dann gilt: Er ist der Mensch, der von Anfang

Illustration von Otto Ubbelohde zu »Dornröschen«.
Das schlafende und verzauberte Schloß als unvergeßliches Symbol des »kindlichen Verzaubertseins« überhaupt.

an eins ist mit sich selber und der darum in der Versöhntheit lebt. Dies zeigt sich daran, daß er keine Angst hat und daß er sich für nichts rächt. Trotzdem muß er den Weg vom Schweinehirten zum König gehen. Oder: Gerade darum muß er diesen Weg gehen, denn allein so gelingt er auch.

Wir wenden uns jetzt wieder den Betrachtungen Max Lüthis über die Allverbundenheit zu. Ich zitiere eine Passage daraus: »Isolation und potentielle Allverbundenheit sind Korrelate. Nicht trotz ihrer Isoliertheit ist die Märchenfigur kontaktfähig mit allem und jedem, sondern *wegen* ihrer Isolierung. Wäre sie eingebaut in feste Bindungen, wie es Menschen und Dinge der Sage sind, so wäre sie nicht frei für das Eingehen immer gerade *der* Bindungen, welche die jeweilige Situation erfordert. Der Mensch der Sage ist eingebettet in Dorfgemeinschaft und Sippe; er hat feste Lebens- und Denkgewohnheiten, er hat Gefühlsbindungen, von denen er sich niemals losreißt.«

Nun gehört zur Allverbundenheit eine Reihe weiterer Qualitäten, wie die Gabe und das Wunder: *Geschenke, Ratschläge und direktes Eingreifen jenseitiger Gestalten helfen dem Märchenhelden weiter.* Wir wollen diesen Qualitäten im folgenden Abschnitt nachgehen, der den Titel trägt »Der Märchenheld und seine Helfer«. Aus der Allverbundenheit ist die Anwesenheit der Helfer geradezu zu folgern.

Wir haben gesehen, daß Isolation auch Entwurzelung heißt, und Entwurzelung aus der Natur ist die Voraussetzung dafür, daß eine Ordnung höherer Art erlangt werden kann, nämlich die Übereinstimmung mit der kosmischen Ordnung.

Kommen wir noch einmal auf die astrologischen Zusammenhänge zurück. Den vierten Quadranten im Horoskop können wir als Himmel betrachten. Meist nennt man ihn »die Transzendenz« oder »das Jenseits«. Aber was soll man sich darunter vorstellen? Die Funktion aus dem vierten Quadranten ist der *Neptun;* das ist die Auflösung des Vordergrundes, um Hintergrund sichtbar zu machen (W. Döbereiner). Neptun löst in den ersten drei Vierteln des Häusersystems die soziale, die seelische und die geistige Verwurzelung auf. Das Bild des Menschen im Märchen muß aus dieser Perspektive gesehen werden. Nun macht der »himmlische Auflöser Neptun«, dieser »Wächter des Himmels«, die Menschen tatsächlich hilfebedürftig. Denn der Verwurzelte handelt aus den Hilfsfunktionen der realen materiellen und emotionalen Daseinsorientierung, nämlich aus Intellekt und Vernunft und aus der Sicherheit der sozialen Übereinkunft. Anders der Entwurzelte:

Der neptunische Mensch im erlösten Sinne, das ist derjenige, der sich dem Prinzip »Sonne« geweiht hat, braucht auf dieser Welt echte Hilfe. Und er bekommt sie auch: von oben. Denn der Unvernünftige braucht echte Hilfe von oben. Er hat sich ja diesem »Oben« geweiht und somit die Vernunft geopfert. Nicht vollständig, aber Vernunft ist nicht mehr sein oberstes Prinzip.

Wer den Neptun im ersten Quadranten hat oder eine Planetenverbindung entsprechender Art, braucht sich um seine Existenz keine Sorgen zu machen, denn für ihn ist in der Vorsehung schon gesorgt (W. Döbereiner).

Der Märchenheld oder der Mensch, der ihm ähnelt, tauscht sein Ich und damit die Quelle der Angst, gegen die kosmische Verbundenheit aus und wird durch sie geführt.

Wie schon erwähnt, gehören die Gabe und das Wunder zur Allverbundenheit der Märchenhelden. Lüthi greift das Thema »Gabe« auf, indem er sagt: »Da die Märchenfiguren keine eigene Innenwelt haben und also konsequenterweise auch keine eigenen Entschlüsse fassen können, muß das Märchen danach trachten, sie durch äußere Anstöße vorwärts zu bewegen.« Ein Auftrag des Königs (»Der Teufel mit den drei goldenen Haaren«), die Krankheit des königlichen Vaters (»Das Wasser des Lebens«), die materielle Notlage (»Die drei Hunde«) oder die Werbeprobe einer Jungfrau führen den Helden in die Welt hinaus. Aufgaben und Gefahren geben die entscheidenden Möglichkeiten. Geschenke, Ratschläge und direktes Eingreifen jenseitiger wie diesseitiger Gestalten helfen ihm weiter. In der Sage steht der Mensch, der eine arme Seele erlösen und einen Schatz gewinnen will, auf sich selbst allein verwiesen; die Kraft oder die Schwäche seiner Persönlichkeit bedingen den Verlauf und den Ausgang des Unternehmens. Im Märchen – so Max Lüthi – käme der Held ohne die Hilfe vor allem jenseitiger Figuren nicht zum Ziel. Diese Hilfe aber wird ihm in reichem Maße zuteil. Aus dem Nichts heraus treten die Jenseitigen auf ihn zu und reichen ihm ihre Gaben. Und nun folgt ein wichtiger Satz:

Wenn der Märchenheld die Gabe zu ergreifen vermag, während sie dem Unhelden entgeht, so ist dies oft durch nichts anderes begründet als eben dadurch, daß er der Held ist. (Doch muß man hier M. Lüthi ergänzen und hinzufügen: Er ist eben der Held, weil er der Versöhnte ist, während die Unhelden noch voll der Rachsucht sind. Hinzu kommt: Der Versöhnte benötigt keine inneren Motive mehr.) Der Märchenheld braucht nicht moralischer zu sein als seine Brüder oder Gesellen, er braucht nicht einmal immer freundlicher den Jenseitigen zu begegnen, aber er tut im richtigen Moment das Richtige, weil er nicht mehr von seinem subjektiven Bewußtsein ausgeht, sondern aus seiner kosmischen Verbundenheit heraus das Richtige tut. Meist aber ist dadurch auch das Verhalten erheblich freundlicher als bei den Unhelden.

Im Märchen »Das Wasser des Lebens« ist es der jüngste Königssohn, der den Zwerg im Walde richtig behandelt. Denn als mit dem Universum Versöhnter hat er ja den offenen Blick, um die Verhältnisse richtig einzuschätzen. Deshalb weiß er, wenn er durch den Wald reitet, daß er fremdes Hoheitsgebiet durchquert. Der Wald gehört nicht ihm, sondern den Waldgeistern. Die Frage des Zwerges beantwortet er, indem er höflich anhält, vom Pferde steigt und Auskunft gibt, so daß er dann auch von ihm alle Hilfe erhält, welche er für das Auffinden des Lebenswassers benötigt. So sagt der Zwerg zu ihm: »Weil du dich betragen hast, wie sich's geziemt, nicht übermütig wie deine falschen Brüder, so will ich dir Auskunft geben und dir sagen, wie du zu dem Wasser des Lebens gelangst.« Dazu gibt er dem Jüngsten eine eiserne Rute und zwei Laiberchen Brot, welche er zur Bewältigung der Aufgabe braucht.

Es muß ferner bedacht werden: Die Helden treffen die richtigen Helfer. Darum sind sie die »Begabten«, ja die »Begnadeten«. Ich zitiere nach Lüthi: »Es ist als ob der Held in unsichtbarem Kontakt stünde mit den geheimen Kräften und Mächten oder Mechanismen, welche *Welt* und *Schicksal* gestalten. Wie von einem Magnet geführt, geht er, der Isolierte, seinen sicheren Gang und zieht genau die Linie, die der Zusammenhang des Weltganzen von ihm fordert. Also: Ohne es zu wissen, handelt er nach zwingenden Gesetzen. Daher ist die Gabe, welche der

Held empfängt, Trägerin seiner Verbindung mit Jenseitigen und Diesseitigen, ist Ausdruck der Allverbundenheit.«

Bevor wir die Thematik der Hilfe und der Helfer im Märchen vertiefen, möchte ich hier ein Märchen und einige Betrachtungen darüber einfügen, nämlich den »Froschkönig« oder das »Märchen vom unerlösten Helfer«. Wenn wir uns diesem Text zuwenden, so kehren wir für eine Weile in weniger hohe Gefilde der Betrachtung zurück. Märchen gelten auf verschiedenen Ebenen, und sie haben – wie wir entdecken werden – oft auch eine lustige Seite.

Das Märchen vom unerlösten Helfer [1]

Vorbemerkung: Volksmärchen gehören dem Volk; sie sind der Besitz aller. Sie können deshalb mit Recht auf die unterschiedlichste Weise ausgelegt werden. Damit sind sie dem Widerspruch nicht nur ausgeliefert, sondern sie ziehen ihn geradezu an. Mit anderen Worten: Märchen bewegen in uns einen Bereich der Wahrheit, der letztlich nur als Paradoxie angesprochen werden darf. Dies ist keine Abwertung; im Gegenteil. Vielleicht ist die höchste Form der uns zugänglichen Wahrheit die Paradoxie. Oder die höchste Wahrheit kann sich uns gegenüber nur in den Widerspruch kleiden. Alles Reden der Menschen ist immer sowohl wahr als falsch.

1 Nach einem Vortrag des Autors, gehalten am 11. Mai 1985 am Institut des Dipl.-Psych. Thorwald Dethlefsen in München.

In den alten Zeiten, wo das Wünschen noch geholfen hat, lebte ein König, dessen Töchter waren alle schön, aber die jüngste war so schön, daß die Sonne selbst, die doch so vieles gesehen hat, sich verwunderte, sooft sie ihr ins Gesicht schien. Nahe bei dem Schlosse des Königs lag ein großer dunkler Wald, und in dem Wald unter einer alten Linde war ein Brunnen; wenn nun der Tag sehr heiß war, so ging das Königskind hinaus in den Wald und setzte sich an den Rand des kühlen Brunnens; und wenn sie Langeweile hatte, so nahm sie eine goldene Kugel, warf sie in die Höhe und fing sie wieder; und das war ihr liebstes Spielwerk.

Nun trug es sich einmal zu, daß die goldene Kugel der Königstochter nicht in ihr Händchen fiel, das sie in die Höhe gehalten hatte, sondern vorbei auf die Erde schlug und geradezu ins Wasser hineinrollte. Die Königstochter folgte ihr mit den Augen nach, aber die Kugel verschwand, und der Brunnen war tief, so tief, daß man keinen Grund sah. Da fing sie an zu weinen und weinte immer lauter und konnte sich gar nicht trösten. Und wie sie so klagte, rief ihr jemand zu: »Was hast du vor, Königstochter, du schreist ja, daß sich ein Stein erbarmen möchte.« Sie sah sich um, woher die Stimme käme, da erblickte sie einen Frosch, der seinen dicken häßlichen Kopf aus dem Wasser streckte. »Ach, du bist's, alter Wasserpatscher«, sagte sie, »ich weine über meine goldene Kugel, die mir in den Brunnen hinabgefallen ist.« – »Sei still und weine nicht«, antwortete der Frosch, »ich kann wohl Rat schaffen, aber was gibst du mir, wenn ich dein Spielwerk wieder heraufhole?«

»Was du haben willst, lieber Frosch«, sagte sie, »meine Kleider, meine Perlen und Edelsteine, auch noch die goldene Krone, die ich trage.« Der Frosch antwortete: »Deine

Kleider, deine Perlen und Edelsteine und deine goldene Krone, die mag ich nicht: aber wenn du mich liebhaben willst, und ich soll dein Geselle und Spielkamerad sein, an deinem Tischlein neben dir sitzen, von deinem goldenen Tellerlein essen, aus deinem Becherlein trinken, in deinem Bettlein schlafen: wenn du mir das versprichst, so will ich hinuntersteigen und dir die goldene Kugel wieder heraufholen.« – »Ach ja«, sagte sie, »ich verspreche dir alles, was du willst, wenn du mir nur die Kugel wiederbringst.« Sie dachte aber: »Was der einfältige Frosch schwätzt, der sitzt im Wasser bei seinesgleichen und quakt und kann keines Menschen Geselle sein.«

Der Frosch, als er die Zusage erhalten hatte, tauchte seinen Kopf unter und sank hinab, und über ein Weilchen kam er wieder heraufgerudert, hatte die Kugel im Maul und warf sie ins Gras. Die Königstochter war voll Freude, als sie ihr schönes Spielwerk wieder erblickte, hob es auf und sprang damit fort. »Warte, warte«, rief der Frosch, »nimm mich mit, ich kann nicht so laufen wie du.« Aber was half ihm, daß er ihr sein Quak-quak so laut nachschrie, als er konnte! Sie hörte nicht darauf, eilte nach Haus und hatte bald den armen Frosch vergessen, der wieder in seinen Brunnen hinabsteigen mußte.

Am andern Tage, als sie mit dem König und allen Hofleuten sich zur Tafel gesetzt hatte und von ihrem goldenen Tellerlein aß, da kam, plitsch-platsch, plitsch-platsch, etwas die Marmortreppe heraufgekrochen, und als es oben angelangt war, klopfte es an der Tür und rief: »Königstochter, jüngste, mach mir auf.«

Sie lief und wollte sehen, wer draußen wäre, als sie aber aufmachte, so saß der Frosch davor. Da warf sie die Tür hastig zu, setzte sich wieder an den Tisch, und es war ihr ganz angst. Der König sah wohl, daß ihr Herz gewaltig klopfte, und sprach: »Mein Kind, was fürchtest du dich, steht etwa ein Riese vor der Tür und will dich holen?« – »Ach nein«, antwortete sie, »es ist kein Riese, sondern ein garstiger Frosch.« – »Was will der Frosch von dir?« – »Ach, lieber Vater, als ich gestern im Wald bei dem Brunnen saß und spielte, da fiel meine goldene Kugel ins Wasser. Und weil ich so weinte, hat sie der Frosch wieder heraufgeholt, und weil er es durchaus verlangte, so versprach ich ihm, er sollte mein Geselle werden, ich dachte aber nimmermehr, daß er aus seinem Wasser heraus könnte. Nun ist er draußen und will zu mir herein.« Indem klopfte es zum zweitenmal und rief:

»Königstochter, jüngste,
mach mir auf,
weißt du nicht, was gestern
du zu mir gesagt
bei dem kühlen Brunnenwasser?
Königstochter, jüngste,
mach mir auf.«

Da sagte der König: »Was du versprochen hast, das mußt du auch halten; geh nur und mach ihm auf.« Sie ging und öffnete die Tür, da hüpfte der Frosch herein, ihr immer auf dem Fuße nach, bis zu ihrem Stuhl. Da saß er und rief: »Heb mich herauf zu dir.« Sie zauderte, bis es endlich der König befahl. Als der Frosch auf dem Stuhl war, wollte er auf den Tisch, und als er da saß, sprach er: »Nun schieb mir dein goldenes Tellerlein näher, damit wir zusammen essen.« Das tat sie zwar, aber man sah wohl, daß sie's nicht gerne tat. Der Frosch ließ sich's gut schmecken, aber ihr blieb fast jedes Bißlein im Halse. Endlich sprach er: »Ich habe mich satt gegessen und bin müde, nun trag mich in dein Kämmerlein und mach dein seiden Bettlein zurecht, da wollen wir uns schlafen legen.« Die Königstochter fing an zu weinen und fürchtete sich vor dem kalten Frosch, den sie nicht anzurühren getraute und der nun in ihrem schönen reinen Bettlein schlafen sollte. Der König aber ward zornig und sprach: »Wer dir geholfen hat, als du in der Not warst, den sollst du hernach nicht verachten.« Da packte sie ihn mit zwei Fingern, trug ihn hinauf und setzte ihn in eine Ecke. Als sie aber im Bette lag, kam er gekrochen und sprach: »Ich bin müde, ich will schlafen so gut wie du: Heb mich hinauf, oder ich sag's deinem Vater.« Da ward sie erst bitterböse, holte hin herauf und warf ihn aus allen Kräften wider die Wand. »Nun wirst du Ruhe haben, du garstiger Frosch.«

Als er aber herabfiel, war er kein Frosch, sondern ein Königssohn mit schönen freundlichen Augen. Der war nun nach ihres Vaters willen ihr lieber Geselle und Gemahl. Da erzählte er ihr, er wäre von einer bösen Hexe verwünscht worden, und niemand hätte ihn aus dem Brunnen erlösen können als sie allein, und morgen wollten sie zusammen in sein Reich gehen ...

(Nach den »Kinder- und Hausmärchen«
der Gebrüder Grimm, Nr. 1.)

Zum besseren Verständnis des folgenden möchte ich zunächst einige Sätze aus Eric Bernes Hauptwerk »Was sagen Sie, nachdem Sie guten Tag gesagt haben? Psychologie des menschlichen Verhaltens« zitieren:

Bei der Skriptanalyse bezeichnet man die Gewinner als Prinzen beziehungsweise als Prinzessinnen; die Verlierer nennt man »Frösche«. Das Ziel der Skriptanalyse besteht im Prinzip darin, Frösche in Prinzen beziehungsweise in Prinzessinnen zu verwandeln ... Der Patient wehrt sich dagegen, ein Gewinner zu sein, denn er ist nicht deswegen in die Behandlung gekommen, sondern nur, weil er ein tapferer Verlierer werden möchte. – Dies ist ganz natürlich, denn wenn aus ihm ein tapferer Verlierer wird, dann kann er ganz bequem die weitere Durchführung seines Skriptes betreiben; wird aus ihm aber ein Gewinner, dann muß er sein ganzes Skript einfach über Bord werfen und wieder ganz von vorne anfangen. Das aber tun die meisten Menschen nur sehr ungern.

Bevor wir uns, durch diesen Text angeregt, zu eigenen Denkfreiheiten über dieses Thema aufschwingen, kurz ein Wort zum Begriff »Skript«. Eric Berne versteht darunter die Summe der Regieanweisungen, die wir als Kinder von den Eltern und den Elternstellvertretern innerlich aufschreiben, aufgrund derer dann unser Leben abzulaufen hat und wir unsere Rollen spielen. Jeder von uns hat ein »Skriptgirl« in sich, das genau auf die Rollen-An- und Zuweisungen aufpaßt. Gewiß ist, daß dieses Skriptgirl nicht der Produzent ist, nicht der Regisseur des eigenen Lebens. Beachten wir dabei: Die allerwenigsten Menschen werden je zu wahrhaftigen Produzenten ihres eigenen Lebens.

Einc weitere Anmerkung ist zu machen zum Thema Gewinner/Verlierer oder Täter/Verfolgter und Verfolger/Opfer. In diesem Dreieck sieht Eric Berne die Rollenverteilung, welche wir in der zwischenmenschlichen Interaktion beobachten können; es ist das Dreieck: Verfolger-Opfer-Helfer. Die mittlere Position heißt »Helfer«. Der Psychotherapeut als Helfer nimmt diese mittlere Position ein. Nach Eric Berne ist übrigens die Helferposition der Versuch, der Opferrolle zu entfliehen, ohne Gewinner sein zu müssen. Auch das gilt es zu beachten.

Eric Berne spricht das Märchen »Der Froschkönig« an. Ich nehme seine Anregung dankbar auf, indem ich feststelle: *Der Froschkönig ist ein Helfer.* Weil wir Psychotherapeuten Helfer sind, darum sind wir Fröschkönige. Und da das Märchen »Der Froschkönig« ein derart erfolgreiches und weltweit bekanntes Märchen ist, müssen wir annehmen, daß es auch die erfolgreiche Psychologie des Helfers enthält.

Der Psychotherapeut ist also der Froschkönig; er sitzt auf dem Rande seines Brunnens und wartet darauf, daß ein verwöhntes Erdenkind, einer dieser naiven und unwissenden Spieler, welche die Erde bevölkern, als wäre sie ein Paradies, seinen goldenen Spielball in den Brunnen fallen läßt. Denn diese Erdenkinder fallen jedesmal, wenn ihnen dies geschieht, in tiefe Deprimiertheit; sie werden regelrecht seelisch krank.

Nur der mit allen Wassern gewaschene Froschkönig weiß in seiner uralten karmischen Erfahrung, wie es in Wirklichkeit bestellt ist. Seine Stärke beruht darauf, daß er dies weiß. *Er weiß, daß der goldene Spielball nichts anderes ist als die Sonne selbst.* Es handelt sich um das tiefe und großartige Geheimnis des Sonnenlaufes durch die Nacht, die »Nachtmeerfahrt« oder »Walfischdrachenfahrt«, diesen natürlichen Vorgang des Eintauchens des Sonnenlichtes in den dunklen Gegenpol seines unteren Laufes. Der Froschkönig weiß, daß die Sonne nicht immer oben und über der Erdoberfläche sein kann. Für ihn ist der vorübergehende Untergang und Verlust der Sonne ein natürlicher Vorgang, so selbstverständlich, daß man davon kein Aufhebens machen sollte. Nicht so für das naive Erdenkind, genannt Patient. Seine Naivität besteht gerade darin, daß es die Polarität der Welt nicht kennt, daß es nichts weiß vom Gesetz der Polarität und dem Gesetz des Kreislaufs. *Der Froschkönig aber, der Vielerfahrene, weiß, daß die Sonne von selber wieder aufgeht.* Seine jahrtausendalte reinkarnatorische und empirische Forschung auf diesem Gebiete vermittelte ihm darin höchste Gewißheit.

Kommt nun ein Klient zum Psychotherapeuten/Froschkönig mit der Klage, daß ihm sein Lebenslicht abhanden gekommen sei, ja womöglich sogar noch mit der Selbstanklage, daran schuld zu sein, und bittet den Psychotherapeuten/Froschkönig um Hilfe, dieses verlorene Lebenslicht wieder aus den Finsternissen heraufzuholen, so weiß der Psychotherapeut/Froschkönig natürlich, daß da gar keine Tätigkeit in irgendeiner Weise wirklich vonnöten wäre, denn nach dem Gesetz des Kreislaufes steigt die Sonne von selber wieder hoch, man muß nur die Geduld haben, dies abzuwarten.

Selbst wenn bis zum nächsten Sonnenaufgang das jetzige Leben vergeht, was soll's? In der Kette der Inkarnationen regulieren sich Sonnenaufgang und Sonnenuntergang von selber. Mit anderen Worten: Ist man gerade im Dunkeln, so kommt man von selber wieder ins Helle, nach dem Gesetz des Kreislaufs. Man muß nur lange genug warten.

Aber wer kann heute schon warten? Eben, dieses Warten: Dies können die Erdenkinder nicht, denen der Froschkönig begegnet, diese Prinzen und Prinzessinnen. Sie wähnen sich ja im Paradiese, wo anscheinend die Sonne nie untergeht. Sie wissen gar nicht, was sie dieser Irrtum kostet. Nun, weil wir auf Erden selbstverständlich kein Paradies haben, handelt es sich eben bei diesen Verlierern des goldenen Balles nur um vermeintliche Prinzessinnen und Prinzen. Fällt der goldene Ball in den Brunnen, so beginnt der Jammer. Es tut weh, eine falsche Vorstellung loslassen zu müssen. In diesem Augenblick wird klar, wer hier versteht, was gespielt wird. Dies alles macht sich also der Psychotherapeut/Froschkönig zunutze, und er freut sich, wenn er aufs neue mitspielen kann und den naiven Erdenkindern für ihr simples Nichtwissen etwas abnehmen kann; würde denn sonst die weltweite Psychoszene so blühen?

Er reibt sich die Hände, wenn da einer oder eine kommt, der oder die den goldenen Ball verloren hat, denn da unten kennt er sich ja aufs beste aus. Er ist ein hervorragender Taucher. Also holt er dem Klienten den goldenen Ball oder sein Lebenslicht wieder herauf oder »hilft ihm dabei«, wie es in der Fachsprache heißt, oft ganz schnell, oft aber erst nach drei, vier Jahren Psychoanalyse, aber immer um einen im voraus vereinbarten Preis. Ja, er läßt sich bezahlen dafür, daß er die Sonne heraufholt, die ja von selber wieder hochkommen würde. Nun, wir sind uns bewußt, daß dies manchmal nicht gelingt oder nicht in der erhofften Zeit, weil man sich im Rhythmus des Wiederauftauchens der Sonne verschätzt hat.

Wir sind an einem – menschlich gesehen – sehr bedeutsamen Punkt angelangt. Die Geschichte vom Froschkönig/Psychotherapeuten zeigt doch, daß es in der Psychotherapie nicht nur um den Patienten geht. Überhaupt geht es in einem Helferberuf nie nur um das Opfer, dem anscheinend geholfen werden soll, sondern es geht immer auch um den Helfer selber. Ich will dies in aller wünschenswerten Deutlichkeit erklären:

Der Helfer im Gewande des Froschkönigs benützt die Tatsache, daß die Klienten den Lauf der Welt nicht kennen. Das ernährt ihn einmal, aber nicht nur dies, wie wir bald sehen werden. So dient die Psychotherapie dem Psychotherapeuten; das Märchen »Der Froschkönig« ist dafür Beleg.

Vertiefen wir uns weiter in die Geschichte. Sie wissen,

wie die Grimmsche Fassung endet. Und wenn nun Eric Berne sagt, das Geschäft der Psychotherapie bestehe darin, daß »Frösche in Prinzessinnen bzw. in Prinzen verwandelt werden«, so wartet der Psychotherapeut darauf, daß dieses sich endlich an ihm selber ereigne. Sollte dies einzelnen Froschkönigen noch nicht klar sein, so meine ich: Es hat alles seine Zeit.

Wir haben nun das Recht, alles umzudrehen. Wir drehen im folgenden die verdrehte Aussage von Eric Berne wieder um. Wir wollen das wahre Licht auf die Sache werfen. Zweifellos besticht diese Aussage: »Frösche in Prinzessinnen und Prinzen verwandeln«. Es fragt sich nun nur: Wer ist wer?

Bevor wir zum Schluß unserer Geschichte kommen, noch eine Überlegung: In den Märchen gibt es kostenlose Helfer und solche, die entlohnt werden wollen. Die Entlohnung wird vertraglich geregelt. Einen solchen Vertrag nennt man auch einen Pakt. Die Märchen lehren uns, daß die kostenlosen Helfer »erlöste Helfer« sind, daß aber die zu entlohnenden unerlöste Helfer sind. (Wir sind nun am entscheidenden Punkt angelangt.) Das Unerlöstsein zeigt sich im Märchen immer als Verzauberung. Der Froschkönig ist ein verzauberter Helfer; er ist ein verzauberter König. Er *will entzaubert werden.* Er kann dies aber nicht selber erreichen. Er bedarf der Hilfe. Das ist es.

Bevor ihm jedoch geholfen werden kann, muß er Froschkönig sein. Was heißt dies genau? Er muß »König der Unterwelt« sein; er muß sich in den Finsternissen und Schattenreichen auskennen. Aber: In diesen Schattenreichen ist er selbst wie ein Gefangener. Zwar herrscht er darin, aber er kann von selber nicht hinaus.

Wenden wir uns nun dem glücklichen Ende des Märchens zu. Dort können wir folgendes lernen: Jeder, der seinen goldenen Ball in den Brunnen des Froschkönigs fallen läßt, ist sein potentieller Erlöser. Jeder Klient ist also ein möglicher Erlöser des Therapeuten. Darum muß man als Psychotherapeut vorsichtig sein. Es empfiehlt sich, die Klienten nicht als »Frösche« zu bezeichnen. Denn wie will man der Peinlichkeit Herr werden, wenn die Umdrehung offensichtlich wird? Die Umkehrung des Sinnes der Psychotherapie lautet demnach wie folgt:

Aufrechtgehende Erdenkinder lassen hin und wieder ins Reich der Froschkönige »etwas« fallen, was gewichtig genug ist, daß diese daran »anbeißen«. Wir kennen ja jetzt den ominösen Gegenstand. So werden die unglücklich verzauberten Froschkönige ans Land gezogen und dafür, daß sie noch glauben, freche Forderungen stellen zu müssen, an die Wand geworfen. Durch diese überraschende, wenn auch – zugegeben – brutale Handlung werden die Froschkönige aus ihrer Verzauberung erlöst.

Nun stelle ich hier zum letzten Male die Frage, wer ist der Helfer, und wer ist der Hilfebedürftige?

Illustration von Otto Ubbelohde zum »Froschkönig«.
Die Begegnung der Prinzessin mit dem Froschkönig hat in der psychologischen Märchendeutung zu tiefsinnigen Überlegungen über die Beziehung zwischen Frau und Mann Anlaß gegeben, die vielen Menschen Einsicht über die Konfliktlage ihres Partnerverhältnisses ermöglichten. – Unsere Froschkönig-Deutung sieht in diesem Märchen vorrangig eine Symbolik des Sonnenlaufes. Der goldene Ball der Prinzessin ist die Sonne, welche täglich im Westen im großen Wasser untergeht und dort die Nachtmeerfahrt antritt. In den Märchen steht an der Stelle des großen Wassers häufig der Brunnen. Der Mensch identifiziert sich mit der Sonne in ihrer Nachtfahrt, denn dieser Sonnenlauf »unten durch« ist das große Thema der Einweihung, wie wir es zum Beispiel aus der ägyptischen Mythologie kennen (siehe »Das ägyptische Totenbuch« oder »Die ägyptischen Unterweltsbücher«).

Ich will jetzt noch einmal das Dreiermodell hervornehmen, welches in der Psychologie von Eric Berne eine zentrale Rolle spielt, dasjenige von *Verfolger-Opfer-Helfer*. Das ist ohne Zweifel in der bürgerlichen Psychologie ein sehr brauchbares Modell. Nun interessiert diese *mittlere Position des Helfers* heutzutage besonders viele Menschen. Man mag nicht als Knecht oder Magd in der Industrie, im Handel oder im Gastgewerbe arbeiten, also sucht man eine Helferrolle. Durch diese Rolle hoffen manche, der Ausbeutung durch das kapitalistische System der fortschreitenden Produktionsziffern zu enteilen. Ich erwähne auch die scharfe Kritik von W. Döbereiner, die lautet: »Jeder, der sich nicht traut, sich selber zu leben, wird professioneller Helfer, damit er wenigstens an der – wenn auch vielleicht sehr neurotischen – Lebendigkeit der anderen teilhaben und sich davon seelisch ernähren kann.«

Das ist eine starke, wenn auch wirklich bedenkenswerte Kritik, und sie sollte immer wieder von jedem beherzigt werden, der in einem Helferberuf tätig ist. Denn die Gefahr ist sehr groß, die damit verbunden ist, vom Konsum der Geschichten anderer zu leben. Ich möchte an dieser Stelle auf die Bücher von W. Schmidbauer (»Die hilflosen Helfer«) und A. Guggenbühl (»Die Macht als Gefahr beim Helfer«) hinweisen. Schmidbauer spricht vom »Helfer-Syndrom«, womit eine Ersatzhandlung anstelle der Realisation des eigenen Lebens bezeichnet wird. »Die hilflosen Helfer« aber sind jene, die ein *Bewußtsein ihrer eigenen Hilfsbedürftigkeit vermeiden wollen*. Wenn der berufsmäßige Helfer um seine eigene Hilfsbedürftigkeit weiß und ihm darum jeder Klient gewissermaßen den Spiegel seiner eigenen Problematik vorhalten darf, dann ist er kein hilfloser Helfer. Zum Helfer-Syndrom gehört der Zwang zu helfen, es fehlt die Freiheit dazu. Freiheit besteht nur dann, wenn man ebensogut auch nicht helfen kann, und dann, wenn die Hilfe dem Hilfesuchenden angemessen ist und wenn sie von ihm gewünscht wird.

Es gibt nur eines, was »hilflos« macht, und das ist Macht. Der hilflose Helfer ist derjenige, der sich durch das Helfen in eine Machtposition hebt. Aus dieser Position ist aber in sehr vielen Fällen Hilfe gar nicht möglich, woraus dann die Hilflosigkeit resultiert. Ferner gerät der Helfer in Hilflosigkeit, weil er seine eigene Problematik nicht genügend kennt und dadurch sein eigenes Ungelöstes und Unerlöstes im Klienten sieht, aber eben nicht als Spiegel, was ihn mitempfindend stimmen müßte, sondern als Projektion, die er dann bekämpft.

Der Jungsche Psychotherapeut A. Guggenbühl schreibt von der Polarität der archetypischen Einheit. Einer dieser Archetypen heißt »Kranker-Arzt«. Somit gibt es nicht das Bild des Arztes, das Urbild Arzt, auch nicht das Urbild Kranker; es gibt die beiden Gegensätze immer nur vereint. Ein solcher zweipoliger Archetypus darf nicht gewaltsam, eben durch Macht, in die beiden Gegensätze gespalten werden. Wo dies geschieht, wie zum Beispiel in der heutigen Medizin, erzeugt diese Trennung auf der einen Seite den unwissenden, dummen, hilflosen Patienten und auf der anderen Seite den alleswissenden, omnipotenten Arzt. Diese Spaltung erzeugt Macht und darum den Kampf beider Seiten gegeneinander. Und in dieser Spaltung behauptet der Heiler seine Monopolposition. Machtkampf aber weckt im Kranken nicht den »eigenen Heiler«. Nur wenn der Arzt um sein eigenes Kranksein weiß und damit in seinem Bewußtsein volleingedenk umgeht, kann er im Kranken den eigenen Heiler wachrufen. Ein anderes, plausibles Beispiel: Nur wenn der

Vater auch Sohn sein kann, weckt er im Sohn das Väterliche. Oder: Nur wenn der Lehrer auch Schüler sein kann, gibt er dem Lehrer im Schüler Spielraum. – Dies sind einige Gedanken zum Helferproblem. Sie mögen als Anregung zu eigenem Nachdenken aufgenommen werden.

Ich will jetzt die Heillosigkeit des Helfersyndroms in einer Krankengeschichte aufzeigen, die von Eric Berne veröffentlicht wurde. Gleichzeitig gibt uns diese Darlegung Gelegenheit, ein anderes Beispiel der Eric Berneschen Märcheninterpretation kennenzulernen.

Rotkäppchen

Es war einmal ein entzückendes kleines Mädchen namens Rotkäppchen. Seine Mutter schickte es eines Tages durch den finsteren Wald, um der Großmutter ein Körbchen mit Essen zu bringen. Unterwegs begegnete es dem Wolf, in dessen Augen es ein willkommener Leckerbissen war. Er forderte Rotkäppchen auf, keine Angst zu haben, ihm Vertrauen zu schenken, den Weg zur Großmutter aufzuschieben, weiter Blumen zu pflücken und dabei nicht so ein ernstes Gesicht zu machen. Während das Rotkäppchen nun seine Zeit mit dem Blumenpflücken vertrödelte, ging der Wolf schnurstracks zur Großmutter hin und fraß die alte Dame auf. Als das Rotkäppchen dann später eintraf, tat der Wolf so, als sei er die Großmutter, und er bat Rotkäppchen, zu ihm ins Bett zu kommen. Rotkäppchen ging darauf ein, obwohl es viele seltsame Dinge an seiner äußeren Erscheinung bemerkte, die in ihm ernsthafte Zweifel wachriefen, ob es sich hier auch wirklich um die Großmutter handelte. Zunächst versuchte der Wolf, das Rotkäppchen zu beruhigen, dann aber fraß er es auf. Plötzlich eilte ein Jäger herbei und rettete das Rotkäppchen, indem er dem Wolf den Bauch aufschnitt und dabei auch noch die Großmutter wieder lebendig herausholte. Rotkäppchen half dem Jäger, den Bauch des Wolfes mit Steinen zu füllen. In einigen Versionen des Märchens ruft das Rotkäppchen um Hilfe, der Jäger eilt herbei, erschlägt den Wolf mit der Axt und rettet das Mädchen in letzter Sekunde, bevor es der böse Wolf verschlingen kann.

Hier haben wir es mit einer Verführungsszene zu tun; sie spielt sich zwischen einem jungen Mädchen ab, das gern Blumen pflückt, sowie einem listigen animalischen Wesen, das das Mädchen in Bedrängnis bringt und es verrät. Das animalische Wesen verschlingt gerne kleine Kinder, aber am Schluß hat es schließlich statt der Kinder Steine im Bauch. Rotkäppchen wird auf einen nützlichen Botengang geschickt; unterwegs wird es von einem Wolf in Bedrängnis gebracht, und schließlich geht es ein vertrautes Verhältnis mit dem Manne ein, der es rettet.

Für jemanden, der nachdenkt, ergeben sich aus dieser Geschichte einige Fragen. Er nimmt die ganze Geschichte, einschließlich des sprechenden Wolfes, für bare Münze, obwohl er selbst niemals einem solchen Wolf begegnet ist. Aber angesichts dessen, was geschieht, fragt er sich verwundert, was diese Geschichte überhaupt bedeuten soll und welche Menschen mit ihr konfrontiert sind. Es folgen nun die Gedanken, die er sich darüber macht.

Was ist das nur für eine Mutter, die ihre kleine Tochter in einen finsteren Wald schickt, in dem es sogar noch Wölfe gibt? Warum hat denn die Mutter diesen Gang nicht selber erledigt – oder warum hat sie nicht wenigstens ihre kleine Tochter begleitet? Wenn die Großmutter wirklich so hilflos war, warum hat sie dann überhaupt zugelassen, daß diese ganz allein weit weg in einer einsamen Hütte wohnt? Wenn aber das Rotkäppchen schon allein gehen mußte, warum hat dann die Mutter ihre Tochter nicht wenigstens vor dem

Wolf gewarnt, und warum hat sie ihr nicht gesagt, daß sie nicht stehenbleiben und mit ihm reden soll?

Aus dieser Geschichte geht klar hervor, daß man das Rotkäppchen niemals darauf aufmerksam gemacht hatte; keine Mutter könnte in Wirklichkeit so töricht sein. Man kann sich also hier kaum des Gefühls erwehren, daß es der Mutter ziemlich egal war, was Rotkäppchen unterwegs zustieß, wenn sie nicht sogar darauf aus war, das Kind auf diese Weise unauffällig loszuwerden. Wie konnte Rotkäppchen nur die Augen, die Ohren, die Pfoten und die Zähne des Wolfs betrachten und dabei immer noch glauben, es handle sich um die Großmutter? Warum lief es nicht so rasch wie möglich wieder aus der Hütte heraus? Außerdem würde jedes halbwegs vernünftige Mädchen, nachdem es mit dem Wolf gesprochen hat, sicherlich nicht noch eine Pause eingelegt haben, um Blumen zu pflücken, sondern es hätte sich doch wohl gesagt: »Dieser Schweinehund wird bestimmt meine Großmutter fressen, wenn ich nicht schnellstens Hilfe hole.«

Selbst die Großmutter und der Jäger sind keineswegs über jeden Verdacht erhaben. Behandeln wir die »Dramatis personae« dieser Geschichte als wirkliche Lebewesen, von denen jedes einzelne sein ganz bestimmtes Skript hat, so können wir erkennen, wie gut ihre Persönlichkeiten zueinander passen.

1. Die Mutter versucht ganz offensichtlich, ihre Tochter durch einen »Unfall« loszuwerden; zumindest will sie jedoch am Schluß die Möglichkeit haben, sagen zu können: »Ist das nicht schrecklich? Heutzutage kann man nicht einmal mehr durch einen Park gehen, ohne daß irgendein Wolf ...« usw.

2. Der Wolf begnügt sich nicht damit, Kaninchen oder ähnliche Tiere zu fressen, er übernimmt sich ganz offensichtlich; er muß wissen, daß es auf diese Weise mit ihm

ein schlimmes Ende nehmen wird, also legt er es ganz bewußt darauf an, sich in Schwierigkeiten zu bringen. Offensichtlich hat er in seiner Jugend Nietzsche oder einen ähnlichen Schriftsteller dieser Art gelesen (wenn er sprechen und sich eine Haube umbinden kann, warum sollte er dann nicht auch lesen können?). Sein Motto lautet vermutlich »Lebe gefährlich – und stirb glorreich« oder ähnlich.

3. Die Großmutter lebt ganz allein, und sie läßt ihre Tür unverschlossen; also hofft sie vermutlich, es werde irgend etwas Interessantes geschehen, etwas, das nicht passieren würde, wenn sie bei ihren Angehörigen lebte. Vielleicht ist das auch der Grund, daß sie nicht zu ihnen gezogen ist oder zumindest in ihrer unmittelbaren Nähe wohnt. Offenbar war sie noch jung genug, um auf ein Abenteuer hoffen zu können – schließlich war ihre Enkelin, das Rotkäppchen, ja noch ein ganz kleines Mädchen.

4. Bei dem Jäger handelt es sich ganz offensichtlich um einen Rettertyp, der sich bei der Bearbeitung seiner besiegten Gegner gern von reizenden Mädchen helfen läßt. Hier handelt es sich ganz klar um das Skript eines heranwachsenden Jugendlichen.

5. Rotkäppchen erzählt dem Wolf ausdrücklich, wo er es wieder antreffen kann, ja es geht sogar mit ihm ins Bett. Ganz offensichtlich spielt es hier das Spiel »Hilfe, Vergewaltigung«, und es ist am Schluß durchaus glücklich und zufrieden mit dem Ablauf der ganzen Geschichte.

Der wahre Kern dieser Geschichte besteht darin, daß in ihr alle Mitwirkenden darauf erpicht sind, daß irgend etwas geschieht. Nimmt man den Nutzeffekt am Schluß für bare Münze, dann handelt es sich hier um ein Komplott, bei dem man den armen Wolf dadurch in eine Falle locken wollte, daß man ihm den Glauben suggerierte, er könne alle anderen überlisten. Rotkäppchen fiel dabei die Rolle des Lockvogels zu. In diesem Fall besteht die Moral dieser Geschichte nicht darin, unschuldige kleine Mädchen sollten finstere Wälder meiden, in denen böse Wölfe herumlaufen, sondern sie lautet etwa: Wölfe sollten sich vor unschuldig dreinschauenden kleinen Mädchen und ihren Großmüttern hüten – kurzum, ein Wolf sollte nicht allein durch einen finsteren Wald gehen. Außerdem bleibt zu fragen, was denn die Mutter tat, nachdem sie ihr Rotkäppchen tagsüber losgeworden war.

Manchen Menschen mögen diese Bemerkungen zynisch oder scherzhaft erscheinen; wir wollen uns daher ein Rotkäppchen im wirklichen Leben einmal näher ansehen. Die kritische und zugleich entscheidende Frage lautet dabei: »Was wurde später aus Rotkäppchen, angesichts einer solchen Mutter und nach einem derartigen Erlebnis?«

Ein »Rotkäppchen-Skript«

In der psychoanalytischen Literatur widmet man vor allem der symbolischen Bedeutung der Steine, die der Jäger mit Rotkäppchen in den Bauch des Wolfes beförderte, große Aufmerksamkeit. Für den Transaktions-Analytiker (und Skript-Analytiker) fällt die größte Bedeutung jedoch den einzelnen Transaktionen zu, die zwischen den beteiligten Personen vollzogen werden.

Carrie kam im Alter von dreißig Jahren zur psychoanalytischen Behandlung. Sie klagte über Kopfschmerzen und Depressionen. Auch wußte sie nicht recht, was sie tun sollte, da sie keinen passenden Freund finden konnte. Wie alle »Rotkäppchen« in Dr. X' Praxis, trug auch Carrie eine rote Jacke. Sie versuchte auch stets, sich auf indiskrete Weise in irgendeiner Form nützlich zu machen. Eines Tages kam sie in die Praxis und sagte: »In der Straße unten, gar nicht weit von Ihrer Praxis entfernt, liegt ein kranker Hund. Wollen Sie nicht den Tierschutzverein anrufen?«

»Warum rufen Sie denn nicht selbst den Tierschutzverein an?« fragte Dr. X. Darauf antwortete sie: »Wer, ich?«

Sie selbst rettete niemals jemanden, aber sie wußte stets, wo Retter zu finden waren, typisch für ein »Rotkäppchen«. Dr. X fragte Carrie dann, ob sie jemals in einem Büro gearbeitet hatte, wo jemand alles Nötige für eine Kaffeepause außerhalb des Büros holen mußte. Sie bejahte diese Frage.

»Wer ging denn hinaus, um diese Dinge zu besorgen?«

»Ich natürlich«, antwortete sie.

Der skriptgerechte Teil ihrer Geschichte war folgender: Zwischen ihrem sechsten und ihrem zehnten Lebensjahr schickte ihre Mutter sie in das Haus ihrer Großeltern (mütterlicherseits), damit sie ein paar Besorgungen machen und spielen konnte. Wenn sie dort hinkam, geschah es häufig, daß die Großmutter gerade außer Haus war. Carrie spielte dann mit dem Großvater, wobei der ihr meistens unter den Rock griff und sie betastete. Aber sie erzählte ihrer Mutter nichts davon, denn sie wußte, daß diese dann auf sie böse sein und sie als eine Lügnerin bezeichnen würde.

Später begegnete Carrie häufig Männern und »Jungen«, viele von ihnen verabredeten sich mit ihr, aber nach zwei oder drei Rendezvous brach sie stets die Beziehung zu ihnen ab. Jedesmal, wenn sie Dr. X von einem erneuten abrupten Ende einer solchen Bekanntschaft berichtete, fragte er, warum das so gekommen sei, und sie antwortete dann stets: »Ha, ha. Weil dieser Kerl ein ganz junger Wolf (Schürzenjäger) ist.« So verbrachte sie viele Jahre ihres Lebens damit, durch die »Wälder« des Finanzamtes zu trotten, den Leuten Brötchen und andere Dinge für die Kaffeepause zu besorgen und ständig »junge Wölfe« abzuwehren – ein recht langweiliges und geradezu deprimierendes Leben. Das aufregendste Erlebnis in ihrem ganzen bisherigen Leben war tatsächlich die Affäre mit dem Großvater gewesen. Es hatte nun den Anschein, daß sie den Rest ihres Lebens damit zubringen würde, auf die Wiederholung eines solchen Erlebnisses zu warten.

Auf diese Weise erfahren wir auch, wie Rotkäppchen sein Leben verbrachte, nachdem die Geschichte im Märchen zu Ende war. Die Begegnung mit dem Wolf war das bei weitem Interessanteste, was ihm jemals zugestoßen war. Als das Rotkäppchen heranwuchs, verbrachte es seine Zeit, durch die Wälder dahinzuschlendern und anderen Menschen Plätzchen usw. zu bringen, und dabei lebte es stets in der Hoffnung, erneut einem Wolf zu begegnen. Aber alles, was auf Rotkäppchen zukam, waren Wolfsjunge, die es verächtlich beiseite stieß.

Carries Geschichte läßt uns auch erkennen, wer der Wolf in Wirklichkeit war und warum das Rotkäppchen den Mut hatte, mit ihm ins Bett zu gehen – es handelte sich um ihren eigenen Großvater.

Folgende charakteristische Merkmale ergeben sich für ein »Rotkäppchen« im wirklichen Leben:

1. Die Mutter schickte das Rotkäppchen los, um Besorgungen zu machen.

2. Rotkäppchen wurde von seinem Großvater verführt, aber seiner Mutter sagte es nichts davon. Hätte es das getan, wäre es von seiner Mutter als Lügnerin bezeichnet worden. Manchmal tat Rotkäppchen so, als wüßte es gar nicht, was da vor sich geht.

3. Rotkäppchen rettet meist nicht selbst irgendwelche Leute, sondern es macht ihm Freude, Rettung zu »arrangieren«, und es hält ständig Ausschau nach derartigen Möglichkeiten.

4. Während Rotkäppchen heranwächst, ist es stets dazu ausersehen, Botengänge für andere Menschen zu erledigen.

5. Es wartet stets darauf, daß es etwas wirklich Aufre-

gendes erlebt. Inzwischen fühlt es sich gelangweilt, denn es begegnet heutzutage nur Jungwölfen, die es verachtet.

6. Es macht Rotkäppchen Freude, die Bäuche von Wölfen mit Steinen zu füllen bzw. mit dem, was dafür im Alltag als Äquivalent gelten kann.

7. Es ist noch nicht klar, ob der männliche Psychiater dazu bestimmt ist, Rotkäppchen zu retten, oder ob es sich bei ihm nur um einen netten, sexlosen Opa handelt, bei dem sich das Rotkäppchen wohl fühlt und mit dem es sich zufriedengibt, weil es das wirklich gesuchte Erlebnis nicht haben kann.

8. Die Patientin lacht und ist damit einverstanden, wenn der Psychotherapeut ihr sagt, sie erinnere ihn an Rotkäppchen.

9. Seltsamerweise besitzt eine solche Patientin fast immer eine rote Jacke, und sie trägt sie auch, wenn sie in die Praxis kommt.

Es muß festgehalten werden, daß die Skripts von Rotkäppchens Mutter, von Rotkäppchens Großvater und Großmutter mütterlicherseits einander nahtlos ergänzen (das heißt Komplementärcharakter haben) müssen, wenn solche Vorfälle im sexuellen Bereich mehr als nur einmal vorkommen. Auch das »Happy-End« im Märchen erscheint suspekt, und es kommt im wirklichen Leben nicht vor. Märchen werden in der Regel von wohlmeinenden Eltern vorgetragen, und beim »Happy-End« handelt es sich um das Eingreifen eines wohlwollenden, wenn auch trügerischen Eltern-Ich-Zustands; Geschichten, die von Kindern selbst erfunden werden, sind in der Regel realistischer, und sie schließen nicht zwangsläufig mit einem »Happy-End« ab, im Gegenteil, sie sind in Wirklichkeit bemerkenswert grausam. *(Zitiert aus Eric Berne: »Was sagen Sie, nachdem Sie guten Tag gesagt haben?«, Seite 50–54.)*

Mit diesen Bemerkungen am Ende seiner Darlegung zeigt Berne natürlich, daß er die Höhe unserer Betrachtungsweise nicht kennt oder berücksichtigen kann. Wir beendigen nun das Thema des Helfer-Syndroms oder der »defizienten Form« des Helfens. *Wir haben damit hinreichend auf die neurotische Seite des Helfens hingewiesen.* Wir haben zu diesem Zwecke die Märchen »Der Froschkönig« und »Rotkäppchen« benützt. Über beide ließen sich mancherlei andere Standpunkte und daher auch Deutungsmöglichkeiten aufweisen.

Märchen haben einen derart »hohen« Wahrheitsgehalt, daß sie auf die verschiedenste Weise betrachtet werden können. Sie sind gewissermaßen Projektionsflächen für die unterschiedlichsten Blickwinkel, sie bilden ein Echo, woher man auch ruft.

Nun gilt selbstverständlich, daß für die psychotherapeutische Brauchbarkeit, sei es in der Diagnose oder in der Therapie selber, unser hoher Standpunkt, den wir bisher eingenommen haben, eher verlassen werden muß. Denn in der Therapie kommt es ja darauf an, in der Spiegelung des Problems eines Klienten so präzise wie möglich zu sein und durch das Vorhalten eines akzeptablen Spiegels »den Punkt des Konfliktes ganz genau zu treffen«.

Wir wollen jetzt einmal versuchen, die unserem Zwecke dienende Verbindung obiger beider Märchen mit dem Helferthema herzustellen:

In unseren beiden Märchen geht es immer um das Heiraten. Beim »Froschkönig« gelingt dies, beim »Rotkäppchen« jedoch nicht. Darum ist es so legitim – wie unser psychologisches Diagnosebeispiel zeigte –, die konflikthafte Sexualthematik, die darin sich abspielt, aufzuzeigen. Denn die Sexualität hat ja mit der Integration des anderen Teiles von uns selbst zu tun. Sie gehört also gewissermaßen auch zu dem großen Thema der Jenseitsfahrt, welche dem Erlangen der Ganzheit dient. Und wir sahen am Ende unserer Betrachtungen über unser Ausgangsmärchen »Der Teufel mit den drei goldenen Haaren«, wie die Jenseitsfahrt mit der Verheiratung zu tun hat. Offensichtlich können der »wahre Helfer« und der »Bräutigam« nicht getrennt werden. Diese gehören zusammen.

Entsprechend gilt es, das Von-dem-Wolf-Verschlungenwerden und Aus-diesem-wieder-Errettetwerden als eine Variante der »Nachtmeerfahrt« oder des »Walfischdrachenmythos« zu begreifen. Und dieses Errettetwerden beschäftigt die Menschen seit Menschengedenken; es kann auf die verschiedensten Konfliktsituationen angewendet werden. Immer ist dabei leitender Gedanke: Das Feuerprinzip muß (soll) das Wasserprinzip überwinden. Beide sind miteinander zu verheiraten, wie wir im ersten und im zweiten Teil dieses Buches ausführlich beschrieben haben. Der Untergang des Feuerballs der Sonne im Meer und sein erneuter Aufstieg am Morgen aus dem Meer ist und bleibt das Urmodell. Und dabei ist es Bestimmung und Aufgabe des Feuerprinzips, das Wasserprinzip auf eine höhere Ebene zu bringen. Wir haben hier etwas Allgemeingültiges zu begreifen. Die Sonne bringt das Wasser auf der Erde in einen Kreislauf. Wasser wird aus dem Meer zur Luftfeuchtigkeit heraufgeholt, wird später zum Regen, dient dem Wachstum, fließt zurück zum Meer. Das Feuer ist das Prinzip, das Wäßrige in den fruchtbaren Kreislauf zu bringen, so wie es das männliche Prinzip ist, das Weibliche in den Lebenskreislauf des Empfangens und Gebärens zu leiten. Im Menschen kann diese Verbindung zu einem Konfliktbereich werden. Und zwar aus den Gründen, die wir bei der Besprechung des Drachentötermotivs aufgezeigt haben.

Ich möchte zur Illustration »psychologischer Relevanz« noch ein anderes Beispiel zitieren, das nicht aus der Fachliteratur stammt und darum leicht zugänglich ist. Unter dem Titel »Der Froschkönig oder die Überwindung des infantilen Narzißmus« schreibt Iring Fetscher in seinem Buch »Wer hat Dornröschen wachgeküßt?« (Seite 134 ff):

> Das Märchen erzählt von einer Königstochter, »die so schön war, daß die Sonne selber ... sich verwunderte, sooft sie ihr ins Gesicht schien«. Diese Königstochter pflegte, so heißt es weiter, an einem Brunnen im dunklen Walde, unweit des väterlichen Schlosses, stundenlang ganz allein mit dem goldenen Ball zu spielen. Wenn man bedenkt, daß die junge Dame – wie der Fortgang des Märchens deutlich macht – in heiratsfähigem Alter war, nimmt solch einsames Spiel zumindest wunder. Man kann sich nicht recht vorstellen, daß ein siebzehn- oder achtzehnjähriges Mädchen sich ausschließlich mit einsamem Ballspiel (obendrein mit einem außerordentlich unhandlichen goldenen Ball) die Langeweile vertreibt. Jeder, der auch nur etwas von moderner Psychologie gehört hat, wird daher auf die Diagnose extremer autistischer Narzißmus kommen, und auch die Vermutung, daß es sich bei den »einsamen Spielen der Königstochter« um erotische gehandelt hat, läßt sich kaum von der Hand weisen. Wie im Traum, so sind auch im Märchen Aussagen oft verschlüsselt, und obendrein dürfte das ... Grimmsche Verharmlosungsprinzip ein übriges getan haben, um die Spuren zu verwischen. Kurz: »goldener Ball« ist ein Schlüsselwort, das der Dechiffrierung bedarf.
>
> Die plausibelste Erklärung, die mir bisher begegnet ist, stammt von einem Kenner der hessischen Mundart und der sexuellen Verhaltensweisen des älteren deutschen Hochadels und wird hier – als zumindest denkmögliche

Hypothese – referiert. Der »goldene Ball« wäre – nach dieser Hypothese – in Wahrheit ein »goldiger Phallus« gewesen, was das Mädchen selbst oder der hessische Märchenerzähler, die beide des Griechischen unkundig waren, notwendig wie »goldischer Ballus« ausgesprochen haben müssen. »Goldisch« meint in diesem Zusammenhang natürlich keineswegs das Material, sondern drückt nur die affektive Beziehung der Prinzessin zu ihrem erotischen Spielzeug aus. Wie es aber oft mit mündlich tradierten Geschichten zu geschehen pflegt, wäre auch hier der Ursprungssinn allmählich verlorengegangen (oder auch der zuhörenden Kinder wegen bewußt versteckt worden).

Die dramatischen Begebenheiten, die zur Überwindung der nazißtisch-limitieren Triebentwicklung unserer Königstochter führen, beginnen mit dem Verlust des »goldenen Balles«, der beim Spielen in den Brunnen fällt. Dieser Verlust könnte übrigens auf eine unbewußte Selbstbestrafungsabsicht des jungen Mädchens zurückgehen, das die Sexualtabus seiner Gouvernanten als Über-Ich-Forderung verinnerlicht und sich seiner heimlichen Spiele wegen schuldig gefühlt hätte. Diese Erklärung steht zwar im Widerspruch zu der in der Folge als manifest liberal sich erweisenden Sexualerziehung von seiten des königlichen Vaters; es könnte aber sehr wohl sein, daß die Königstochter, im erzieherischen Alltag sehr viel stärker der Einwirkung von Gouvernanten und anderem Personal ausgesetzt, deren repressive Sexualmoral verinnerlicht hätte, was nicht nur die Selbstbestrafungsabsicht, sondern auch die im Märchen immer wieder anschaulich geschilderte Berührungsangst gegenüber dem »nackten und nassen Frosch« erklären würde, die einem analogen seelischen Mechanismus sich verdankt.

Die Wende im Triebschicksal der Königstochter wird dadurch eingeleitet, daß sie zur Wiedergewinnung des »golde-

nen Balles«, und damit ihrer Lust, fremder Hilfe bedarf. (Kursive von uns.) Zum ersten Male wird ihr Autismus wenigstens punktuell durchbrochen. Ein in ihren Augen seiner einfachen und unvollständigen Bekleidung wegen als »nackt« erscheinender »Jüngling aus dem Volk«, den sie verächtlich als »Frosch« bezeichnet, holt das unentbehrliche Spielzeug aus dem Brunnen herauf. Als Belohnung für seine Hilfe begehrt er höchst eindeutig, »Geselle und Spielkamerad« der Königstochter zu werden. In ihrem narzißtisch übersteigerten Standesdünkel hält die Königstochter einen solchen Wunsch für völlig unrealisierbar und verspricht deshalb leichten Herzens, ihn zu erfüllen, fest davon überzeugt, daß der junge Mann doch immer »im Wasser bei seinesgleichen sitzen und quaken werde«. Mit anderen Worten: In ihren Augen war die Standesschranke ein ausreichender Schutzwall, um sie von der Erfüllung dieses zum Dank gegebenen Versprechens zu dispensieren.

Es kommt aber ganz anders, und zwar einzig und allein deshalb, weil der auf dem Gebiete der Sexualerziehung liberalen Prinzipien zuneigende königliche Vater die Tochter zur Einhaltung ihres Versprechens zwingt. Mit Hilfe eines formal autoritären Befehls versucht der König die sexuelle Verhaltensstörung der Tochter zu überwinden. Er setzt sich bei dieser Gelegenheit über die gewiß auch bei ihm vorhandenen sozialen Vorurteile hinweg, weil er die einmalige Chance sieht, seine Tochter aus ihrer autistisch-narzißtischen Befangenheit zu heterosexueller Intersubjektivität zu befreien. Die Berührungsangst des Mädchens wird im Märchen anschaulich geschildert: »Die Königstochter fing an zu weinen und fürchtete sich vor dem kalten Frosch, den sie nicht anzurühren getraute und der nun in ihrem schönen Bettlein schlafen sollte.« Der König aber, der offenbar sowohl den Charakter des zurückgebrachten töchterlichen Spielzeugs als auch das unbewußte Motiv der Berührungsangst der Prinzessin kennt, insistiert darauf, daß sie ihr Versprechen einhält: »Wer dir geholfen hat, als du in der Not warst, den sollst du hernach nicht verachten«, schärft er ihr ein.

Schließlich nimmt die Königstochter den »nassen und kalten Gesellen« mit auf ihr Zimmer, aber auch dort muß der »Frosch« noch einmal mit einer Beschwerde beim König drohen, ehe sie sich endlich dazu herbeiläßt, ihn anzufassen und zu sich ins Bett zu nehmen. An dieser Stelle ist der Märchentext wiederum verschlüsselt oder verfälscht. Es heißt, die Königstochter habe den Frosch mit aller Gewalt wider die Wand geworfen, und daraufhin habe er sich schlagartig in einen »Königssohn mit freundlichen Augen« verwandelt. Diese Ver- und Entzauberung muß und kann gedeutet werden. In dem Augenblick, da sich das junge Mädchen überwand und den jungen Mann berührte, muß es eine Erfahrung gemacht haben, die ihm die Welt und sein Gegenüber auf einmal in einem anderen Lichte erscheinen ließ. Aus dem garstigen nassen Gesellen wurde ein geliebter und mit liebenden Augen gesehener Partner. In der Formel »Wider-die-Wand-Werfen« ist die Anstrengung ausgedrückt, die es die Prinzessin kostete, ihre (gleichwohl ambivalente) Aversion gegen den »Frosch« zu überwinden. Die Verwandlung schildert in Märchensprache, was Tag für Tag mit jungen Menschen geschieht, die sich ineinander verlieben. Die Tatsache, daß in diesem Prozeß des Sichverliebens der Umschlag aus Abneigung und Haß in Liebe wie auf einen Punkt zusammengedrängt erscheint, erklärt sich daraus, daß die Prinzessin im Grunde schon seit ihrer ersten Begegnung zugleich eine ungemein starke erotische Anziehung verspürt hatte, die sie um so heftiger verdrängte, bis – unter Mithilfe des väterlichen Befehls – eine Lage entstand, in der schließlich die heterosexuelle Anziehung über die anerzogenen Sexualtabus und die verfestigte narzißtische Haltung den Sieg davontrug.

In dieser »Froschkönig«-Interpretation hat die psychoanalytische Stellungnahme und Deutung sowie die sozialkritisch-politische den Vorrang. Es wird in der Folge vom »progressiven politischen Gehalt dieses Märchens« gesprochen, in welchem es um die natürliche Ebenbürtigkeit aller Menschen als Liebende gehe und um die Aufhebung des politischen Unterschiedes zwischen »Fröschen« und »Prinzessinnen«. Hierzu kann gesagt werden: Obgleich die Idee, es handle sich bei der Prinzessin um eine Jungfrau, die gegen ihre Abwehr zur Frau gemacht werden muß, nicht falsch ist, verpaßt die Interpretation den Sinn des Märchens an dem Punkte völlig, wo es darum geht, es in den Dienst der Gesellschaftskritik zu stellen. *Auffällig ist auch hier die heute übliche Tendenz, die Psychologie als die Wissenschaft gelten zu lassen, die alles erklärt.* Wir haben in unseren bisherigen Betrachtungen hinreichend aufgezeigt, daß das Menschenbild im Märchen – vor allem in den Zauber- und Königsmärchen – die Psychologie übersteigt.

Es muß an dieser Stelle daran erinnert werden, daß wir diese Auseinandersetzung über die Märchendeutung inmitten des Themas »Der Märchenheld und die Helfer« führen. Auch in der zuletzt gezeigten Interpretation des »Froschkönigs« spielt Hilfe eine große Rolle. Menschen brauchen Hilfe, wenn sie sich gegen außen abriegeln, aus welchem Grunde dies auch immer geschieht, sei es aus dem Verbot der Triebbefriedigung oder sei es aus viel tiefer liegenden Ängsten.

Walter Scherf macht in seinem »Lexikon der Zaubermärchen« auf Varianten der »Froschkönig«-Erzählung aufmerksam. Es handelt sich um jene, die wir bereits einmal angesprochen haben, worin *der Brunnen am Rande der Welt* von großer Bedeutung ist. Ein Vater sendet der Reihe nach seine Töchter zu diesem Brunnen, um einen Becher vom Wasser des Lebens daraus für ihn zu holen. Der Frosch im Brunnen am Rande der Welt läßt nur die jüngste der drei Töchter reines Wasser daraus schöpfen, denn diese verspricht, ihn zum Manne zu nehmen. Die Mahnung des Vaters, das gegebene Wort einzuhalten, sei vermutlich eine Zutat von Wilhelm Grimm, sagt Scherf. Auch der Umgang mit dem sonderbaren Frosch werde in der mündlichen Überlieferung gewöhnlich selbstverständlicher erzählt und ohne die Versuche, die bei wohlerzogenen Leserinnen vorausgesetzten Ekelgefühle zu überspielen. Der Frosch will mit an der Tafel essen, er will in des Mädchens Schlafkammer, und schließlich will er auch in ihr Bett. Es gibt Varianten, wo der Frosch eine Schlange ist. In diesem Falle ist die Nähe zu rein sexueller Deutung deutlich. Übrigens verkürzen die Gebrüder Grimm die Erzählung. Ursprünglicher ist die Version, wonach die Liebenden sich wieder trennen und erst nach vielen Umwegen sich wieder finden. Der zweite Teil ähnelt Formen des »Amor-Psyche-Kreises«, auf den wir später zu sprechen kommen.

Wir können den »Froschkönig« betrachten, wie wir wollen: Natürlich geht es hier um die Integration des Gegenpols, um die Vereinigung von Feuer und Wasser, von feuriger Tagesseite und wäßriger Nachtseite des Lebens, von Sonne und Mond, von männlich und weiblich. Und natürlich können wir uns auf eine Ebene der Betrachtung begeben, wo uns dies als etwas Selbstverständliches vorkommt und man sich darüber verwundern kann, daß diese Vereinigung überhaupt Störungen beinhaltet. Ebensogut aber können wir ein Niveau der Betrachtung betreten, von wo aus gesehen diese Vereinigung – im wahren Sinne, im erlösten Sinne – nicht selbstverständlich ist und nicht als naturgegeben behauptet werden darf, sondern eben geradezu erst dann möglich wird, wenn die Natur überwunden wird.

Wir wollen jetzt eine weitere »Rotkäppchen«-Interpretation kennenlernen. Es geht hier um eine Kostprobe aus der »anthroposophischen« Märchendeutung. Ich fasse aus Rudolf Meyer »Die Weisheit der deutschen Volksmärchen« zusammen:

> In den Bildern des »Rotkäppchens« wird uns geschildert ... die junge Seelenkraft, die man an ihrer roten Kappe erkennt, das ist das Ichgefühl, wie es sich im Blute zu erleben, wie es aus dem Blute zu sprechen beginnt. Sie macht sich auf den Weg zur Großmutter. Und diese Großmutter wird nun mit der Urahnin Edda verglichen. Alle Erinnerung an die Götterwelten, denen der Mensch einst entsprossen, alle religiöse Unterweisung, ebenso die Bilder des Märchens, waren Nahrung für die Urahne, die Edda, die in den Untergründen des Gemütes des Menschen wohnte.
>
> »Rotkäppchen« kündet nun einen Wendepunkt in der Entwicklung an. Die ichbewußte Seele verliert sich an die Reize der Sinnenwelt. Auf diesem Wege entschwindet ihr das uralte Geistbewußtsein. Sie findet die Edda nicht mehr, die Urweisheit, wenn sie in die Seelentiefe dringt. An ihrer Stelle hat der Wolf die verborgenen Bildkräfte ergriffen. Finsternis, die das junge Ich mitverschlingen will, droht aus den Untergründen der Menschennatur hervorzubrechen. Reißende Gier anstatt heiliger Gotteserinnerung wohnt in dieser Tiefe: das Tier schaut uns aus unserem eigenen Abgrund an.
>
> Eine wache Erkenntniskraft, die dem Wolf auf der Spur ist, kann hier allein noch retten. Der göttliche Jäger, der

> die Wiederkehr der Götter vorbereitet, rettet Rotkäppchen und die Urahne aus dem Bauche des schlafenden Ungeheuers. Die Kindeskraft des jungen Menschen wartet darauf, aus der Umklammerung durch das dumpfe Erdenbewußtsein befreit zu werden. Edda, die Urahne, ist verschlungen, darum ist Rotkäppchen mit verschlungen. Denn der Mensch, der die Erinnerung an seinen heiligen Ursprung verloren hat, verliert auch sein wahres Menschentum. Ihn verschlingt das Tier. Die Errettung des Menschen-Ichs aus dem Erstickungstod, der ihm vom Materialismus droht, bringt auch zugleich eine Wiederbelebung des wahren Urwissens, die Erweckung der Edda mit sich.

Auch zu dieser Interpretation wollen wir nicht eigentlich Stellung nehmen. Wenn eine Deutung nicht offensichtlich falsch ist, dann mag ihre Perspektive zur Kenntnis genommen und der darin zur Geltung kommende Blickpunkt gewürdigt werden. Allerdings erleben wir hier eine für uns bisher ungewohnte Sprache. Unschwer erkennen wir aber, daß da eher in unserem Sinne betrachtet wird als in den vorangegangenen Beispielen. In der anthroposophischen Märchenerklärung sind wir der Drachentöterthematik näher. Der Wolf vertritt die Drachenfigur. Es wird ja seine verschlingende Eigenschaft deutlich hervorgehoben. Bei Völkern, die nicht am Meere wohnen und wo deshalb der Walfisch oder sonst ein riesiger Fisch nicht als Bild naheliegt, wird das gefährlich Verschlingende dem Wolf angeheftet. Der biblische Leviathan (hebräisch »Liwjatan« = der Gewundene) bezeichnet wie das hebräische »Tannin« (Drache) ein drachenartiges Ungeheuer, das Luther als Walfisch übersetzt. Auch das Nilkrokodil wird hebräisch »Tannin« genannt. Diese gehen meist nachts auf Raub aus, also verkörpern sie den finstern Verschlinger. Die »Tiamat«, die Vergöttlichung des Urmeeres, welches von Marduk besiegt wurde, ist im babylonischen Schöpfungsmythos »Enuma elisch« ebenfalls ein Lebewesen. Es ist die Chaosmacht, und Chaos ist immer verschlingend. Aber aus dem Chaos wird der geordnete Kosmos, daraus entsteht der Lebensraum der Geschöpfe.

Das verschlingende Tier steht immer für das Bild des Untergangs und, wie wir am Anfang darstellten, für die Tatsache der Beendigung der Kontinuität des Lebens. In territorialen Gegenden also übernimmt der Wolf diese Rolle, und auch der Löwe kann diese Bedeutung einnehmen. Denken wir etwa an die Stelle im 1. Petrus-Brief 5.8, wo es heißt: »Seid nüchtern und wachet; denn euer Widersacher, der Teufel, geht umher wie ein brüllender Löwe und sucht, welchen er verschlinge.« Wir aber haben es hier mit dem Wolf zu tun. Er ist das wichtigste größere Landraubtier der alten Welt und als einziges allen ihren Völkern aus eigener Anschauung bekannt. Sein Auftreten galt den Juden und Römern als unheilvolles Vorzeichen.

Kommen wir zurück auf den Drachentöter. Im Märchen »Die drei Hunde« sahen wir den Drachentöter als Repräsentant des schicksalhaften Helfers und Erlösers. In unserem ersten Märchen »Der Teufel mit den drei goldenen Haaren« wird der Drache (Teufel) nicht getötet, aber überwunden. Der Heimkehrer aus der Unterwelt, der den zwei Städten und dem Fährmann die Antwort auf ihre Fragen bringen kann, erweist sich als Helfer.

Der Drachentöter ist ein Helfer. Er hilft allerdings nicht nur andern, sondern in erster Linie sich selbst, indem er sein Schicksal erfüllt. Und dies kann er wiederum nur, weil andere Helfer ihm zur Seite stehen. Hilfe eignet dem Helden. Natürlich erweist sie sich meistens als Schicksalserfüllungshilfe.

Wir erinnern an die Aussage, das Drachentötermärchen sei der Urtyp des Märchens überhaupt. Und damit »der Drache getötet« werden kann, müssen sich enorme Energien versammeln. Zu diesem Zwecke müssen die vitalen »oberen Kräfte« sich beteiligen, die »oberen Dimensionen« des Menschen müssen mobilisiert werden. Seine Helfer müssen gegenwärtig sein, wenn auch unsichtbarerweise. Mit dieser Aussage schließen wir an die Thematik des ersten Teiles an. Beim »Rotkäppchen« ist die Drachentöterthematik versteckt. Durchschauen wir das Modell, so ist der Zusammenhang klar.

Bevor wir die Betrachtung der zusätzlich angeschauten Märchen »Der Froschkönig« und »Rotkäppchen« beenden und uns wiederum dem Thema »Der Märchenheld und seine Helfer« zuwenden, möchte ich auf ein Motiv im »Rotkäppchen« zurückkommen, nämlich auf dasjenige des *Blumenpflückens.* Rotkäppchen wird im Walde vom Wolf beim Blumenpflücken angetroffen. Dies ist ein hochinteressanter Gegenstand; denken wir nur an die vielen antiken Blumenpflückerinnen. Wer in den griechischen Mysterien bewandert ist, dem wird sogleich die Tochter von Demeter in den Sinn kommen, nämlich Persephoneia. Persephone, wie sie in der Kurzform genannt wird, heißt »Ferkeltöterin«. Eric Berne ist folglich mit seiner Rotkäppchen-Deutung gar nicht so weit weg davon, wenn er den Wolf einen »Schweinehund« nennt. Ich zitiere den Anfang des »Homerischen Hymnos an die Göttin Demeter« (übersetzt von Anton Weiher):

Hymnos an die Göttin Demeter

Laßt mich die Geschichte von Demeter erzählen, der heiligen Göttin, deren Haar in reichen Flechten wuchs, wie nur das Haar einer Göttin wächst, und von ihrer Tochter, die Hades raubte. Zeus, der Donnergott, gab sie ihm. So geschah es.

Fern von Demeter, der Herrin der Ernte, die mit goldener Sichel schneidet, spielte sie und pflückte Blumen mit den Töchtern des Okeanos, Rosen und Krokus und schöne Veilchen, Iris, Hyazinthen und die Narzisse. Die Erde brachte die Narzisse hervor als wundervolle Falle für das blühende Mädchen nach Zeus' Plan, um Hades, der alle empfängt, zu gefallen. Sie war für alle, unsterbliche Götter und sterbliche Menschen, ein wunderbarer Anblick. Und aus ihrer Wurzel wuchsen hundert Köpfchen, die einen so süßen Duft verströmten, daß der ganze weite Himmel droben und die ganze Erde lachten und die salzige Flut des Meeres. Das Mädchen war verzaubert und streckte beide Hände aus, um die Pracht zu ergreifen. Doch als sie es tat, öffnete sich die Erde, und der Herrscher Hades, dem wir alle begegnen werden, brach hervor mit seinen unsterblichen Pferden auf die Ebene von Nysa. Der Herr Hades, der Sohn des Kronos, der mit vielen Namen genannte. Um Erbarmen flehend und sich wehrend wurde sie in den goldenen Wagen gezerrt. Mit dem schrillen Schrei der Mänade rief sie nach Zeus, Zeus dem Höchsten und Besten. Doch keiner der Unsterblichen, kein sterblicher Mensch hörte ihre Stimme, nicht einmal die prächtige Früchte tragenden Ölbäume; nur Hekate, die einen zarten Schleier trägt, Perses' freundliche Tochter, hörte sie in ihrer Höhle – und der Herrscher Helios, der strahlende Sohn Hyperions, auch er hörte das Mädchen nach seinem Vater schreien. Doch der Sohn des Kronos saß fern von den Göttern in seinem Tempel, wo sich die Anbetenden drängten. Und während er von sterblichen Menschen Opfer empfing, wurde sie auf seine Anregung hin von seinem eigenen Bruder verschleppt, der über viele herrscht und alle empfängt – dem Sohn des Kronos, der viele Namen trägt, Hades, und seinen unsterblichen Pferden.

Solange die jungfräuliche Göttin noch die Erde und den Sternenhimmel sehen konnte, das ebbende Meer und die Strahlen der Sonne, konnte sie hoffen, der geliebten Mutter wieder zu begegnen und dem Volk der Götter, die immer sein werden. Und diese Hoffnung tröstete sie in ihrem Elend. Die Gipfel der Berge widerhallten von ihrer unsterblichen Stimme und die Tiefen des Meeres, bis schließlich die Mutter ihr Schreien vernahm. So bitter war der Schmerz, der das Herz der Göttin ergriff, daß sie von ihrem Haupt den feinen Schleier riß, den Schleier, der ihr göttliches Haar bedeckte, und über ihre Schultern einen langen schwarzen Umhang warf, den Mantel des Todes.

Sie flog rasch wie ein Vogel über Land und Meer und suchte ihre Tochter, aber niemand wollte ihr die Wahrheit sagen, kein Gott und keiner der sterblichen Menschen; und auch kein Vogel kam zu ihr, und Vögel, wie wir alle wissen, bringen wahre Botschaften. So durchstreifte die heilige Deo neun Tage die Erde mit flammenden Fackeln in den Händen, und so groß war ihr Kummer, daß sie den Geschmack von Ambrosia und süßem Nektar verschmähte und das Bad mied. Doch als zum zehnten Mal die Morgenröte mit ihrem Licht erschien, begegnete ihr Hekate mit einer Flamme in der Hand, die ihr eine Nachricht brachte – sie sagte ihr folgendes:

»Große Demeter, du Göttin, die die Jahreszeiten bringt und strahlende Gaben schenkt, wer von den himmlischen Göttern oder sterblichen Menschen nahm Persephone und brach dein Herz? Ich bin zu dir gekommen, weil ich einen Schrei vernahm, aber ich sah nicht mit meinen eigenen Augen, wer sie genommen hat – das ist alles, was ich weiß.«

So sprach Hekate, aber die Tochter der Rheia, Demeter, deren Haar in reichen Flechten wuchs wie nur das Haar einer Göttin es kann, antwortete ihr nicht mit Worten; statt dessen flog sie geschwind mit ihr, flammende Fackel in den Händen. Sie flogen geradewegs zu Helios, der Sonne, dem Wächter der Götter und Menschen, und indem sie vor seine Pferde trat, sprach Demeter, Göttin unter den Göttinnen:

»Helios, wir beide sind Götter, und darum mußt du mir helfen, wenn ich je mit Wort oder Tat dein Herz und Gemüt erwärmte. Ich gebar eine Tochter, ein schönes Kind mit schönem Gesicht, deren Schreie ich durch die unermeßlichen Himmel vernahm, die Schreie einer Gefangenen – doch konnte ich nichts mit meinen eigenen Augen sehen. Aber du, da du mit deinen göttlichen Strahlen alles unter dir siehst, alles auf Land und Meer, mußt mir die Wahrheit sagen. Hast du mein Kind irgendwo gesehen? Wer hat es gegen seinen Willen von mir genommen? War es ein Gott oder einer der sterblichen Menschen?«

So sprach sie. Und der Sohn des Hyperion antwortete ihr und sagte: »Herrin Demeter, Tochter der Rheia, deren Haar in reichen Flechten wächst, wie nur das Haar einer Göttin es kann, du wirst die Wahrheit erfahren, da ich in Ehrfurcht vor dir stehe und Erbarmen mit dir habe, wie du an dem Verlust deines Kindes leidest. Zeus allein ist von den Unsterblichen schuld, denn er gab sie dem Hades, seinem eigenen Bruder, damit er sie als Gattin nehme. Der packte sie, führte sie in den sonnenlosen Westen, und ihre Schreie waren schrill wie die einer Mänade. Doch, Göttin, halt ein mit deinem großen Jammer; du brauchst keinen solchen Zorn zu haben: Aidoneus, der Herrscher über viele, ist dein eigener Bruder und unter den Unsterblichen kein unpassender Gatte für deine Tochter. An Ehren hat er sein Drittel der Welt, das er empfing, als am Anfang die Reiche zugeteilt wurden, und er ist Herr über jene, die er empfing und mit denen er lebt.«

Die wütende und trauernde Mutter Demeter will dann ihre Tochter zurückhaben, aber es dauert lange, bis sie sie findet. Es kommt zu einem Kompromiß. Vier Monate im Jahre muß Persephone in der Unterwelt als Gattin des Hades weilen, die andere Zeit im Jahr darf sie über der Erde sein. Sie scheint sich dann mit der Rolle, Königin der Toten zu sein, abgefunden zu haben. Natürlich haben wir mit dieser kurzen Erzählung nur die Oberfläche der Eleusinischen Mysterien gestreift. Nebenbei bemerkt: Helfer in dieser Geschichte ist der Gott Hermes, und Hermes ist ein großer Helfer. Aber was uns hier auch interessiert, das ist die Wiese, wo die Blumen gepflückt werden. Sie heißt Nysa, und dieses Wort scheint verwandt zu sein mit dem Verb »nystazo«, das heißt »einnicken, dösen«, und beschreibt eine Reaktion, die man der Wirkung des »Narkissos« zuschreibt. Die Narzisse ist eine Blume mit Drogenwirkung, zu welcher der Jüngling Narziß wurde, das ist der in sich selbst Verliebte. Wir sehen hier, daß die Selbstverliebtheit, genauer: die »Ich-Verliebtheit«, tödlich ist. In der Kräuterkunde wurde die dem Dionysos eigene Pflanze »Kissos« (der Efeu) auch »Nysa« genannt, und das Wort Nysa kommt auch im Namen von Dionysos selber vor. Er *ist* ja der Gott des Rausches und der Rauschmittel und heißt »Zeus von Nysa« (die Vorsilbe »Dios« ist ein anderer Name für Zeus).

Die Anhängerinnen des Dionysos, die Mänaden, tragen den »Thyrsos«, das ist ein Fenchelstengel, der oben mit einem Pinienzapfen abgeschlossen wurde. Er wirkt äußerlich wie ein Phallos-Symbol, ist aber ein Kräuterbehälter, wo die Blätter hineingesammelt wurden, die von den halluzinogenen Pflanzen stammen, darunter der Efeu, aber auch der »Narkissos«, ein Narkotikum par excellence. Die Autoren Wasson/Ruck/Hofmann haben in ihrem Buch »Der Weg nach Eleusis« auf diese Zusammenhänge hingewiesen. Ich zitiere daraus: »Die Priesterschaft von Eleusis praktizierte eine Art von Kräuterkunde, und die ekstatische Entführung der Persephone wurde im Zusammenhang mit dem rituellen Sammeln eines magischen oder psychotropen Zwiebelgewächses erfahren ...« Es wird auch daran erinnert, daß Eurydike, Kreusa, Helena und Europa *alle ebenfalls beim Blumenpflücken die Erfahrung der heiligen Hochzeit mit dem Tode machten.* Derart ekstatische Rituale im Zusammenhang mit Blumen haben in der griechischen Religion eine äußerst lange Tradition und sind sogar auf Vorläufer aus der minoischen Zeit zurückzuführen. Entsprechend liegen ausreichend Belege für die Annahme vor, die Einzuweihenden in den Eleusinischen Mysterien hätten ihre für sie entscheidende »göttliche Vision« unter Einfluß einer Droge erlebt. Nur soviel sei hier erwähnt: *Die Visionen, die »Gesichte«, welche die Initianden nach dem Eintritt in das Heiligtum erwarteten und was sie also in der Einweihungshalle sahen, war etwas, was den Fortbestand der Existenz über das Grab hinaus zur Gewißheit werden ließ.*

Wir wiesen schon darauf hin: Jenseitsfahrten unter Drogen waren in der Antike ein Faktum. Homer sagt in der Odyssee, Helena wurde, als sie Blumen pflückte, nach Ägypten entführt, in das Land, aus dem überlieferungsgemäß alle Kenntnisse über Drogen stammten. – Da ja die Trance, welche durch Gifte erzeugt wird, die religiöse Ekstase ermöglicht und diese Ekstase überall in der Religionsgeschichte anzutreffen ist, sind wir hier einem wichtigen Phänomen auf die Spur gekommen. Die »Ekstasis« ist die Möglichkeit, die Gebundenheit der Wahrnehmung an diese reale und materielle Welt mit dem Ziel andersartiger Wahrnehmung und Erkenntnis, Offenbarung und Entdeckung zu überschreiten, aus dieser irdischen Gebundenheit vorübergehend »herauszustehen«. Die Märchen bewahren die Erinnerung daran.

Das blumenpflückende Rotkäppchen hat uns weit vom *Helferthema* weggeführt. Nun kommen wir darauf wieder zurück und fassen zusammen:

Die Froschkönig-Geschichte führte uns in den Themenbereich des »hilfebedürftigen Helfers«, den wir auch in seinem professionellen Gewande angesprochen haben. Die Eric Bernesche Rotkäppchen-Interpretation zeigte ein »psycho-neurotisches« Phänomen des Helfens auf, wir nennen es auch das »Helfersyndrom«. Vergessen wir nicht, daß der Helfer innerhalb einer ganz bestimmten Betrachtungsweise, sagen wir innerhalb der überkommenen bürgerlichen Psychologie (die ja auch aufdeckend ist), die Mitte darstellt zwischen dem Sieger und dem Verlierer oder zwischen dem Verfolger und dem Opfer. Wir haben eine moderne gesellschaftskritische Froschkönig-Version zur Kenntnis genommen, die ohne psychoanalytisches Ausleihen nicht auskommt; wir haben eine anthroposophische Deutung kennengelernt, und wir haben am Schluß dieses Ausfluges aufgezeigt, wie die Märchen, in dem Blickwinkel, in welchem wir sie hier beobachten, Motive enthalten, die überraschen, wenn man ihnen nachgeht, und die schließlich doch wiederum die mythologische Gevatterschaft bestätigen.

Kommen wir auf die Märchen zurück, die wir am Anfang betrachteten. Die Helfer gehören zum Helden, haben wir festgestellt. Sie treten in verschiedenen Weisen auf, einmal direkt, ein andermal indirekt. Eine direkte Hilfe stellt die Ellermutter dar, denn sie gibt dem jugendlichen Helden genau das, oder sie verhilft ihm direkt und von Angesicht zu Angesicht zu dem, was er sucht, was er will. Die alte Frau im Räuberhaus dagegen ist weder eine direkte

Helferin noch überhaupt eine – und doch ist es nicht zufällig, wenn sie an diesem Orte in Erscheinung tritt. Sie ist eigentlich eine Warnerin. Und als die Räuber nach Hause kommen, ist sie eine Fürsprecherin; sie spricht von dem Jungen als von einem unschuldigen Kinde, das sich im Walde verirrt hat. Es ist also durchaus einleuchtend, daß ihre Anwesenheit bewirkt, daß der Junge sich sorglos im Räuberhaus schlafen legen und behaupten kann, es werde ihm schon nichts geschehen. Aber die indirekten Hilfen – im Sinne auch des schon erwähnten Mittels der Verkehrung ins Gegenteil – überwiegen. Das Kind in der weggeworfenen Schachtel endet nicht im Verderben, es landet genau dort, wo ein kinderloses Ehepaar dessen anonyme Ankunft als Gabe des Himmels erlebt. Diese Erkenntnis soll uns langsam Fleisch und Blut werden: Der Märchenheld lebt genau auf der Höhe der Zusammenhänge und der ordnungsgemäßen Verknüpfung, aus der sich das Schicksal als Gelenk und Gefüge ergibt. Und darin kommt indirekte und gar unsichtbare Hilfe als eine »konstante Gegebenheit« zum Ausdruck. Wenn eine »böse Absicht« höheren Ortes zum Plane gehört, so wird sie ins Geschehen eingebaut, auch wenn ihr gutes Resultat nicht im voraus durchschaubar ist.

Entsprechend sind im Räuberhause die eigentlichen Helfer die Räuber selber, wenn auch wiederum indirekt, denn sie werden um die Hilfe nicht gebeten, und sie vollziehen sie ja auch insgeheim: Sie schreiben den Brief des Königs um. Der König tritt mit seiner zweifachen Mordabsicht als einer der entscheidenden Entwicklungshelfer auf. Die indirekte Hilfe ist ja auch in der Psychoanalyse von äußerst großer Bedeutung. Sie ist jene Hilfe, die der Klient gar nicht merkt und die dann, würde er sie merken, keine mehr sein könnte. So nenne ich als Beispiel einer indirekten Hilfe die am Anfang einer psychoanalytischen Therapie wirksamste Intervention des Therapeuten durch die Umdeutung der Symptome.

Das Symptom des Helden in unserem Märchen »Der Teufel mit den drei goldenen Haaren« ist *der Weg an den Königshof.* Und weil dort derjenige die Macht in der Hand hat, der das Verderben des künftigen Königs will, werden Zweck und Ziel dieses Weges von den Räubern als Erfüllungsgehilfen des Schicksals umgedeutet. Zufolge dieser Umdeutung wird der junge Mann am Hofe nicht umgebracht, sondern mit der Tochter des Königs verheiratet. Wir wiederholen deshalb: Der König ist nichts anderes als »Herodes«, das ist der falsche König, der den heranwachsenden wahren König vernichten will. Der Weg, den der Mensch gehen muß, ist immer der Königsweg. Das ist der Weg der »königlichen Kunst«, der Prozeß der Alchemie. Doch es gibt hier Störungen. Der Botengang zum Königshof mit dem Urias-Brief ist die »neurotische Variante« des Königswegs, der direkte Gang auf das Schafott. Die Räuber aber schreiben den Brief um. Sie geben dem Königsweg seine heile Bedeutung zurück, so wie er vorausgesagt wurde. Ihre Deutung heißt: Du bist derjenige, der die Königstochter heiratet. Man spricht in der Psychotherapie von der »sanften Umdeutung«, das ist eine solche, die der Betreffende gar nicht merkt und wovon er gar nichts weiß. Aber sie ist um so wirksamer.

Die direkte Hilfe – so sagten wir bereits – tritt erst bei des Teufels Großmutter ein. Sie ist die direkte Helferin. Sie hat magische Kräfte zur Verfügung, denn sie kann den jugendlichen Helden in eine Ameise verwandeln. Sie hilft allerdings nicht aus sich allein, sondern dadurch, daß sie direkten Zugang zum Alleswisser hat. Aufgrund einer dreimaligen Schwindelei gelingt es der Ellermutter, den Teufel dazu zu bringen, aus seinem Allwissen auszupacken. Sie ist direkte Helferin im Sinne eines Komplottes, und sie hilft dem Menschen, den Göttern das Wissen zu rauben. Sie hilft dem Menschen, die drei goldenen Haare vom Haupte des Unterweltgottes zu holen. Diese sind das Symbol des Lichtes in der Finsternis, und dieses ist das »wahre Licht«.

Wer ist nun die alte Frau, die im Räuberhause und als Ellermutter beim Teufel sitzt? Wer ist diese Helferin?

Heros und Hera

Der Heros ist in den Märchen im wesentlichen ein Bräutigam, wie wir bei der Analyse unseres ersten Märchens gesehen haben. *Hera*, die Göttin der Ehe, ist die Gemahlin des Zeus und die Beherrscherin des Himmels; ihr Name bedeutet »Herrin«, das ist die weibliche Form von »Heros«, dem Krieger und Sieger. Sie ist die Göttin des »Hieros gamos«, der »heiligen Hochzeit« zwischen Zeus und Hera. Heras Wesenskern ist, Braut und Gemahlin des höchsten Gottes Zeus zu sein. Sie ist die Wahrerin und Schützerin der Ehe, aber sie ist nicht Fruchtbarkeitsgöttin, und dies ist entscheidend. Hera ist wesentlich Gattin, nicht Mutter der Kinder des Zeus, und genau im Hinblick auf die Erfüllung eines solchen Sinnes tritt Hera auch in Mythen und Märchen als Helferin auf, als Erfüllerin des Schicksals, als dessen Erfüllungsgehilfin. Sie tut dies mit Vorliebe in der Verkleidung einer alten Frau; auf diese Weise ist sie unauffällig da. Wir lernten sie in der Geschichte von Jason kennen, wo sie als alte Frau auftritt, die über den Fluß getragen werden will. Im Argonautenzug ist sie persönliche Schutzgöttin von Jason. Die Göttin Hera ist die »wirkliche Begleiterin« des Heros, ständig darauf achtend, daß er sein Schicksal als Bräutigam nicht verfehlt, daß er also mit anderen Worten sein Ziel, die heilige Vereinigung, erreicht. Abweichungen von diesem Ziel verfolgt sie unerbittlich. Hera ist damit eine entscheidende Dimension des Heros selber.

Der thebanische Held Herakles trägt den Namen der Göttin Hera und »Kleos« (der Ruhm), er heißt also »Der Ruhm der Göttin Hera«. Er wird aber von Hera verfolgt, denn er ist Sohn des Zeus und der Alkmene und erregt Heras Eifersucht. Deshalb muß er zwölf gewaltige Abenteuer bestehen. Wieso der »Ruhm Heras« zugleich der von ihr Verfolgte sein kann, ist selbst in der wissenschaftlichen Forschung eine offene Frage geblieben. Aber vielleicht ist diese scheinbare Antinomie nichts weiter als ein Mißverständnis. Das Heroische des Helden hat sich ja in der Überwindung der Hindernisse auf dem Wege der Befreiung zu erweisen. Herakles, der wie alle Heroen der frühen Zeit unter Heras Schutz stand, wurde zu Abenteuern ausgesandt, um sich und damit auch der Göttin Hera Ruhm zu erringen. Diese harten Aufgaben wurden dann mißverstanden und als Verfolgung des Herakles durch Hera aufgefaßt. Für ein ursprünglich gutes Verhältnis zwischen Hera und Herakles spricht der gemeinsame Kampf der beiden gegen einen feuerschnaubenden Giganten und gegen vier Satyrn, wofür Vasenbilder zeugen. Selbstverständlich haben wir es hier mit dem Drachenkämpfer zu tun, und Hera ist seine Begleiterin. Bemerkenswert ist ja auch, daß Herakles nach den zwölf ungeheuren Stationen seines gigantischen Kampfes in den Götterhimmel aufgenommen wird.

Schauen wir uns die Hilfe im Märchen »Das Wasser des Lebens« noch einmal an. Im Schloßgarten begegnet den Königssöhnen ein alter Mann, als sie dort über die Leiden des Vaters weinen. Der Alte spricht: »Ich weiß noch ein Mittel, das ist das Wasser des Lebens; wenn er davon trinkt, so wird er wieder gesund: aber es ist schwer zu finden.« Der erste Helfer tritt also in dem Augenblick auf, wo die Söhne durch ihr Weinen Hilflosigkeit zum Ausdruck bringen. Der zweite Helfer ist der Zwerg, von ihm haben wir bereits gesprochen. Der dritte Helfer ist die Prinzessin im verwunschenen Schloß. Sie sagt dem Jüngsten, wo sich der Brunnen mit dem Lebenswasser befindet. Eine solche Abfolge von Hilfen nennt Max Lüthi die Kettenhilfe. Sie sei nicht nur ein Mittel, um die Erzählung zu verlängern oder zu steigern und um ein Thema zu variieren, sondern die Kettenhilfe dokumentiere die Allverbundenheit. Im Märchen »Die drei Hunde« sind es die Tiere selber, welche als Helfer auftreten. Nach getaner Arbeit verflüchtigen sie sich als Vögel. Es sind vorwiegend Jenseitige, die als Helfer funktionieren, Wesen aus einer anderen Welt. Dies erinnert uns an den Anfang unserer Betrachtungen. Wir lernten die Märchen auf dem religionshistorischen Hintergrund der Jenseitsfahrtmythen verstehen. Dies ist ihr wahrer Sinn. Der Märchenheld hat in seiner Allverbundenheit, durch seine Daseinsform, die nackte Diesseitsorientierung verlassen. Somit ist er allen möglichen Bereichen gegenüber offen. Mühelos findet er Kontakt mit Fernwelten, Überwelten und Unterwelten, mit der Natur und dem Kosmos, auch mit einzelnen Gestalten der Mitwelt, und dies gerade darum, weil er eigentlich gar keine Umwelt hat. Dieser Kontakt ist in Wahrheit magischer Art. Magie ist ein Thema der Esoterik, sie hat nichts mit Zauberei zu tun. Die tiefe Bedeutung der Esoterik erfüllt sich darin, solchen Kontakt herstellen zu können. Dafür braucht er eine bestimmte innere Vorbereitung. Es bedarf eines schlichten Gemütes, der ehrlichen Bereitschaft, die Hilflosigkeit zuzugeben und ihr gegenüber nicht etwa in Auflehnung zu sein. – Leben im esoterischen Sinne heißt, in und mit solchem Kontakt zu leben. Wenn dies geschieht, so wird die Allbelebtheit des Kosmos entdeckt. In dieser Allbelebtheit zu leben ist Allverbundenheit. Und darin ist Materie niemals tot, die Welt entpuppt sich als allbeseelt. Und wenn alles beseelt ist, dann kann der Mensch »all dem was ist« in seinem Wesen begegnen. Die Wesen, welche in den Märchen vorkommen, sind dann real und nicht »bloß ein Märchen«.

Wir haben am Anfang des dritten Teils davon gesprochen, daß der Mensch hier ein *Begabter* (ein Begnadeter) sei. Der Mensch wird dargestellt in einem Bewußtseinszustand, der Gabe und Begabung zuläßt. Dieser Bewußtseinszustand nimmt das, was ist, nicht als Gegenstand, als etwas, was ihm »entgegen«-steht, gegenübersteht, nicht als ein »Gegenüber«, und auch nicht als etwas, das bloß »vorhanden«, also »vor« der »Hand« ist. Er trennt nicht zwischen Subjekt und Objekt, innen und außen. Darum hat der Mensch im Märchen eigentlich auch keine Umwelt, weil er, wir wir sagten, keine Innenwelt hat, oder es ist beides dasselbe. Somit ist, aus dieser Identität von innen und außen, nichts abgetrennt, nichts fremd, nichts, das den Märchenhelden nichts anginge. Er lebt ja in der Allverbundenheit, in der es auch keine Neugierde mehr gibt. Die Welt ist nicht das zu Befragende, ist auch nicht Gegenstand des Machens (im heutigen Sinne). Wir sprechen von einer ganz anderen Daseinsverfassung. Noch einmal: Der hier gezeigte Mensch ist weder neugierig noch philosophisch, er handelt im Sinne einer Aufgabe und ohne den Sinnzusammenhang seines Handelns völlig zu durchschauen. Er zeichnet sich in all dem, was wir heute so besonders schätzen, überhaupt nicht aus. Er ist kein »Homo faber«, kein Macher. – Dafür läßt er sich voll Vertrauen führen, leiten, lenken. Er folgt den gegebenen Hilfen bis zu dem Augenblick, wo neue Hilfe notwendig oder keine mehr vonnöten ist. Wir können jetzt sagen: Der Mensch im Märchen handelt weder aus Intellekt noch aus Vernunft, nicht aus dem Kopfe und dem Hirn, *der Mensch im Märchen handelt aus dem Herzen.* Denn das Organ der universalen Beziehungsfähigkeit ist das Herz. Dies wird besonders klar gesagt in folgendem Zitat aus Julius Evolas Buch »Magie als Wissenschaft vom Ich«:

> Es lehren uns die esoterisch Wissenden, daß die allererste Entscheidung auf dem initiatischen Wege darin bestehe, das Ich-Empfinden in die Region des Herzens zu übertragen. Dies ist die erste und grundlegende Operation der initiatischen Kunst. Damit meint man nicht das Herz in seiner physikalischen Realität. Das Herz muß »sub specie interioritatis« (unter dem Gesichtspunkt der Innerlichkeit) betrachtet werden. Alles, was mit Denken, Überlegen und mit dem Gehirn zu tun hat, wird esoterisch dem mondhaften, weiblichen, passiven Element zugeschrieben. Dem Herz aber wird die Qualität des sonnenhaften, männlichen, mittelpunktbezogenen Elementes zugeordnet. Es handelt sich nicht um das Herz im Sinne der Sentimentalität, der Leidenschaften usw. Die okkulte Verwirklichung des Herzens – oder des *Ichs* im *Herzen* – stellt vielmehr eine erste grundlegende Verwandlung des Bewußtseins dar.

Es handelt sich dabei in gewissem Sinne um eine Zurückgewinnung verlorener Identität. »Als man noch sagte, daß sich der Mittelpunkt des Bewußtseins im Herzen befände, erklang darin ein Widerhall der Wahrheit, die in intuitiver Weisheit ihren Ausdruck fand. Als man aber ›bewies‹, daß dieser Mittelpunkt im Gehirn liegt, da schwieg das wahre Wissen, und die Scheinwelt der Wahrnehmung trat an ihre Stelle«, heißt es bei Evola weiter.

Das Herz wird als der Ort des Feuerelementes, also des Sonnenprinzips, und damit als zentrales Organ des initiatischen Menschen verstanden.

Wir kommen also mit dem Thema des Herzzentrums auf die ganze Licht- und Sonnensymbolik zurück, welche wir aufgrund unseres ersten Märchens »Der Teufel mit den drei goldenen Haaren« ins Bewußtsein gehoben haben. Die Herzzentrierung macht etwas ganz anderes aus uns Menschen als die Hirnzentrierung. Wir müssen bei diesem Thema ein wenig verweilen, weil die Erfahrung gezeigt hat, daß die heutigen Menschen oft gar nicht verstehen, wovon hier geredet wird. Dieses Unverständnis ist ein Signal dafür, wie weit weg von all dem wir sind, worum es hier geht. Und doch fasziniert es uns, sonst würden wir die Märchen nicht lesen.

Die Herzzentrierung macht den Menschen durchgängig und durchlässig für die kosmische Energie. In diesem Zusammenhang müssen wir betonen, daß wir nur wirklich sinnvoll Astrologie betreiben, wenn wir dies aus dem Herzen tun, denn das Herz ist der Ort der Erfahrung. Dies gilt für das Hirn nicht. Wenn wir Astrologie praktisch anwenden und damit umgehen und leben, so ist – ob bewußt oder unbewußt – eine Entscheidung gefallen. Im Geburtshoroskop sehen wir den Menschen (bezogen auf einen bestimmten Ort auf der Erdoberfläche und zu einer definierten Zeit) im Mittelpunkt der Welt, und die Himmelskörper kreisen um diesen Mittelpunkt. Auf der nördlichen Erdkugel blickt der Mensch dann zum Äquator und weist mit seiner linken Hand gen Osten, mit seiner rechten gen Westen. Er erlebt die Sonne als die im Osten aufgehende und im Westen untergehende, und dies als ein tägliches Erlebnis. Das ist auch die Basis unseres astrologischen Schauens. – Das Hirn aber weiß etwas ganz anderes; es weiß die Sonne als Mittelpunkt, um welchen sich alles dreht. Das Wissen des Hirns dreht also alles um und ist damit das Zentrum für unser modernes Weltbild.

Der initiatische Mensch aber verzichtet darauf, dieses moderne Weltbild als Ausgangspunkt zu nehmen, denn es ist nicht erlebbar. Es ist zwar reale Wahrheit, aber nicht individuell erfahrbar. Der initiatische Mensch geht eindeutig und unbeirrbar vom Erleben aus, also vom einzelnen Menschen. Das jeweilige einzelne Bewußtsein ist Zentrum, nichts anderes. Natürlich wird dies von den Vertretern der modernen Wissenschaft mit dem Hinweis auf die Antiquiertheit der Auffassung, der Mensch sei das Maß aller Dinge, abgetan. Zu unrecht: Machen wir die Spaltung in Subjekt und Objekt nicht mit, so bleibt der Mensch das Maß aller Dinge, ob er will oder nicht. Nur wenn das Maß aller Dinge außerhalb des Menschen gesehen wird, so glaubt man, sei die Objektivität aller physikalischen Wissenschaften garantiert. Um einer Wissenschaft willen, die der Subjektivität jener, die mit ihr umgehen, nicht verfallen sein soll, ist der Mensch in der modernen Welt als Zentrum abgeschafft worden. Die Welteroberung hat dies notwendig gemacht, denn alle Maßstäbe sind zu ihrem Zweck nach außen verlegt worden. Die Quelle aller Erkenntnisse ist nach außen verlegt worden.

Anders ist dies beim initiatischen Menschen. Er verzichtet darauf, sich an diesem neuzeitlichen Modell von Wissenschaft zu orientieren. Der initiatische Mensch orientiert sich im »Orient«, er ist ausgerichtet auf das aufgehende Licht. Der Mensch auf dem initiatischen Pfad ist damit nicht auf rationales Wissen, sondern auf das *Erfahrbare und Erlebbare* zentriert. Erleben und Erfahren geschehen aber mit dem Herzen und nicht mit dem Gehirn. *Der initiatische Mensch kehrt also für sich selber die ganze »kopernikanische Wende« wieder um.*

Hinzu kommt, daß nur die Lebensorientierung aus dem Herzen Angstfreiheit ermöglicht. Wird das Leben aus dem Hirn gesehen, muß der Mensch die Wissenschaft in immer tiefere Verästelung treiben, oder aber er muß ins Gigantische und Titanische vordringen, um der Angst zu entgehen. Oder er verlegt die Befreiung aus aller Angst in die Zukunft und frönt zu diesem Zwecke dem Kult der Entwicklung und des Fortschritts. Jeder imperfekte Zustand wird dann dadurch erklärt, daß man in der Forschung und der technischen Realisierung noch nicht so weit sei. Und irgendwann wird man dann einmal so weit sein. Wie weit?

Wir sprechen hier von der Angstfreiheit, weil sie ein Merkmal des Menschen im Märchen ist. Angst wird dadurch erzeugt, daß das eigene Leben nicht gelebt wird, daß die spontane »Emotion« *(ex-motio),* die direkte Hinaus-Bewegung, nicht gelebt wird, und der unversöhnte Mensch kann diese nicht leben. Er muß ja das, was er mit sich herumträgt, dauernd verbergen und tun, als sei dies nicht wahr. Er muß seine Unversöhntheit und seine Rachsucht, die hauptsächlicher Beweggrund von allem ist, konstant verstecken.

Das Gehirn ist das Organ für die Reflexion. Hier wird das so und so empfangene Licht wieder nach außen pro-jiziert, wobei man nicht berücksichtigt, daß dieses Reflektionsorgan keine Konstante darstellt, sondern von diversen Faktoren abhängig ist, die durch Zivilisation, Klima, geographische Lage, Tradition usw. bestimmt

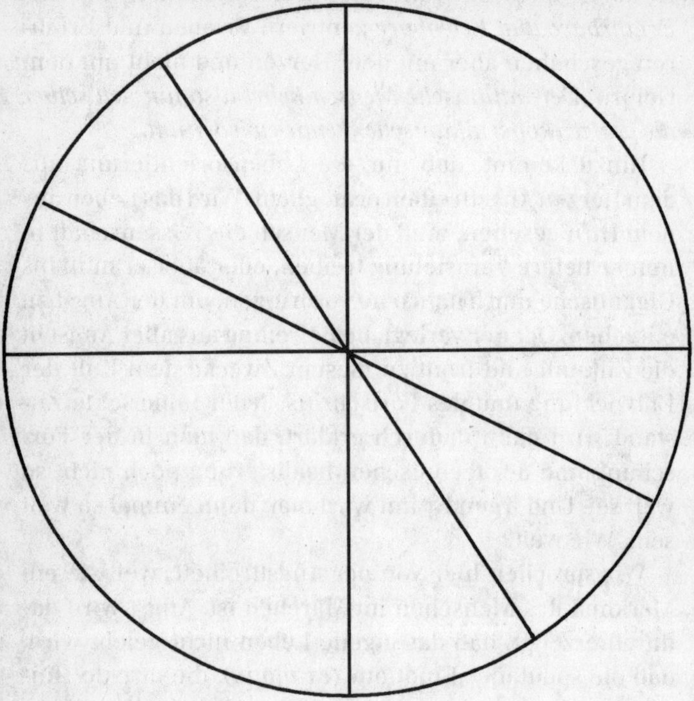

Zur Wiederholung: Die Achse II. Quadrant–IV. Quadrant ist jene, die es zu erfüllen gilt. Der II. Quadrant steht für das Leben aus der Eigenbewegung, aus dem Herzen, aus der Sonnenkraft. Der IV. Quadrant ist das Ziel dieser Eigenbewegung. In diesem Sinne ist das Subjektive (das Leben aus der Eigenbewegung) Brennmaterial für das Leben. Es muß verbraucht werden, um frei davon zu werden. (Die beiden erwähnten Quadranten sind hier mit den Zwischenhäusern dargestellt. Die Achse 5. und 11. Haus ist im besonderen Maße diese Befreiungs-Achse, es entspricht ihr die Opposition der Tierkreiszeichen Löwe–Wassermann.)

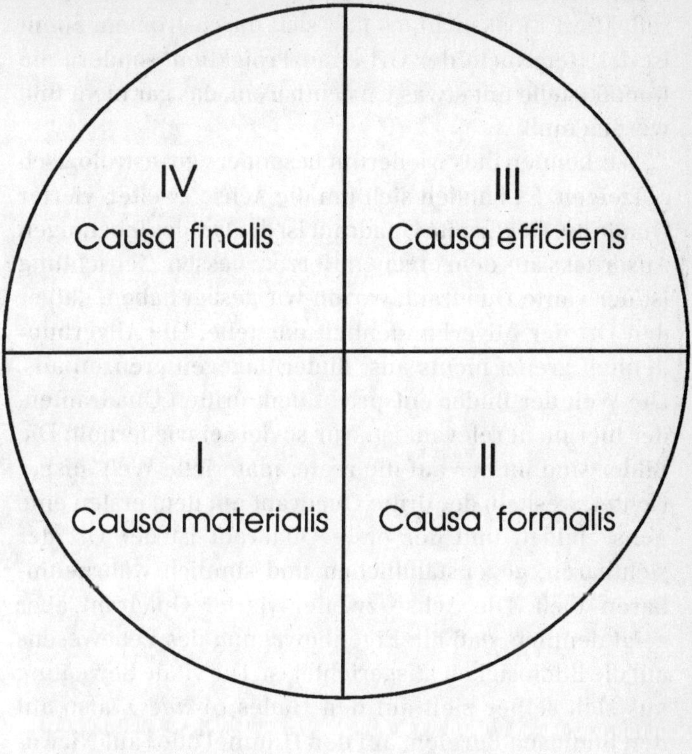

Die Aufteilung in die vier Quadranten und deren Bedeutung sei hier noch einmal wiederholt. Die astrologischen Grundgegebenheiten dienen in hervorragendem Maße zur Einordnung der Phänomene. Alles ist durch die vier Seinsgründe im Sinne des Aristoteles erfaßbar.

werden. Das Herz aber ist das Organ der Energiedurchlässigkeit, Instrument für die kosmische Schwingung, es reflektiert Licht nicht, es läßt sich durchströmen. Somit ist das Herz nicht der Ort einer Projektion, sondern die Kontaktstelle mit etwas Unsichtbarem, das gar nicht Bild werden muß.

Wir können dies wiederum besonders gut astrologisch aufzeigen. Es handelt sich um die Achse zweiter–vierter Quadrant. Der zweite Quadrant ist der Ort des lebendigen Ausdrucks aus dem eigenen Herzen; dessen Zielrichtung ist der vierte Quadrant, wovon wir gesagt haben, daß er den Ort der Allverbundenheit darstelle. Die Allverbundenheit grenzt nichts aus, Bilder dagegen grenzen aus. Die Welt der Bilder entspricht dem dritten Quadranten, der hier nicht relevant ist. Nur soviel sei wiederholt: Die Bilder sind immer auf die reale, materielle Welt ausgerichtet, weshalb der dritte Quadrant mit dem ersten eine Achse bildet, und der erste Quadrant ist der Ort der sichtbaren, gegenständlichen und sinnlich wahrnehmbaren Welt. Die Achse zweiter–vierter Quadrant aber zeigt deutlich, daß die Eigenbewegung des Lebewesens auf die Bildlosigkeit ausgerichtet ist. Die vitale Bewegung aus sich selber zielt auf den Hades *(A-eides),* also auf den bildlosen Bereich, auf den Himmel oder auf Nirwana.

Wir erinnern uns: Hades ist der Ort, den alle Toten aufsuchen, erst dort wird dann entschieden, wohin der Verstorbene gelangt. Vitale Bewegung des Lebens ist immer Bildverbrauch, ist ein »Hinter-sich-Zurücklassen« der Bilder. Das Hirn ist auf diese sichtbare Welt ausgerichtet, reflektiert sie, nimmt sie »wahr«, analysiert sie, interpretiert sie, es hilft in vielfacher Weise zur Orientierung in ihr. Das Gehirn ist bildorientiert und bildbedürftig; das Herz nicht. Das Herz kann zwar Bilder materialisieren, es kann sie aber auch übersteigen, es kann sie transzendieren.

Das Herz hat viel mit der Begabung zu tun, von der wir zu Beginn dieses Abschnittes gesprochen haben. Wenn das Herz der Ort ist, wo »Verbindung mit oben« und »Wissen von oben« einströmt, Organ der Öffnung zu den jenseitigen Gaben, so ist die Zentrierung des Bewußtseins in das Gehirn, welche sich seit der kopernikanischen Wende ereignete, nichts anderes als die Abkehr von der ursprünglichen Begabung. Der mit der ursprünglichen Gabe Begabte, der aus der Urquelle Wissende, braucht die »Wahrnehmung« im Sinne der Empirie gar nicht. Der Gehirnzentrierte ist der Mensch der Abkehr; der Herzzentrierte aber ist der Mensch des Anfangs oder der Rückkehr und Heimkehr.

Hilfe ist Begabung. Die Hauptthematik der Märchen, die Drachentöter-Allegorie, ist ohne die Begabung nicht denkbar. Die Drachentöter-Energie ist Sonnen-Licht-Herzens-Kraft. In diese haben wir zu gelangen.

Wir haben gesehen, daß der Märchenheld und die Märchenheldin dabei der Helfer bedürfen. *Helfer zu haben, mit Helfern zu leben, im Bewußtsein ihrer Anwesenheit zu leben, ist das große hermetische Prinzip des initiatischen Menschen.* Auch im bereits zitierten »Homerischen Hymnos an die Göttin Demeter« spricht Persephone, als sie zu ihrer Mutter zurückkehrt und die Ereignisse ihres Raubes und ihrer Fahrt in den Hades schildert, von Hermes, dem Helfer und dem schnellen Boten der Götter. Ich erwähne diesen Zusammenhang deshalb noch einmal, weil das Wort »hermetisch« zu allem, was der Märchenforscher Max Lüthi über das »Menschenbild im Märchen« herauskristallisiert hat, uneingeschränkt paßt. Märchen sind hermetisch. Der Helfer Hermes begleitet die Menschen in die Unterwelt und auf den Olymp, zu den Unsterblichen, wenn ihnen dies aufgrund ihrer Entwicklung und Berufung zusteht. *Der Gott Hermes ist der wirkliche Helfer.* Er kann viele Gestalten annehmen, wie uns die Märchen zeigen. *Hermes ist das Prinzip der dem Menschen angeborenen und notwendigen Hilfe.* Die Hilfsbedürftigkeit – aber nicht im Sinne der christlichen Gnade – und die Tatsache der Hilfe ist einer der wichtigsten Inhalte und eine der entscheidendsten Botschaften der Märchen. Das hermetische Prinzip heißt *»Wie oben, so unten«,* und dem entspricht Hermes, indem er die Menschen nach unten und nach oben begleitet. Aber das hermetische Prinzip heißt auch »Wie innen, so außen«, also führt Hermes auch nach innen und nach außen. Wir haben früher gesehen, daß »innen« nicht »Seelentiefe« heißt. Innen heißt: hinein zum Strom, der durch das Herz fließt. Also weg von der sichtbaren Welt zu einer ganz anderen Erfahrung, zu einer Erfahrung, die nur im Weggang aus der sichtbaren Welt gemacht werden kann, wenngleich das Resultat dieser Erfahrung wiederum Bild (für andere) werden kann. Somit ist Hermes vor allem der »innere Helfer«. Die Helfer außerhalb sind immer nur die Repräsentanten dieses inneren Helfers. Nun möchte ich dies mit anderen Namen und anderen Figuren an dem weltberühmten Kunstmärchen der Antike »Amor und Psyche« von Apuleius aufzeigen. Es steht eingeschoben in den »Metamorphosen« oder in »Der Goldene Esel« und lautet etwa so (wir folgen im wesentlichen der Zusammenfassung im »Lexikon der antiken Mythen und Gestalten«):

François Gérard: Amor und Psyche, 1798
(Musée National du Louvre, Paris).

Es war einmal ein König, der hatte drei Töchter. Die jüngste, Psyche, war so schön, daß sich die Menschen vom Kult der Venus (Aphrodite) abwandten und das Mädchen zu verehren begannen, das jedoch lieber Heiratsanträge bekommen hätte, statt wie eine Göttin verehrt zu werden. Venus war so verbittert über die, wenn auch unfreiwillige, Aneignung ihres Kultes, daß sie beschloß, das Königskind zu bestrafen. Sie befahl ihrem Sohn Amor, Psyche in das häßlichste Geschöpf verliebt zu machen, das er je finden würde. Als er sie jedoch erblickte, verliebte er sich selber so sehr, daß er dem Befehl nicht gehorchen konnte. Und er bat Apollon, dem Vater von Psyche durch ein Orakel zu sagen, daß sie sich zur Ehe bereit machen und in ihr Hochzeitskleid gehüllt auf eine einsame Bergspitze steigen sollte, wo ein böser Geist sie zur Frau nehmen würde. Schweren Herzens gehorchte der König. Psyche aber wurde von einer sanften Zephyros-Brise vom Berge gehoben und in ein verborgenes Tal geweht, wo sie vor einem Feenpalast mit Toren aus Edelsteinen und Fußböden aus Gold stand. Sie ging hinein, und unsichtbare Geister waren ihr dienstbar. Eine freundliche Stimme führte sie umher und gebot ihr, sich nicht zu fürchten. Als es Nacht wurde, ging sie zu Bett, und Amor legte sich in menschlicher Gestalt zu ihr. Er sagte, daß er nun ihr Mann sei und glücklich und in Frieden leben werde, solange sie nicht herauszufinden versuche, wer er sei und wie er aussähe, denn er war für sie in der Dunkelheit der Nacht unsichtbar. Ehe es Tag wurde, entschwand er.

Sie begann ihn herzlich zu lieben. Nach ein paar Tagen bat sie den unsichtbaren Gatten, ihre Schwestern einladen zu dürfen, denn ihr Elternhaus war untröstlich über ihren Tod. Nur widerwillig war Amor bereit, die Schwestern zu holen, gebot Psyche aber, keine Fragen über ihn zu beantworten. Der Westwind trug diese herbei, wie er Psyche getragen hatte, und kaum erblickten sie den Palast, in dem nun ihre Schwester wohnte, erfaßte sie ein unvorstellbarer Neid. Bei einem zweiten Besuch erfuhren die Schwestern, daß Psyche ihren Gatten noch nie gesehen hatte. Da wurden die Schwestern zudringlich und setzten Psyche mit Gedanken, was für ein Ungeheuer und Untier der Gatte sei, in großen Schrecken. Psyche erlag der Neugier und der Angst, und als sie sich das nächste Mal in ihr Bett begab, nahm sie eine Lampe und einen Dolch mit. Nachdem Amor eingeschlafen war, entflammte sie die Lampe und beleuchtete sein Gesicht, den Dolch stoßbereit in der Hand. Beim Anblick des schönen Liebesgottes aber erschrak sie so heftig, daß ein Tropfen des heißen Öles von der Lampe auf seine Schultern fiel und er erwachte. Er sah, daß Psyche nun wußte, wer er war und daß sein Geheimnis verraten war. Amor erhob sich und flog davon. Psyche suchte verzweifelt nach ihm, jedoch vergebens. Als die Schwestern erfuhren, wer der Gatte gewesen war, wollten auch sie ihn heiraten; doch als sie es Psyche gleichtaten und in Hochzeitsgewändern vom Berge sprangen, stürzten sie auf den Felsen in der Tiefe zu Tode. Inzwischen zog Psyche herum und suchte nach Amor. Als ihr weder Juno (Hera) noch Ceres (Demeter) helfen konnten, weil sie selber mit der Göttin Venus verfeindet waren, gelangte sie schließlich zum Palast, wo Venus wohnte.

Die Göttin nahm sie auf, machte sie aber zu ihrer Magd und stellte ihr unlösbare Aufgaben: Zuerst mußte sie vor Einbruch der Nacht ein ganzes Zimmer voll verschiedener Getreidekörner verlesen; aber ein Heer von Ameisen kam ihr zu Hilfe und teilte die Körner in Häufchen. Als nächstes verlangte Venus eine Strähne Wolle vom Fell menschenfressender Schafe; diesmal verriet ein Schilfrohr Psyche, wie sie des Nachmittags die Schafe scheren konnte, wenn sie schliefen. Dann mußte Psyche aus einem gebirgigen Teil Arkadiens einen Krug Wasser vom Flusse Styx holen; aber ein Adler erschien, der Amor einen Dienst schuldete, und holte das Wasser für sie. Zuletzt aber mußte sie ein Gefäß, gefüllt mit Schönheit, von Proserpina (Persephoneia) holen. Psyche erkannte, daß dieser Auftrag ihr Verderben bedeuten würde, denn Proserpina war die Königin der Unterwelt. Deshalb erstieg sie einen hohen Turm und wollte sich hinunterstürzen. Der Turm aber redete zu ihr und erteilte ihr sorgfältige Anweisungen, wie sie die sehr schwere Aufgabe meistern könnte. So betrat sie das Haus des Hades über Tainaron im Peloponnes. Sie hatte zwei Oboli und zwei Kuchen bei sich; damit besänftigte sie zweimal Charon und Kerberos (den Fährmann über den Totenfluß und den Höllenhund) und vermied außerdem einige Fallen, die ihr Venus gestellt hatte. Proserpina bot ihr einen Stuhl und ein Mahl an – doch sie setzte sich weise auf den Boden und aß nur Brot. Die Göttin gab ihr auch den von Venus verlangten Krug mit der Schönheit, sorglich versiegelt. Zu dieser Zeit erschien Amor, der seine verlorene Gattin schmerzlich vermißte, vor Jupiters Thron, beichtete seinen eigenen Ungehorsam, verwendete sich für Psyche, die nun gestraft genug sei, und bat den Gott, sie seine rechtmäßige Gattin werden zu lassen. Jupiter willigte ein. Unterdessen befand sich Psyche schon wieder auf dem Weg in die Oberwelt; aber die Neugier plagte sie so heftig, und sie wünschte so sehr, Amors Liebe zurückzugewinnen, daß sie es nicht lassen konnte, in den versiegelten Krug zu schauen, obwohl der Turm ihr geboten hatte, dies zu unterlassen. Daraufhin wurde sie von tödlichem Schlaf übermannt – denn nichts anderes enthielt das Gefäß. In dieser Verfassung fand Amor sie, doch er erweckte sie wieder zum Leben und trug sie empor zum Olymp. Alle

Götter feierten die Hochzeit von Amor und Psyche. Venus vergaß ihren Zorn, und Jupiter selbst reichte ihr einen Becher Nektar, der sie unsterblich machte. Sie gebar Amor eine Tochter, Voluptas (Göttin der Lust).

Bevor wir Verbindungen zu unseren Themen herausheben, wollen wir einigen Einzelheiten nachgehen. So fällt uns zum Beispiel auf, daß die erste Aufgabe, die Psyche von Venus bekommt, das Aussortieren von Getreidekörnern, auch im »Aschenputtel« vorkommt. Anstelle der Teilnahme an dem Hochzeitsfest auf dem Königsschloß beschert ihr die böse Stiefmutter: »Da habe ich dir eine Schüssel Linsen in die Asche geschüttet: wenn du die Linsen in zwei Stunden wieder ausgelesen hast, so sollst du mitgehen.« Wir erinnern uns: Alle Vögel des Himmels schwirrten und schwärmten in die Küche herein und lasen alle Körnlein in die Schüssel, so daß die Aufgabe binnen einer Stunde erledigt war. Die Stiefmutter verdoppelte daraufhin die Menge: Aschenputtel mußte zwei Schüsseln in *einer* Stunde aussortieren, und schließlich nützte ihr auch dies nichts. Es handelt sich hier um ein uraltes Initiationsritual. Doch darauf können wir hier nicht näher eingehen.

Zum Unterweltseingang »Tainaron« wollen wir ergänzen: Es handelt sich um das südlichste Kap des Peloponnes, die 315 m hohe Südspitze einer 5 km langen Halbinsel. An der Westflanke einer zum Ostteil der Bucht hinabführenden Schlucht liegt eine 10 m tiefe Höhle mit den Spuren eines fast verschwundenen Rechtecksbaues, des Poseidontempels. Die Höhle galt als Eingang in die Unterwelt, wo Herakles den Höllenhund heraufgeholt hatte. Das Land der Toten dachte man sich nicht nur unter der Erde, sondern es war vor allem auch mit dem Westen verbunden, wie wir schon mehrmals aufgezeigt haben.

Als Odysseus zum Hain der Persephoneia segelte, kam er an einer wilden, sonnenlosen Küste am Rand der Welt vorbei, wo der Weltstrom floß und die unterirdischen Flüsse sich in ihn ergossen. Wenn man sich das Hadesreich unterirdisch vorstellte, dachte man sich seine Eingänge eben in der erwähnten Höhle in Kap Tainaron oder im Alkyonischen See von Lerna (dort hauste die »Lernäische Hydra«, der vielköpfige Wasserdrache, den Herakles tötete. Übrigens waren dies eher Sümpfe als ein See) und im Avernersee in Kampanien im ehemaligen griechischen Teil von Italien. Der Avernersee liegt am Golf von Neapel, genauer an der Bucht von Pozzuoli, am Rande der Phlegräischen Felder, wo die Erdkruste sehr dünn ist und Dämpfe aus dem Erdinneren aufsteigen.

Ein weiteres bekanntes Motiv besteht darin, daß Psyche mit zwei Oboli und zwei Kuchen versehen in die Unterwelt absteigt. Es handelt sich hier auch wiederum um Gaben der Helfer. In unserem Märchen »Das Wasser des Lebens« gab der Zwerg dem jüngsten Königssohn eine eiserne Rute und zwei Laiberchen Brot. In diesem Zusammenhange gilt es sich zu merken, daß man Gaben bei sich haben muß, wenn man sich gefährlichen Wesen an gefährlichen Orten nähert. Wir vernahmen schon, daß man den Obolus für den Fährmann braucht, der einen über den Totenfluß hinüberrudert, die Brote oder die Kuchen aber für die gierigen tierischen Wächter. Denn in der Unterwelt ist ja alles unerlöst und darum gierig. Wir kennen dieses Thema auch aus der Psychotherapie. Im katathymen Bilderleben oder in der aktiven Imagination suggeriert der Therapeut bewußt die Begegnung mit wilden Tieren im Walde oder an einem Waldrande, um den Klienten mit seinen Ängsten zu konfrontieren. Um die Angstschwelle in der Annäherung an das wilde Tier zu überschreiten, legt man dem Klienten nahe, dem Tier etwas zu essen zu geben. Danach ist dies friedlich und wird zu einem Helfer für den Phantasierenden. Das Thema »Dem wilden Tiere Essen zu geben« ist gleichbedeutend mit »Das Ungeheure zum Geheuren zu machen«. Das Ungeheure, das Angstmachende, das noch nicht Integrierte muß ernährt werden; damit entfällt die Angst.

Ein weiteres Motiv, das wir aus den Märchen kennen, stellen die neidischen Schwestern dar. Die größte Gefahr kommt von den Familienmitgliedern. Psyche ist noch gar keine wahre Frau. Erst die Trennung von dem geliebten göttlichen Manne und die Bewältigung der vielen Prüfungen, welche sie ohne Helfer nicht durchstehen könnte, macht sie zur Frau. Sie ist am Anfang ein Mädchen, das geheiratet wird. Sie ist noch ein Kind, weil sie Sehnsucht nach der Familie hat, von der sie sich noch gar nicht wirklich getrennt hat.

Zuletzt noch eine Bemerkung zum Westwind: Der »Zephyros« ist bei Homer geläufig für den Wind aus dem Westen, also aus der Sonnenuntergangsrichtung. Die Intervention des Zephyr bei der Rettung von Psyche ist sinngerecht, handelt es sich doch um den Anfang einer Jenseitsfahrt, die im Westen beginnt. – Nach diesen Anmerkungen zu Einzelheiten, wollen wir uns dem Hauptthema zuwenden:

Der römische Amor oder Cupido heißt griechisch Eros. In diesem Kunstmärchen ist Eros der »unsichtbare, unerkannte Helfer«, der später sichtbar wird, aber die Sichtbarkeit muß zuerst verdient werden. Ein häufiger Kommentar zu »Amor und Psyche« lautet etwa, das Märchen sei für Apuleius eine Allegorie der Seele (Psyche) auf der Suche nach der göttlichen Liebe (»Amor«, »Eros«). Durch die Namen Amor und Psyche verleitet, haben immer wieder Interpreten diese Erzählung für eine Allegorie des Verhältnisses der menschlichen Seele zur himmlischen

Liebe gehalten. Möglicherweise hat auch Platos Eros-Lehre Einfluß auf Apuleius' Quelle gehabt. Die erzählerische Substanz weist jedoch auf zwei märchenhafte Motivkomplexe: das Märchen vom Tierbräutigam, der sich der Geliebten nur verwandelt und ungesehen naht und der durch ihre Neugierde vertrieben wird, und das Motiv der Treueprüfung, deren Überwindung zur Vereinigung führt.

Da Apuleius ein esoterischer Schriftsteller ist, bis zu einer gewissen Stufe ein Eingeweihter, wie ja auch aus dem Roman »Der goldene Esel« hervorgeht, muß der Beginn des Märchens, unabhängig von der Motivwahl, in der Antinomie »unsichtbarer Helfer – sichtbarer Helfer« gesehen werden, welche aller Einweihung zugrunde liegt oder zum Ritual der Einweihung gehört. Dies wird aus unseren folgenden Überlegungen deutlich werden. Psyche, das sind wir Menschen dieser Welt mit unserer Unvollständigkeit und Halbheit und mit unserer Sehnsucht nach Vollständigkeit. Psyche läßt sich verführen, die »unsichtbare andere Hälfte« zu einem Zeitpunkt zu sehen, wo dies noch verboten ist. Darauf wird sie für lange wieder auf die Erde verbannt, von ihrem Bräutigam und Gatten getrennt und auf den Pfad der Prüfungen gezwungen. Der Zephyros hat sie direkt in die Gefilde der Seligen geführt. Dort ist man noch nicht unsterblich. Psyche verspielt dieses Privileg wieder. Nun aber geht sie auf die Suche nach Eros, nach ihrem anderen Ich, ihrem höheren Selbst.

Eros ist nicht nur ein Gott, er ist in der griechischen Philosophie auch ein Begriff, der durch Plato als »himmlischer Eros« zum Hauptbegriff einer Anschauung erhoben wurde, nach welcher es die Aufgabe des Menschen sei, die Seele von den Fesseln der Sinnlichkeit und der Erdgebundenheit zu befreien, um sie in die übersinnliche, himmlische Welt hinaufzuführen. Diese Platonische Auffassung geht auf die Orphik zurück, welche die göttliche Herkunft der Seele lehrt, die aus der Welt der Erscheinungen befreit werden muß, damit sie der Welt der Ideen direkt ansichtig wird. »Eros« ist nach Plato der »Weg«, auf dem der Mensch zum Göttlichen aufsteigt. Nun ist es für uns hier wichtig, daß Eros in dem Märchen als Bräutigam und als Gatte der Seele auftritt. Wie in der neutestamentlichen Bibel kommt der Bräutigam in der Nacht. Nur fünf Jungfrauen haben für ihre Lampen auch Öl dabei. Sie allein sind darum auch wach, als er kommt. Die Stelle endet mit dem Hinweis: »Darum wachet. Denn ihr wisset weder Tag noch Stunde« (Matthäus 25.1–13).

Wir haben schon früher Helfer und Bräutigam gedanklich vereint. Hier treffen wir diese Identität wiederum an. Das Stichwort heißt: »der unsichtbare Bräutigam«. Denn die andere Hälfte, das was uns fehlt, ist ja unsichtbar, solange wir auf der Suche danach sind oder solange wir den Reifungsprozeß nicht durchgestanden haben, der uns dahin gelangen läßt, seiner ansichtig zu werden. Alle Initiation zielt darauf ab, uns für Eros zu öffnen, für unsere eigene obere und göttliche Dimension offen zu werden, um uns schließlich mit ihr zu vermählen. Eros ist selber anfänglich ungehorsam, er vereinigt sich sozusagen zu früh mit Psyche. Dieser Ungehorsam der Göttin Venus gegenüber ist nicht nur äußerst reizvoll, sondern durch ihn geschieht eine Vorwegnahme des Zieles, die aber nicht tragfähig ist. Diese Antizipation aber ist charakteristisch. Es soll damit zum Ausdruck kommen, daß das Ziel von Anfang an im Menschen ist, aber er muß innerhalb von Raum und Zeit daraufhin reif werden.

Der Helfer ist der Bräutigam, und er ist immer die »himmlische Dimension«, also unsere Berufung zur Unsterblichkeit, die anlagemäßig in uns besteht, aber erfüllt werden muß. Oder noch einmal anders formuliert: Der Helfer ist das höhere Selbst, zu dem wir gehören und das uns in die Niederungen der materiellen Welt stürzen ließ, um hier das Bewußtsein in Erkenntnis umzuformen. Wir können den Kontakt dazu verlieren in unserer Weltverlorenheit, und wir haben uns schließlich damit wiederum zu vereinigen. Aus derselben Quelle der Einsicht stammt folglich die Auffassung: Alles, was uns im Leben begegnet und geschieht, ist nichts anderes als das Zwiegespräch mit unserem Schutzengel. »Amor und Psyche« ist dafür ein großartiges Beispiel.

Wir kommen zum Schluß des Helferthemas. Erinnern wir uns dabei noch einmal des beruflichen Helfers. *Aus allem, was wir über den Helfer herausgefunden haben, geht schließlich hervor, daß der menschliche Helfer nur helfen kann, wenn er dem »wahren Helfer« im anderen Menschen »dient«.* Der Arzt muß die heilenden Eigenkräfte wecken. Der Psychotherapeut und jeder andere professionelle Helfer ist, wenn er seine Aufgabe recht versteht, der Repräsentant des »eigenen Helfers« des Klienten. Somit spiegelt er Amor oder Eros, er repräsentiert damit auch die wahre eigene Liebe des Klienten, welche diesem selber noch unbekannt ist. Was die Interpreten von »Amor und Psyche« die himmlische Liebe nennen, wohl in Analogie zu christlichen Aussagen als die »göttliche Liebe« verstanden, das ist in Wahrheit die wirkliche Eigenliebe, die verlorenging und die zurückgewonnen werden muß.

Jeder wahrhaftige irdische Helfer hat die Aufgabe, den Hilfesuchenden dahin zu führen, daß dieser sich mit seinem »eigenen Helfer« vermählt. Diese Verbindung mit dem eigenen Helfer/Bräutigam muß gefördert werden. Darum muß der jungfräuliche Mensch »wach bleiben in der Nacht«. Der Bräutigam kann nur in der Nacht kommen, um danach Licht werden zu lassen. Denn bevor er kommt, ist nur Nacht. Sich mit dem eigenen transzendenten Helfer vermählen, das ist *Hermetik*, das ist das Ziel aller Esoterik. Und dies ist schließlich der Grund dafür, daß in den Märchen das Ziel immer die Ehe ist, aber nie Gegenstand der Erzählung. Denn was gibt es dann noch zu erzählen, wenn der Mensch mit sich selber eins geworden ist? Im Wort »erzählen« steckt das Zählen, die Zahl. Wenn der Mensch eins ist, gibt es nichts mehr zu zählen; es herrscht die blanke Eins.

So wollen wir am Ende unserer Betrachtung über das Helferthema auf die verschiedenen »großen Helfer« zurückkommen, denen wir begegnet sind, nämlich Hera, Hermes und Eros. Wir haben von den »wahren Helfern« gesagt, daß sie bedürfnislos seien. Wir haben ihnen gegenüber die »bedürftigen Helfer« gesehen; zu ihnen gehört im realen Leben jeder, der einen Helferberuf gewählt hat. In den Märchen scheinen Hilfsbedürftige wechselseitig zusammenzuspielen, wenn wir uns etwa des »Froschkönigs« erinnern. Zumindest läßt sich sagen, daß die Prinzessin und der Froschkönig beide, von einem einmal eingenommenen Standpunkt der Hilfe aus gesehen, bedürftig sind. Aber es ist hier auch ein ganz anderer Gesichtspunkt möglich. Das im Zusammenhang mit dem »Amor und Psyche«-Stoff angesprochene Motiv des »Tiergatten« oder »Tierbräutigams« enthält als Gegenstand das Noch-nicht-Geheiratete, das ist das Un-Geheure. Das Nicht-Integrierte macht angst, entsetzt, verursacht Schrecken. Die Stammsilbe von »heiraten« und »geheuer« ist etymologisch dieselbe. So heißt dies also schließlich, das eigene »andere«, das eigene »Anderssein«, das »Alter ego« verursacht Furcht, Angst und Schrecken, solange es nicht einverleibt ist.

Ziehen wir hier wiederum zur Veranschaulichung das Horoskop heran, dessen Kreis in zwei Teile geteilt ist. Der untere Teil ist das *Ich*, der obere Halbkreis aber das *Nicht-Ich*. Wir Menschen sind immer beides, immer ein Ich und ein Nicht-Ich. Und solange das Nicht-Ich nicht einbezogen ist, solange wir uns ihm nicht geöffnet haben, ist dies außerhalb von uns und damit Quelle der Bedrohung und des Schreckens. Was wird bedroht? Einzig die ichhafte Geschlossenheit. Aber diese kann sich »noch nicht« öffnen, solange sie nicht stabil genug ist, solange sich nicht ein standfestes *Ich* gebildet hat. Ein solches muß aber dem Öffnen vorausgehen.

Die wahren Helfer sind dazu da, diese Verbindung zwischen Ich und Nicht-Ich zu ermöglichen und zum Gelingen zu bringen. Und dazu gehören Hera, Hermes und Eros. Es mögen andere noch an reicher Zahl hinzukommen. Vergessen wir nicht: Auf den griechischen Vasenbildern werden die Helden und Heldinnen immer in Begleitung der Götter dargestellt. Die unsichtbaren Helfer sind dauernd anwesend.

Der »wahre Helfer« ist immer eine höhere Wesenheit. Das ist das, was der Inder »Guru« nennt. Dieser Name kann verschiedene Bedeutungen haben, wir kommen darauf in der Betrachtung des Verhältnisses von Kindern und Eltern zurück. Esoterisch beschäftigen uns zwei Stufen der Guruschaft. Die eine Stufe ist der spirituelle Lehrer, der uns den Weg weist, weil er ihn kennt. Da gibt es Analogien zu Helfern in Märchen. Genauer aber müssen wir davon sprechen, daß dieser »hohe Grad eines Helfers« in den jeweiligen Helferfiguren seine Repräsentanten hat und einsetzt. Die höchste Stufe des Guru aber ist der »Avatara«, zu welchem der spirituelle Lehrer hinführt. Dies ist der kosmische Guru, und für die Christen ist dies Jesus Christus. Nach überlieferter Etymologie heißt Guru »Sonne und Mond«, in ihm ist Männliches und Weibliches vereint. Helfer tieferer Stufen sind Erfüllungsgehilfen des

Schicksals. Jeder Mensch gehört nach östlicher esoterischer Lehre zu einem Guru und muß von einer gewissen Inkarnation an lernen, auf ihn zu hören.

In heutigen Helferberufen kann ein Vertreter dieser Gewerbe nichts Vornehmeres im Sinne haben, als dem Klienten den Weg zu »seinem eigenen Helfer« zu öffnen. Eingedenk der eigenen Bedürftigkeit gilt dabei nach alter ärztlicher Regel: »vor allem nicht schaden«. Nur der Bedürfnislose schadet nicht. Das ist derjenige Helfer, der, abgesehen vom Honorar für seine Arbeit, alle anderen vitalen Bedürfnisse in seinem privaten Bereiche abdeckt und diesen mit dem Beruf nicht vermischt. Die Einsicht sei wiederholt: Der Helferberuf ist dann nicht mehr ein Zwischending zwischen Opfer und Sieger, wenn er auf höhere Weise gelebt wird. Er ist dann etwas vom Vornehmsten auf Erden, wenn der Helfer Werkzeug sein will für den eigenen, aber noch unsichtbaren Helfer des Klienten selbst und wenn er den Klienten zu diesem hinzuführen versucht.

Aus der Astrologie entnehmen wir die Lehre, unser Weg gehe vom Dasein des Tieres zu jenem der Götter. Eine letzte Frage: Sind Götter unbedürftig? Schon in der Antike war diese Frage aufgeworfen worden; und es gab Meinungen, die dahin gingen, die Götter bedürften der Menschen, denn sie ernährten sich von den Gefühlen und Leidenschaften. So heißt es beim Dichter Friedrich Hölderlin (im Gedicht »Der Rhein«):

… und bedürfen
Die Himmlischen eines Dings,
So sinds Heroen und Menschen
Und Sterbliche sonst. Denn weil
Die Seligsten nichts fühlen von selbst,
Muß wohl, wenn solches zu sagen

Erlaubt ist, in der Götter Namen
Teilnehmend fühlen ein andrer,
Den brauchen sie ...

Ist nicht etwas Tröstliches für uns daran, daß der Gott Eros sich in Psyche, das Menschenkind, verliebt? Das Obere sucht also das Untere genauso wie umgekehrt? Und Aphrodite (Venus) ist eifersüchtig auf das sterbliche Wesen Psyche?

Bedenken wir eines: Menschen *und* Götter gehören zur Bilderwelt. Der esoterische Weg endet nicht bei den Göttern, er verläßt auch deren Reich, geht ins Bildlose.

10 Die Kinder-Eltern-Beziehung

Und ein Weib, das ein Kind an der Brust hielt, sagte:
»Rede uns von den Kindern.«
Und er sprach also:
Eure Kinder sind nicht *eure* Kinder.
Es sind die Söhne und Töchter von des Lebens
Verlangen nach sich selber.
Sie kommen durch euch, doch nicht *von* euch;
Und sind sie auch bei euch, so gehören sie euch doch nicht.
Ihr dürft ihnen eure Liebe geben,
doch nicht eure Gedanken.
Denn sie haben ihre eignen Gedanken.
Ihr dürft ihren Leib behausen, doch nicht ihre Seele,
Denn ihre Seele wohnt im Hause von Morgen,
das ihr nicht zu betreten vermöget,
selbst nicht in euren Träumen.
Ihr dürft euch bestreben, ihnen gleich zu werden,
doch suchet nicht, sie euch gleich zu machen.
Denn das Leben läuft nicht rückwärts,
noch verweilet es beim Gestern.
Ihr seid die Bogen, von denen eure Kinder
als lebende Pfeile entsandt werden.
Der Schütze sieht die Zeichen
auf dem Pfade der Unendlichkeit,
und Er biegt euch mit seiner Macht,
auf daß Seine Pfeile schnell und weit fliegen.
Möge das Biegen in des Schützen Hand
euch zur Freude gereichen;
Denn gleich wie Er den fliegenden Pfeil liebet,
so liebt Er auch den Bogen, der standhaft bleibt.

Aus Kahlil Gibran: »Der Prophet«

Max Lüthi hat dem Thema der Familie und der Beziehung zwischen Eltern und Kindern Beachtung geschenkt: In den Zaubermärchen spielt die Familie eine »beherrschende Rolle«, sie gehört zu den »wesentlichen Bauelementen«. Dabei handelt es sich immer um die Kleinfamilie. Von Verwandtschaft außerhalb der Familie ist kaum die Rede. »Es sind die Eltern oder Stiefeltern des Kindes, welche auf irgendeine Weise dessen Aufbruch in die Welt des Abenteuers veranlassen ... Es sind die Geschwister oder Stiefgeschwister, welche ihm Schaden zufügen, seltener ihm Hilfe bringen.« Wir wissen es nunmehr gründlich: Das Zauber- und Königsmärchen erzählt die Wegstrecke zwischen Geburt und Vermählung. Ferner wissen wir, wie sehr die Umstände bei der Geburt von Bedeutung sind. Nach Max Lüthi gehört die Beschränkung der Kleinfamilie zum klaren, einfachen und übersichtlichen Rahmen der Märchenerzählung. Das Märchen versucht mit möglichst wenig Personen auszukommen, dies ist eine Eigenart seiner hohen Verdichtung.

Nun kommt aber das Entscheidende, und Max Lüthi weist mit Nachdruck darauf hin: »Nicht Harmonie, sondern Spannung, Auseinandersetzung, Widerstreit herrschen im Familienverband des Märchens«, und er kontrastiert diese Tatsache mit dem vorherrschenden Bezug zur Natur und zum Kosmos. »Während die Natur – Tiere, Pflanzen und Gestirne (die Natur wird hier fälschlicherweise auf die Gestirne ausgedehnt; Anm. des Autors), dem Helden im Märchen im allgemeinen freundlich entgegenkommen, wird er im Raume seiner eigenen Familie bedroht. Im Schoß von Natur und Kosmos sieht sich die zentrale Figur im Märchen besser aufgehoben als im Schoße seiner Familie ... Das Kind im Märchen ist gefährdet, manchen Schädigungen und Peinigungen ausgesetzt.« Der nächste zitierte Satz muß besonders herausgestrichen werden: »Die Märchenerzähler verwenden wenig Mühe darauf, die behütende und fürsorgliche Eltern-Liebe darzustellen.« Wir können darum gerade an dieser Stelle allfällige Gegner der Märchen, die davon reden, die Märchen seien Wunschträume, entwaffnen. Denn dieser Punkt ist tatsächlich beachtlich. Ohne in die Einzelheiten zu gehen, welche sich bei der Schilderung elterlichen Milieus aufweisen lassen, wollen wir doch miteinander sehen, wie das Thema »Kinder« überraschend häufig mit Schwierigkeiten durchsetzt ist.

Der Anfang mancher Märchen zeigt zum Beispiel ein Elternpaar, das lange keine Kinder bekommt, oder es entsteht trotz des Kinderwunsches keine Situation, wo das Kind sich verwurzeln kann, oder es wird von einem kinderlosen Paar gesprochen, das dann doch irgendwie zu einem Kinde kommt. Eine Extremsituation heißt dann gar »Lieber eine Mißgestalt als gar kein Kind«. Häufig wird in den Märchen ein Kind einem Unhold oder einer Hexe versprochen, entweder gleich nach der Geburt oder nach Ablauf einer gewissen Zeit. Denken wir etwa an »Rapunzel« oder »Rumpelstilzchen«. Aber sowohl Mißgestalt als auch das Weggeben des Kindes wegen einer Paktgeschichte gereichen am Ende zum Heil. Die Forschung bringt die Verschreibung eines Kindes an einen Unhold mit der Dämonenweihe und diese wiederum mit dem altgermanischen und -jüdischen Kultbrauch der Gottesweihe in Beziehung. Das Thema der bösen Stiefmutter und Stiefgeschwister ist zu sehr bekannt, als daß wir uns dabei aufhalten wollen. Also zentrieren wir das bisher Gesagte auf das Wesentliche und folgern daraus: *Die Familienbeziehung ist im Märchen als ganze gestört.* Eltern und Stiefeltern sind den Kindern oder einem von ihnen feindlich gesinnt. Dies gilt auch von den Geschwistern; das Kunstmärchen »Amor und Psyche« illustriert dies. Psyches Schwestern raten ihr aus abgrundtiefem Neid, den Gatten im Schlaf zu töten, weil er das Ungeheuer sei, von dem geweissagt wurde. Wir kennen die Folgen: Psyche muß danach auf ihren Weg der Prüfungen mit den unsäglichen Hindernissen, die Schwestern aber gehen jämmerlich zugrunde.

Doch im Zentrum des Märchens steht nicht das Kind, sondern der junge Mensch. »Der junge Mensch, der jugendliche Märchenheld, *wacht auf* aus seinem Dummlings- oder Aschensitzerdasein – oder aus seinem Aschenputtel-, Gänsemagd- und Schweinehirtdasein –, und er erhebt sich und geht den wesentlichen Begegnungen, Abenteuern, Aufgaben entgegen als ein Abgelöster« (Lüthi), als einer, der sich nicht festhalten läßt, der »weg«-geht. *Die Negativität der Familie ist der Motor dafür, daß der Märchenheld weg-geht.* Oder wir drehen die Sicht um und sagen: Da der Märchenheld keiner ist, der zu Hause bleiben will, bedarf er spiegelbildlich geradezu der »vertreibenden Impulse« um ihn herum, sei es von seiten der Eltern oder der Geschwister. Auch hier fällt uns das »Zwei-Brüder«-Märchen wieder ein, das ein Urmotiv enthält und worin der andere eben eine ganz andere Rolle spielt. Das Märchen hat ungefähr folgenden Ablauf: Der zuerst Weggezogene besiegt den Drachen, gewinnt die Prinzessin, wird aber dann von einer Hexe verzaubert. Der Daheimgebliebene erkennt an einem vereinbarten Lebenszeichen die Not des Bruders, zieht aus und erlöst ihn. In manchen Varianten kommt es aber zu tödlichen Spannungen, die schließlich aufgelöst werden. Durch irgendein Vorkommnis fühlt sich der erste Bruder betrogen und erschlägt seinen Erlöser, welcher aber bei der Aufdeckung des Mißverständnisses, das dazu geführt hat,

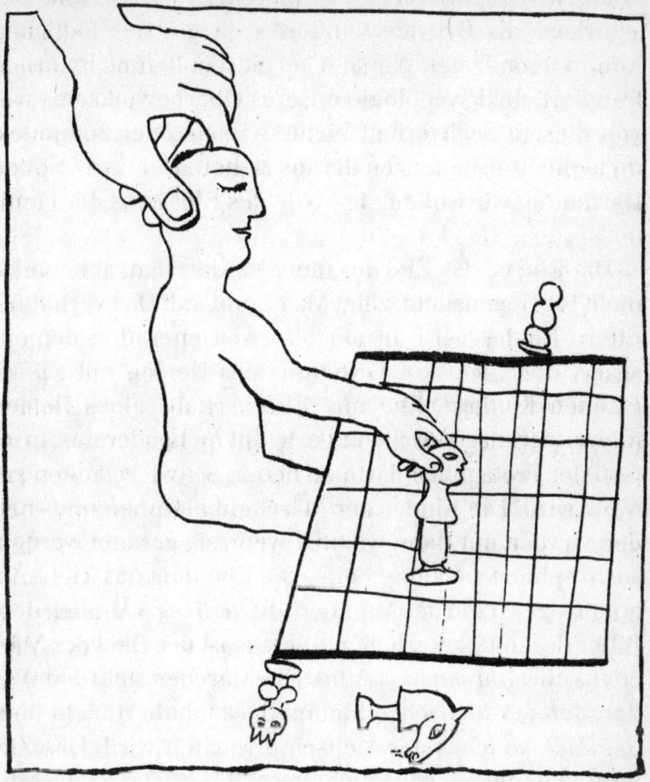

Wir werden nicht zur Selbständigkeit erzogen, wir können auch gar nicht zu dieser inneren Freiheit genannt »Eigenbewegung« hingeführt werden. Das ist der Grund dafür, daß die allermeisten Menschen nie aus wahrer autonomer Motivation leben. Allerdings wissen sie dies auch nicht, sondern glauben vielmehr, sie wären »Herr im eigenen Hause«. Doch die meisten Menschen sind ein Leben lang nur »Knecht im eigenen Hause«. Sie gehorchen innerlich in der Kindheit geprägten Regeln, die dem eigenen Naturell nicht entsprechen, und werden von diesen beherrscht und geleitet (Illustration von Max Rüedi).

wieder lebendig wird. Wir erwähnen dies, damit ganz deutlich wird, wie sehr das Märchen Familie und Geschwister als Ort des Konfliktes, ja gar des tödlichen Konfliktes aufzeigt. Wir sind bei diesem Befund natürlich frappiert; die Psychologie unseres Oberbewußtseins will von diesem Sachverhalt nichts wissen, oder zumindest nicht die Konsequenzen daraus ziehen. Denn wir wollen Harmonie, wir wollen die Idylle des Einsseins der Familie.

Die Ehe ist das Ziel der meisten Märchen, aber sie ist nicht ihr Gegenstand, zeigt Max Lüthi auf. Das Verhältnis Eltern-Kinder wird an der älteren Generation demonstriert und nicht am Verhältnis des Helden mit seinen eigenen Kindern. Ehe und Elternschaft seines Helden interessiert das Märchen überhaupt nicht oder nur, insofern der Protagonist darin zu neuen Schwierigkeiten geführt wird. Die Kinder der Märchenheldinnen und -helden werden nur dann wichtig, wenn sie geraubt werden, sonst spielen sie keine Rolle. Die Ehe mag das Ziel sein, aber Gegenstand des Märchens ist *der Weg.* »Ähnlich dem Ritter des mittelalterlichen Romans ist der Held des Märchens ein *Fahrender*« (Lüthi). Das Märchen stellt den Weg dar, den der Mensch gehen muß; es fabuliert nicht über das Ziel, welches der Mensch erreichen wird. Das Ziel wird genannt, es wird nicht geschildert. Das Ziel ist die Ehe und das Königreich. Diese doppelte Ausformulierung des Zieles verweist darauf, daß einer heiratet, der zur Königswürde gelangt ist. Damit verbinden sich zwei Motive, nämlich die »Coniunctio oppositorum« und das »Einssein mit sich selber«, und werden zu einem.

Wenn tatsächlich die Eltern-Kind-Beziehung konflikthaft geschildert und deshalb im Märchen nicht beschönigt wird, so ist das Märchen eine Botschaft von tiefer Ehrlichkeit. Hier kommt ungeschminktes Wissen und

Erkenntnis der wahren Verhältnisse und damit uralte Erfahrung des Menschen zum Ausdruck. Man muß sich in der Tat fragen, ob es Ehrlicheres gibt über den Menschen als die Zauber- und Königsmärchen des Volkes. Zugleich schwebt etwas wie ein Geheimnis darüber. Wir haben bisher nur das Motiv des Wegganges betrachtet und alles Negative als Motor dafür angesehen. Jetzt wollen wir noch etwas tiefer in die Eltern-Kind-Beziehung eindringen.

Das Mysterium der Eltern-Kind-Beziehung

Um diesem Mysterium auf die Spur zu kommen, müssen wir ganz radikale Gesichtspunkte einführen. Wir glauben, wir wären einmal erwachsen geworden, reif dafür, unser eigenes Leben zu leben. Und dies ist bereits der allerschwerste Irrtum. Mit Erwachsensein wird die Fähigkeit verbunden, unabhängig und selbständig zu leben. Dazu gehört, daß wir uns ein Dach über dem Kopf geben können, darunter Bettstatt, Kleidung, Ernährung und den ganzen Lebensunterhalt. Erschwert nur kann erwachsen sein, wer diese Bedingung nicht erfüllt. Doch bei langen intellektuellen Ausbildungswegen ist materielle Abhängigkeit gang und gebe. Ob man darüber schon einmal nachgedacht hat, wohin das führt? Worin unsere Gesellschaft oder Öffentlichkeit irrt, das ist die Meinung, wir wären mit dem staatlich verbrieften Alter von achtzehn oder zwanzig Jahren reif genug, wirklich unabhängig zu leben, und zwar nicht nur im materiellen Sinne, sondern auch seelisch. Dies ist ein Irrtum, weil wir Menschen nicht zur Unabhängigkeit erzogen werden können. Erziehung durch die Eltern oder durch ihre Stellvertreter ist

Merkmal der Unselbständigkeit. Alles, was in der Lebensstrecke der Unselbständigkeit und Abhängigkeit geschieht, erzeugt wieder Abhängigkeit ... zumindest im seelischen Bereich. Erziehung ist für Unselbständige. Wir können nicht von jenen, von denen wir abhängen, zur Unabhängigkeit erzogen werden. Diese ereignet sich vielmehr durch einen Bruch, durch eine Zäsur. Dies haben wir bei der Schilderung der »Rites de passage« eindeutig gesehen.

Grundlage für Unabhängigkeit bleibt die materielle Selbständigkeit, aber sie genügt nicht. Das Leben verlangt von uns weit mehr, wenn es das *Leben* sein soll, nicht der schleichende Tod. Das Leben verlangt seelische und geistige Unabhängigkeit. Nur dann kann der Individuationsprozeß, wie C. G. Jung dies nennt, geschehen, dieses Finden von sich selbst. Diesem Selbstfindungsprozeß stehen Mechanismen der Abhängigkeit entgegen. In Übereinstimmung mit der Welt der Märchen nennen wir dies die Verzauberung. Das Verwunschen- oder Verzaubertsein ist nichts anderes als unsere Abhängigkeit und Unselbständigkeit. In der Verzauberung ist es unmöglich, die eigene Art zu leben. Eigenart, Individualität oder Subjektivität zu leben ist dem Erwachsenen vorbehalten und dem Kinde verwehrt. Es ist eine alte Weisheitslehre, daß es nur Erlösung gibt durch das Eigene. Alle heutigen sprachlichen Formulierungen bezüglich dieses Themas entstammen keineswegs irgendeiner individuellen Einsicht; sie sind abgeleitet aus ältester Überlieferung. Im Zustand der Abhängigkeit ist das Eigene immer verletzbar und wird auch verletzt, unabhängig davon, ob dies von den Eltern, den älteren Geschwistern oder irgendwelchen Erziehungsberechtigten beabsichtigt wird oder nicht. Das Eigene ist das Verletzlichste. Darum muß es in der Kindheit getarnt, versteckt, maskiert werden. Das ist das Verwunschensein, und es gehört zum Mysterium der Kind-Eltern-Beziehung.

Wunsch und Zauber sind magische Angelegenheiten. Im Sprachgebrauch »verwunschen« und »verzaubert« sind diese Worte mit negativen Vorzeichen versehen, denn die Vorsilbe »ver« hat eine negative Grundbedeutung. Diese Aussage wirft auch ein Licht auf andere Wörter, und zwar solche, die wir besonders gerne mögen, wie zum Beispiel die Worte »Vernunft« und »Verstand«. Vernunft kommt vom Stammwort »nehmen«, Verstand vom Grundwort »stehen«. Die Vorsilbe »ver-« gibt eine defiziente Form an. »Vernunft« ist dann ein Nehmen im falschen Sinne (nehmen/vernehmen). Wenn wir die deutsche Sprache ernst nehmen, stellen wir fest: Sie reicht in philosophische Gründe. So besteht eine Analogie zwischen wünschen und verwünschen einerseits und nehmen und vernehmen andererseits. Verzauberung ist folglich ein falscher Zauber; und der Wunsch, der zur Verwunschenheit führt, ist ein falscher Wunsch. Das leuchtet ein. Aber wie steht es nun mit dem Vernehmen und Verstehen? Wird die Gültigkeit der Analogie aufrechterhalten und kann hier keine sprachliche Ausnahme geltend gemacht werden, so heißt dies mit anderen Worten: Immer wenn wir die Worte Vernunft und Verstand gebrauchen, reden wir eigentlich, ohne es zu wissen, von einem falschen Nehmen und einem falschen Stehen. Unter der Voraussetzung, daß diese Überlegung auf gutem Grunde steht und nicht in sich selber zusammenfällt, muß uns diese Feststellung betreten machen. Das würde ja heißen, daß wir von unserer eigenen Sprache angeführt werden. Ohne es zu wissen, sprechen wir falsch. Wir haben einen falschen Stand im Sprechen.

Wenn wir nun aber Ausschau halten nach »richtigem« Nehmen und Stehen, so fällt uns die zwölfte Tarotkarte mit dem Titel »Der Gehängte« ein, worauf der Mensch vielleicht richtig steht, nämlich mit den Füßen gegen den Himmel. Der Mensch »mit den Füßen auf dem Boden« – insofern nur diese Stellung ernst genommen wird – ist dann der Mensch, der nicht wirklich steht, denn sein Stehen ist ein *Ver*-Stehen und sein Nehmen ist ein *Ver*-Nehmen. Und selbst sein Bezug zu allem ist nur eine All-*Ver*-bundenheit.

Dies kann man auch sehr schön astrologisch nachvollziehen. Unser Blick gilt hier wieder dem vierten Quadranten, denn dieser enthält (repräsentiert) die Lösung. Durch den vierten Quadranten im Horoskop wird der Lebensbereich signalisiert, in dem es keine Begriffe mit der Vorsilbe »ver« mehr gibt. Eine in allen Deutungsschulen anerkannte Interpretation des zwölften Hauses heißt zum Beispiel unter anderem »die Unvernunft«. Wir haben hier eine doppelte Verneinung. Die *Ver*-nunft wird durch die Vorsilbe »un« aufgelöst. Es bleibt also nur das Wort »Nunft«, das heißt »Nehmen«. Somit können wir sagen: Das zwölfte Haus ist das Nehmen. Wie aber ist nun dieses »Nehmen« aufzufassen? Wie ist dieses »unvernünftige« Nehmen zu sehen? Nicht anders als im Sinne des zwölften Hauses, also im Lichte der Widerstandslosigkeit und umfassenden Bejahung, im Geiste der Allverbundenheit. Das zwölfte Haus repräsentiert die Verbindung mit dem All. Damit ist gemeint der Rückbezug aller Vielheit in die ursprüngliche Einheit. Somit ist das zwölfte Haus der Bereich, in welchem alle Formgebung wieder aufgelöst wird, zur Illusion erklärt und gegenstandslos wird. In anderen Ordnungssystemen gibt es diesen Bereich auch; denken wir etwa an den Narren im Tarot.

Wir sprechen von einem Bereich, in welchem die Realität nicht mehr herrscht. Denn sie ist ja mit Verzauberung und Verwunschenheit, mit dem Vernehmen und dem

Verstehen identisch. Die Vorsilbe »ver« gilt überall, wo das Ich und das Bild eine Rolle spielen. Denn sowohl das Ich wie der »bewirkende Bildbereich« sind defizient. Erst die Bildlosigkeit – und dies ist ja in der Astrologie im vierten Quadranten und in der Religion in der Bildlosigkeit Gottes und in der indischen Welt in Nirwana das *Ziel* – beendet die Defizienz, aber hier endet auch jegliches »facere«, jedes Machen. Hier gibt es nur noch das Geschehenlassen. Der vierte Quadrant ist die Erlösung. Hier endet also jedes »ver«, und alles Ver-drehte wird aufgelöst. Es geht um diese Umkehr »von der Gänsemagd zur Königin« oder »vom Schweinehirtendasein zum Königreich«. Es geht um die Umkehr des Verkehrten. Merken wir uns, wenn wir die astrologische Ebene benützen: Nur im vierten Quadranten gibt es keine Defizienz, weil er jenen zum Menschen und zu allem Lebenden gehörigen Bereich anzeigt, der keiner Absicht unterworfen ist, wo das menschliche Handeln mit den kosmischen Gesetzen übereinstimmt. Der vierte Teil im Horoskop bezeichnet den Lebensbereich, der etwa in der chinesischen Weisheitslehre des Tao Te King als »Handeln-Nichthandeln« bezeichnet wird. Ein Handeln, das zugleich ein Nichthandeln ist, ist frei von Willkür, von Machtansprüchen und Besitzgier, es handelt nicht um seiner selbst willen, auch will es nicht verändern, es nimmt alles, wie es ist. Bedenken wir zugleich: Als die Städte noch nach kosmischem Ordnungsmuster mit diesen vier Quartieren gebaut wurden, war diese Dimension stets in den Alltag einbezogen. Aber davon haben wir Heutigen keine Ahnung mehr.

Mit diesem Exkurs sollte aufgezeigt werden, daß die sichtbare und imaginierte Welt gegenüber dem Jenseits (das ist das, was alles Bildhafte transzendiert) »ver…« ist, das heißt »verdreht« ist. In ihr gibt es nur den falschen

Wunsch, den falschen Zauber, das falsche Nehmen und das falsche Stehen. Doch darf dies nicht falsch verstanden werden: Dieses »ver-« ist unsere Conditio humana, unsere menschliche Bedingung des Daseins und unser Auftrag, darin zu leben. Im Verzauberten und Verwunschenen ist der Mensch maskiert; er ist darin versteckt. Erinnern wir uns der Paradieserzählung: Sobald die Menschen vom Baume der Erkenntnis von Gut und Böse gegessen haben, müssen sie sich vor Gott »verstecken«. Die Inkarnation in die materielle Welt versteckt unser wahres Wesen.

Das Mysterium der Kind-Eltern-Beziehung hat damit viel zu tun. In der Kindheit sind wir die Verzauberten und müssen uns aus dieser Verzauberung erlösen. Der Verzauberte und Maskierte kann seine Eigenart nicht leben. Das ist dem Kinde verwehrt. Eigenart meint des Menschen »eigene Art«. Wir kennen in der Umgangssprache die abschätzige Bemerkung: »Das ist ein eigenartiger Mensch.« Damit ist das Nichtübereinstimmen mit dem allgemein Üblichen gemeint. Eigenart wird mit Naserümpfen erwidert. Eigenart ist nicht gefragt, sie riecht anders als die Herde. Sie ist unvergleichbar, sie ist mit den Worten der mittelalterlichen Philosophie »un-mitteilbar«. Unmitteilbarkeit nennt die Seinsverfassung, woran kein anderer Mensch im eigentlichen Sinne teilhaben kann. Die un-mit-teil-bare In-divid-ualität ist weder mit einem anderen Menschen teilbar, noch ist sie mit-teilbar. Daran hat also kein anderer teil, und sie ist auch sprachlich nicht kommunizierbar. Sie ist aber beschreibbar, sie kann bis zu einem gewissen Grade geschildert werden. Doch entzieht sie sich letztlich dem Zugriff. Wir glauben im Zeitalter der »kommunikativen Sozialisierung«, es müsse alles teilbar und mitteilbar sein. Entsprechend gilt nur als Wissen, was publiziert ist.

Individualität ist dies alles nicht. Sie ist nicht mitteilbar,

Das ist die schwierige Situation des Kindes:
Es muß im Kopf ein Engel sein und schweigen, bis es erwachsen ist;
sein Herz aber wird unweigerlich zur Schlangengrube
(Illustration von Max Rüedi).

nicht hörbar aus den Lautsprechern, nicht sichtbar auf den Bildschirmen der anderen. Individualität ist nicht Gegenstand der Betrachtung durch die anderen Menschen. Sie ist auch gar nicht vorstellbar.

Individualität ist nur lebbar. Sie ist nur direkt lebbar. Sie ist irgendeinem Mittel immer entzogen, sie ist mittellos, unmittelbar, spontan, direkt, augenblicklich, unberechenbar, wie die Märchen sie schildern. Erzieher und Eltern können somit die Individualität eines Kindes nicht oder nur indirekt fördern, nämlich durch ein Beispiel, indem sie ihre Eigenart leben.

Individualität ist nicht vorstellbar. Eltern und Elternstellvertreter, die sich eine Vorstellung machen vom Kinde, liegen immer falsch. Denn Vorstellungen sind immer etwas Allgemeines, Eigenart aber ist unvorstellbar und unberechenbar. Eigenart lebt aus einem Quellgrund, der von außen nicht begreifbar und mit-vollziehbar ist. Denn *der Quellgrund des Lebens vereinzelt.* Da wir im Vorangegangenen lange über die Isolation gesprochen haben, wird jetzt verständlich, wenn wir sagen: Eigenart zu leben isoliert. Anstelle des Wortes Isolation können wir auch sagen Vereinzelung. Hier muß man nun darüber nachdenken, ob die Vorsilbe »ver-« noch notwendig ist. Sagen wir darum besser: *Der Lebensquell macht einzeln.* Aber dieses Einzelnsein ist dann, wenn es erreicht ist und wenn es gelebt wird, wiederum die Quelle der Allverbundenheit, die Öffnung auf all das hin, was ist.

Individuelle Eigenart hat derart inneren Bestand, daß sie sich nach außen durch Unbeständigkeit manifestieren kann. Doch das mögen wir nicht; wir fordern äußere Beständigkeit. Der Preis, den wir dafür bezahlen, ist immer die innere Unbeständigkeit. Eigenart lebt davon, was der einzelne in sich selber findet, nicht von dem und durch das, was man außerhalb findet. Denn außerhalb findet man nur die Forderung der Herde nach Berechenbarkeit. Was aber finden wir in uns selber? Immer nur den fließenden Wechsel, dieses griechische »panta rhei«. Davor aber fürchten sich die meisten. Von ihrem Standort aus gesehen, ist dies asozial. Doch das Märchen beginnt nicht beim Sozialen, es fängt bei der Familie an.

Die Eltern brauchen die Berechenbarkeit der Kinder. Warum? Weil jene, welche über ein unselbständiges Geschöpf wachen, für es Sorge tragen und verantwortlich sind, Berechenbarkeit fordern müssen. Um dieser Kalkulierbarkeit willen werden Verhaltensweisen eingeübt, die den Eltern ermöglichen, das Kind eines Tages nicht mehr zur Schule zu bringen oder es dort wieder abzuholen. Es legt dann den Schulweg alleine und vor Gefahren gewarnt zurück. Eltern brauchen mehr als nur die Hoffnung, das Kind werde den Schulweg überleben. Denn die zentrale Aufgabe der Eltern besteht darin, das Kind am Leben zu erhalten. Das Kind allein für sich überlebt nicht. Es lebt in einer geschlossenen, dem uterinen Dasein vergleichbaren Welt, in der keine Gefahren vorkommen. Das Bewußtsein von Gefahren besteht erst, wenn die Gespaltenheit dieser Welt zur Kenntnis genommen und akzeptiert wird.

Dahin zu gelangen, das ist ein viel längerer Prozeß, als wir gerne zu glauben geneigt sind. Darum gilt: Das Kind muß auf Berechenbarkeit abgerichtet werden, sobald es den Bewegungskreis über das Laufgitter hinaus auszudehnen vermag. Sobald das Kind auf die Beine kommt und fähig ist, seinen Umkreis zu vergrößern, ihn vom Haus auf die Straße auszudehnen, wo die tödliche Gefahr der Verkehrsmittel droht, muß es durch die ständigen Regieanweisungen der Eltern davon abgehalten werden, das zu tun, was es von sich aus gerne täte. Denn eigentlich darf man die in ihrer Welt Eingeschlossenen nicht auf die

Straße lassen, wo Welten zusammenprallen. Karl Kerenyi nannte die Straße die »Hadesgrenze«.

Das Kind kennt in seiner geschlossenen Welt die Existenz der »anderen« noch nicht. Darum kann es sich nicht schützen, sondern braucht Schutz. Es überlebt allein nicht; es kann sich weder selber betten noch kleiden, noch ernähren, noch ungefährdet bewegen. Es sieht das, was ihm zuwiderläuft, das Entgegenstehende, das Obstakel nicht. Es kennt die Polarität dieser Welt nicht hinreichend, es sieht ihre Spaltung nicht, es weiß noch nichts von der Trennung in Ich und Nicht-Ich. Darum rechnet das Kind nicht mit dem andern. Der oder das andere ist das, was nicht Ich ist. Das Nicht-Ich ist außerhalb der mit den Eltern vereint geschlossenen Welt. So eignet sich das Einssein des Kindes mit seiner einpoligen Welt nicht zum Überleben. Darum müssen wir Menschen nach der Geburt schrittweise die Trennung zwischen Ich und Du lernen. Aber das Kind wehrt sich möglichst lange gegen diese Scheidung. Der halbe Erwachsene auch, der Erwachsene nicht mehr.

Das Kind beginnt etwa mit dem vollendeten ersten Lebensjahr, mit dem Beginn des Ich-Sagens, eine Grenze zu ziehen, indem es gleichzeitig Nein-Sagen lernt. Und das Ich ist ja diese Grenze, das Nein zum Du. Dies geschieht jedoch immer noch innerhalb der geschlossenen Welt von Eltern und Kind. Das Nein als Grenze gegen die Mutter, diese erste Manifestation des reaktiven Eigenwillens, ist auch das erste Ich-Erlebnis. Aber es ist nicht übertragbar auf die Welt außerhalb der Familie, für eine lange Zeit noch nicht. So wichtig dieses Erlebnis auch ist, es ist das Ich-Erlebnis in der Abhängigkeit.

Nun wissen wir ferner, daß die Abhängigkeit – so paradox dies klingt – die Basis für die Unabhängigkeit ist, so wie die Verzauberung im Märchen die Grundlage für die

Entzauberung ist. So widersprüchlich es auch klingen mag, so ist doch die Unfreiheit die Ausgangslage für die Freiheit. Vermutlich liegt in dieser paradoxen Redeweise nicht die letzte Auskunft über dieses Thema. Aber wir kommen nicht darum herum festzustellen: Der König im Märchen beginnt als Schweinehirt. Unser Anfang ist also die Abhängigkeit. Und wenn das Kind sein Ich findet, so findet es nur ein abhängiges Ich.

Es geht hier um die Eigenart. Dieser Ausdruck ist im esoterischen Sinne den Wörtern Individualität oder Subjektivität vorzuziehen. Alte Weisheit lehrt, die Erlösung liege nur im Eigenen. Nun ist Eigenart Unabhängigkeit. Solange wir sie nicht leben können, müssen wir sie unterdrücken. Dies gilt für die Kindheit und Jugendzeit. Eigenart wird in dieser Wegstrecke unseres Lebens durch Berechenbarkeit ersetzt. Das kann gar nicht anders sein. Eltern müssen sich in ihrer ununterbrochenen Verantwortlichkeit für unsere physische Existenz entlasten können. Ist aus dem Kinde ein »materiell Erwachsener«, sozusagen ein Selbstversorger geworden, so ist die reale Grundlage dafür geschaffen, die individuelle Eigenart zu leben. Nun macht aber unsere Zivilisation die Menschen geneigt, bei den erworbenen, eingeübten Verhaltensweisen zu bleiben. Unsere bürgerliche Ordnung des Zusammenlebens kennt die wichtige Zäsur der Erwachsenenweihe und damit die klare Markierung einer Trennung zwischen Kindheit und Erwachsenendasein nicht. Denn was hat der Mensch eingeübt? Fast nichts als Abhängigkeit. Und selbst dort, wo wir uns angeblich unabhängig machen, geschieht dies nur äußerlich, reaktiv, während innere Abhängigkeit bleibt.

Wir lernen als Kinder, uns so zu verhalten, wie »man« es von uns erwartet. Unser Verhalten wird durch beinahe zwanzig Jahre Ab- und Ausrichtung (was oft beinahe einer Hinrichtung des Eigenen gleichkommt) auf das pure Überleben völlig davon entfernt, sich am Eigenen zu motivieren. So stammen die wichtigsten Beweggründe für das Verhalten nicht aus dem Eigenen, sondern aus den Vorstellungen der Umwelt (wie auch der Eltern), die es zu erfüllen gilt. Die Vorstellungen haben das eigene Empfinden ersetzt, solange dieses wegen der Abhängigkeit noch nicht leben durfte. Was in der Kindheit notwendig war, wird nun zur Bürde. Und wo wir uns unserer eigenen Freiheit rühmen, handelt es sich meist nur um Vorstellungen davon. Wir haben uns daran gewöhnt, in Vorstellungen zu leben, und sie ersetzen das eigene Leben.

Solange Eigenart nicht leben darf, ist sie verletzt. Darum spricht man vom kindlichen Trauma. Dieses ist natürlich, es läßt sich nicht verhindern. Eigenart ist erst unverletzlich, wenn sie lebt. Das Leben der eigenen Art ist unser bester Schutz.

Die in der Kindheit eingeübten Verhaltensweisen sind für den erwachsenen Menschen wertlos wie Einwegverpackungen. Aber sie haben ihr Beharrungsvermögen. In der ersten der Duineser Elegien spricht Rilke von dem »verzogenen Treusein einer Gewohnheit, der es bei uns gefiel, und so blieb sie und ging nicht«. Diese bleibt uns. Wofür und wogegen? Als Halt gegen den Einbruch des »ganzanderen«, das uns zutiefst erschreckt. Aber der Schutz durch die Gewohnheiten wird zur Katastrophe, weil wir durch diese gelernt haben, uns selber nicht zu leben. Die Gewohnheiten werden zur Selbstzerstörung. Wir tragen als Eltern die Bürde, unseren Kindern das auferlegen zu müssen, was ihnen später zur Selbstzerstörung wird, wenn sie sich nicht davon befreien. Verweigern wir als Eltern, diese Bürde auf uns zu nehmen, so verweigern wir das Amt, Eltern zu sein. Und dadurch zerstören wir um so mehr. Dies alles erklärt, warum die

Eltern im Märchen zerstörerisch und feindlich geschildert werden. Im Märchen sind ja die Eltern Bedroher, Vertreiber, damit das Kind nicht Stubenhocker bleibt und damit es seinen eigenen Weg geht.

Eltern sind im bürgerlichen Leben der Eigenbewegung des Kindes gegenüber im Grunde genommen immer feindlich gesinnt. Sie haben eben eine andere Aufgabe, als die Eigenbewegung zu fördern. Oder ihre Förderung geschieht auf negative Art und Weise. Hat das Kind genug Vitalität, setzt es sich über alles hinweg und geht.

Noch einmal: Was die Eltern zu vertreten haben, nämlich die Gesetze des Staates, welcher am Überleben der Kinder interessiert ist, dann die Maßstäbe des Milieus, die Normen der Schule usw., das sind alles Dinge, die der späteren Individuation zuwiderlaufen. Eltern vertreten effektiv das, was den jungen Menschen stört, was ihn seelisch stört, nicht physisch. Warum laufen so viele seelisch Tote herum?

Im Mysterium der Kind-Eltern-Beziehung spielt sich dasselbe ab wie zwischen der Erdgebundenheit des Menschen überhaupt und seinem himmlischen Ziel. *Der Mensch muß hier eine Entscheidung treffen.* Will ich erwachsen werden, heißt das: Entweder ich höre auf mich, dann schreite ich voran, mich selber zu leben. Oder ich nehme weiterhin, wie in der Kindheit, als ich mußte, Rücksicht auf die andern. Aber dann sehe ich zurück, wie Orpheus, der damit Eurydike verlor, und dieses Bild heißt ja nichts anderes, als daß Orpheus sein anderes Ich, sein »Alter ego«, das er zu seiner Vollständigkeit braucht, im Totenreich läßt, daß er damit die Prüfung nicht besteht, folglich ein Kind bleibt. Aber wir können die Version von Willibald Gluck in seiner Oper »Orpheus und Eurydike« bevorzugen. Dort tritt der Gott Hermes auf, der Gott der Wege und Grenzen, er hat Mitleid mit den beiden und erweckt Eurydike wiederum zum Leben – so hätten wir es gerne. Diese Version ist aus der christlichen Idee der Gnade entstanden. Die harte Forderung der Esoterik ist aber Selbstbefreiung. Es gilt, auf dem Wege vom Tier zum Gott nicht zurückzublicken. Wir können auf dem Wege zu uns selbst die Fesselung an die Meinung der anderen Menschen nicht mehr dulden. Ihre Ansichten dürfen uns nicht festhalten. Die Voraussicht dieses Weges verlangt Vorsicht, aber keine Rücksicht. Diese Haltung schließt Liebe keineswegs aus, und die so verstandene Rücksichtslosigkeit meint auch nicht Egoismus. Die anderen Menschen sind mit ihrer Meinung eben grundsätzlich die Quelle des Un-eins-seins mit mir selber. Freilich können mir Menschen Helfer sein auf dem Wege zu mir. Aber auch dies muß sich bewähren. Ich muß unterscheiden können zwischen jenen, die mich auf dem Wege behindern, und jenen, die mich fördern.

Wenn ein Mensch mit sich selber eins geworden und dadurch frei und unabhängig ist, dann wird es ihm möglich sein, die richtigen Partner, die richtige Umgebung zu finden. Und diese richtige Umgebung »muß« dann gehört werden für die weitere Entwicklung. Dies gilt aber erst, wenn schon ein gewisser Grad an Selbsteinigkeit erreicht ist, dann sind die nächststehenden Menschen Spiegelbilder meiner selbst. Dann sind sie in höchstem Maße anhörenswerte Werkzeuge der Vorsehung und Instrumente des eigenen höheren Selbst.

Die Notwendigkeit, auf sich selber zu hören, geht all dem voraus. Wir brauchen die Menschen um uns herum nicht für unsere Selbstfindung, wenn es darum geht, den göttlichen Funken in uns selbst zu erleben. Unser Selbst finden wir nur innen. Eins sein mit sich selber, das ist mit sich »ein und dasselbe zu sein« und nicht zwei. *Wer nicht eins sein kann mit sich selbst, kann sich selber auch nicht lieben.* Das ist eine furchtbare Wahrheit. Daraus folgt die Einsicht:

Das Kind kann sich selbst nicht lieben, es liebt die Bezugspersonen. Das Kind liebt sich selber nur über die Bezugspersonen, es liebt sich also nur vermittelt, nur abhängig von andern. Die wahre Eigenliebe fehlt dem Kinde. Warum?

Wie kann ein Mensch sich lieben, wenn er sein eigenes Nicht-Ich und sein eigenes Anderssein noch nicht integriert hat?

Wie kann ein Mensch sich lieben, wenn er sein Anderssein noch nicht in sich hereingeholt hat?

Wie kann ein Mensch sich lieben, wenn er seine eigene Causa efficiens noch außerhalb von sich hat?

Wie kann ein Mensch sich lieben, wenn er nur ein halber Mensch ist?

Wie kann ein Mensch sich lieben, dessen schicksalsbestimmende Wirkkraft noch in den Händen der Eltern liegt?

Und zuletzt: Wie kann ein Erwachsener sich lieben, wenn er ein Kind geblieben ist?

Das Kind liebt anfänglich die Eltern, mit ganz wenigen Ausnahmen. Deshalb ist es für das Kind auch eine Katastrophe, wenn es von diesen verlassen oder abgelehnt wird. Die Wende zur wirklichen Eigenliebe findet bei den meisten Menschen nicht vollgültig statt; sie bleiben bei der Liebe zu den Eltern. Doch diese Liebe wird dann auf andere Bezugspersonen übertragen. Viele tun nur so, als liebten sie sich selbst. Wer mit Erwachsenen psychotherapeutisch zu tun hat, weiß davon zu berichten, wie wenig die Menschen sich selber mögen. Mit den Worten von Eric Berne ausgedrückt, heißt dies, wir Menschen folgen nicht unseren Bedürfnissen, Wünschen und Inspirationen, sondern wir folgen unserem »Skript«, dessen Basisinformation lautet: »Ich bin nicht in Ordnung, wie ich bin. Die anderen dagegen schon.« Die anderen sind in der Kindheit die Eltern.

Ich muß diese Tatsache noch einmal gebührend hervorheben: *Wie wenig erwachsene Menschen sich lieben ist ungeheuerlich. Und: sie wissen es nicht.*

In der Sprache von Eric Berne, den wir als Beispiel zeitgenössischer Psychologie zitieren, ist einer, der sich liebt, ein Gewinner. Dies hat nichts mit Egoismus zu tun, denn der Egoist ist ein verkappter Verlierer und sein Verlust wiegt schwer. Der Mensch, der sich liebt, verbreitet etwas Leichtes, Angenehmes, Heiteres. An diese Phänomenologie müssen wir uns halten. Wie wenig aber in der Realität wir »erwachsenen« Menschen uns lieben, das wissen »Helfer höherer Ordnung« besser als wir selbst und machten immer schon darauf aufmerksam.

Die Selbstablehnung und damit notwendigerweise die insgeheime Selbstvernichtung ist unsagbar. Es ist eines der schwierigsten Unterfangen, innerhalb einer einigermaßen anständig geführten Psychotherapie, Erwachsene dahin zu führen und zu begleiten, wo sie sich selbst annehmen, wie sie sind. Die Wurzel des Problems steckt im Boden der Kindheit. Das Kind aber liebt sich selber nicht, denn Liebe in Abhängigkeit gibt es gar nicht. Wir nennen es vielleicht Liebe. Aber es ist die Anhänglichkeit des Abhängigen. Darum gilt schließlich: Wir können kindliche Liebe für nichts als Vorbild nehmen. Wir neigen aber dazu, ja, wir glorifizieren die Liebe zwischen Kindern und Eltern und Eltern und Kindern. Und selbstverständlich fallen Eltern auf die sogenannte Liebe von Kindern herein, jedenfalls im zwanzigsten Jahrhundert. In früheren Zeiten – es ist nicht einmal so lange her – muß dies anders gewesen sein. Doch wir leben im Zeitalter des »Oidipus-Komplexes«, das heißt der Vermischung von elterlicher und kindlicher Libido, denn in unserem Jahr-

Der zwölfjährige Jesus im Tempel. Als Jesus zwölf Jahre alt war, nahmen ihn seine Eltern zum Osterfest mit nach Jerusalem. Dort hörte er im Tempel den Schriftgelehrten zu; die wunderten sich über seinen Verstand. Die Eltern aber wußten nicht, wo er war. Erst nach drei Tagen fanden sie ihn, und seine Mutter sprach: »Wir haben dich mit Schmerzen gesucht.« Jesus aber antwortete: »Wisset ihr nicht, daß ich in dem sein muß, das meines Vaters ist?« (Luk. 2.41–52; Zeichnung von Schnorr von Carolsfeld).

hundert wurde diese Idee geboren. Und sie entspricht einer Tatsache, die sich vermutlich aus der vorwiegenden Existenz der Kleinfamilie ergibt: Eltern übertragen nichtgelebte Gefühle und Sehnsüchte auf die Kinder. Wenn die eheliche Liebe nicht glückt, dann ist der enttäuschte Elternteil für die kindliche Abhängigkeit besonders empfänglich. Andererseits sind die Kinder für die Libido der Eltern, für die freien Valenzen, welche beim Partner keine Resonanz finden, empfänglich. Die Erscheinungsweisen der Verzauberung sind bezaubernd. Niemand spricht der abhängigen Anhänglichkeit Innigkeit ab. Daraus entsteht die wechselseitige unbewußte und unerkannte Verführung.

Eltern sind vorwiegend in einem Alter Kindererzeuger, in welchem sie das Einssein mit sich selber noch gar nicht erlangt haben können. Darum geschieht das Überkreuzspiel unausweichlich. Kindererzeuger, die selber noch seelisch im eigenen Elternhaus verharren, die dort noch gebunden sind und sich selber folglich noch gar nicht lieben können, benützen die Kinder zur Sättigung ihres Mankos. Seelisch unerwachsene Kindererzeuger nehmen die Kinder in Besitz. Die Kinder werden »ver«-wendet; sie werden aus ihrem eigenen Bereich abgewendet. Und andererseits sind die Eltern, welche noch nicht das Einssein mit sich selber erlangt haben, auch wiederum jene, die durch die Kinder bedroht werden. Diese Eltern sind darum die potentiellen Verfolger der Kinder. Das gleichgeschlechtliche Kind wird in diesem seelischen Klima zum Konkurrenten.

Die Aufdeckung dieser Zusammenhänge macht ehrlicherweise betroffen. Wir sprachen vom Mysterium der Kind-Eltern-Beziehung, doch diese Beziehung ist zugleich auch ein Drama:

Wir benützen zur Darstellung des Dramas Grenzfälle; damit ist das Drama überzeichnet, aber um so klarer erkennbar. Der biblisch überlieferte Jesus von Nazareth ist solch ein Grenzfall, denn dies ist ein Kind, dem die Eigenliebe nicht abgesprochen werden darf. Als Zwölfjähriger im Tempel setzt er sich von den ihn suchenden Eltern ab. Als Frühreifer demonstriert er die Befreiungsbewegung, die schließlich für uns alle gelten sollte. Und gerade dadurch kommt der dramatische Teil der Beziehung zwischen ihm und den Eltern, wir können sagen stellvertretend für uns alle, schmerzlich klar zum Vorschein. Ich zitiere aus der Zwingli-Bibel:

> Und als sie die Tage vollendet hatten und wieder heimkehrten, blieb der Knabe Jesus in Jerusalem, und seine Eltern wußten es nicht. (Lukas 2.43)

Wie bekannt ist, kehrten seine Eltern dann um und suchten ihn. Sie suchten drei Tage lang nach ihm, dann fanden sie ihn im Tempel. Und nun heißt es weiter:

> Sie fanden ihn im Tempel, wo er mitten unter den Lehrern saß, ihnen zuhörte und sie fragte. Es erstaunten aber alle, die ihn hörten, über seine Einsicht und seine Antworten.
>
> 48 Und als sie ihn sahen, wurden sie bestürzt, und seine Mutter sagte zu ihm: Kind, warum hast du uns das getan? Siehe, dein Vater und ich suchten dich mit Schmerzen.
>
> 49 Und er sprach zu ihnen: Warum habt Ihr mich gesucht? Wußtet ihr nicht, daß ich sein muß in dem, was meines Vaters ist?
>
> 50 Und sie verstanden das Wort nicht, das er zu ihnen sagte. Und er ging mit ihnen herab und kam nach Nazareth

und war ihnen untertan: und seine Mutter behielt alle die Worte in ihrem Herzen.

Dies ist ein Beispiel. Christen sind Menschen, die bereit sind, dem Beispiel Jesu Christi zu folgen, so nehmen wir jedenfalls an. In diesem Text heißt es, die Eltern seien »bestürzt« gewesen. In der Lutherbibel heißt es sogar, die Eltern seien »entsetzt« gewesen, als sie ihn im Tempel fanden. Aber wir sehen in dieser Szene das Unvermeidbare, was Eltern erleben müssen: Das Kind trennt sich von ihnen. Die Verwunderung ist auf beiden Seiten, die Betroffenheit, die Bestürzung. Es muß uns nach der biblischen Überlieferung einer, von dem die Inder sagen, er sei ein Bodhisattva, exemplarisch zeigen, was immer geschieht zwischen Eltern und Kindern, nämlich diese Betroffenheit, wenn das Kind den Weg geht zu seinem eigenen höheren Selbst. Denken wir an die Eltern im Märchen »Amor und Psyche«. Denn die Trennung von den Eltern ist, wie wenn Psyche einem Ungeheuer geopfert würde. Die Verwunderung, die Betroffenheit ist groß. Auch beim Kinde. Warum? Das Kind gehört den Eltern nicht, aber sie scheinen das nicht zu wissen. – Welche Verwunderung beiderseits! Welche Bestürzung! Es ist ein Sturz, ein Sturz aus einer Illusion, ein Sturz aus einer Idylle.

»Bodhisattva« heißt Erleuchtungswesen. Das sind Wesen, welche in einer Inkarnation schon als Kinder ihre Herkunft und ihre Bestimmung kennen, so wie dies von Jesus von Nazareth berichtet wird. So sind die Apokryphen des Neuen Testamentes voll von Geschichten, welche zeigen, daß Jesus von Nazareth frühjugendlich schon wußte, wer er ist.

Doch stellen wir uns die Bestürzung vor – um bei den Extremfällen zu bleiben –, welche indische oder tibetanische Eltern dann erleben, wenn die Mönche eines Klosters die Reinkarnation ihres früheren Abtes suchen und dann das Kind finden, das vielleicht fünf Jahre alt ist, und wenn dieser Bub jubelnd den Mönchen entgegenläuft, auf die er mit Inbrunst heimlich gewartet hat, und dem entsetzten Vater zuruft: »Vater, Vater, nun kommen sie und holen mich ab.« Ich wiederhole: Welche Bestürzung, daß die Kinder anders sind. Welche Bestürzung, daß die Kinder uns nicht gehören. Welche Betroffenheit, weil die Kinder eigener Art sind. Welches Entsetzen, weil sie anders sind als wir.

Diese Reinkarnationen heißen übrigens im Tibetanischen »Tulku«. Das ist die Benennung für Personen, welche in frühem Kindheitsalter nach äußerst genauer Überprüfung als Reinkarnation einer noch nicht lange verstorbenen Persönlichkeit ausfindig gemacht werden. Das Tulku-Phänomen gehört zur achten Entwicklungsstufe eines Bodhisattva. Was wollen wir für uns daraus entnehmen? Den Gegensatz zwischen dem »himmlischen Vater« und den »irdischen Eltern«, wenn wir die uns näherliegende Jesus-Geschichte erwägen. Der biblische Jesus repräsentiert hiermit eine Möglichkeit von uns selber. Hier wird ein »mögliches Bewußtsein von uns selber« vergegenwärtigt.

Kommen wir zurück auf das »ver-zauberte« Bewußtsein, welches davon noch nichts weiß. Das Kind darf das Wagnis der Selbstliebe noch nicht auf sich nehmen. Dafür sorgt eine Reihe wirksamer Regulative. Warum? Weil das Kind, solange es abhängig ist, tatsächlich zu unrecht sich selber liebte. Das Tulku-Phänomen bildet hiervon eine Ausnahme. Auf seiner Entwicklungsebene spielt die materielle Abhängigkeit keine Rolle mehr. Auf der Ebene weniger hoch entwickelter Reinkarnations-Wesensheiten aber gilt, was bisher gesagt wurde. Die wirkliche

Eigenliebe ist erst auf der Basis der materiellen Unabhängigkeit möglich. Auf unserer seelischen Ebene lautet die Devise: *Eigenart darf nicht auf Kosten anderer gelebt werden.*

Nun ist die geforderte materielle Unabhängigkeit bei den meisten Erwachsenen in der Regel erfüllt. Deshalb fragen wir: *Warum gelingt dann der Weg zu sich selber trotzdem den meisten Menschen nicht?* Weil die meisten Menschen in der Abhängigkeit verharren und weil die Einsicht in diese Tatsache und der Wille, dies zu ändern, eine höhere Entwicklung voraussetzt. Es braucht einen gewissen Reifezustand dafür. Die psychologische Begründung für das Beharren in der Abhängigkeit müßte etwa so lauten: Bei vielen Menschen bleibt die Ich-Grenze gegen die anderen Menschen abhängig. Sie wird nicht individualisiert, sie wird nicht verinnerlicht. Der Ich-Kern lebt nicht aus der Eigenart, sondern besteht nur hypothetisch. An seiner Stelle steht das in der Kindheit eingeübte reaktive Ich. Es handelt sich also um die rein äußere Abgrenzung gegen die Mutter, die jedes gesunde Kind vollzieht, was bereits mit dem Ende des ersten Lebensjahres mit dem Ich-Sagen und dem Nein-Sagen geschieht. Diese Abgrenzung wird dann immer deutlicher ausgebaut. Aber häufig bleiben wir Menschen darin stecken. Wir können uns innerhalb der familiären Geborgenheit gegen die anderen abgrenzen, aber nicht außerhalb oder dort nur unzureichend. Wir wehren uns im Sinne unseres reaktiven Ichs, aber immer noch innerhalb einer Abhängigkeit:

In dieser seelischen Lage bleiben die allermeisten Menschen stecken; man nennt dies die Ambivalenz. Und weil die meisten Menschen in der Ambivalenz steckenbleiben, sind sie dann Partnern gegenüber nicht eindeutig, sie kennen nur die Haß-Liebe, den zuletzt eingespielten Verhaltensmodus den Eltern gegenüber. Diese Haß-Liebe ist nichts anderes als ein Fixiertsein in dem Zustand, wo man sich gegen die Eltern wehrte, aber gleichzeitig von ihnen abhängig war. Ich wiederhole: In dieser seelischen Verfassung verharren die meisten Menschen. Entsprechend sind sie in Partnerschaften am bösesten auf den Menschen, den sie am meisten »lieben«. Von der Versöhnung, die wir beim Märchenhelden gesehen haben, ist hier keine Rede. Döbereiner nennt dies sehr zutreffend »die steckengebliebene Revolte«. Die Symptomatik solcher Intimität zeigt sich in der gereizten Abwehr gegen mögliche Übergriffe jener, auf die man sich intim eingelassen hat. Wie viele Ehepaare auf der Welt führen uns dies täglich bis zum Überdruß vor? Ich komme jetzt noch einmal auf den springenden Punkt:

Solange unser Ich »nur« die Grenze ist gegen die andern, und nicht etwas, was wir innen *spüren, sind wir äußerst verwundbar und leben in reizbarer Abwehr gegen den dauernd möglichen Übergriff. Liebe kann unter solchen Umständen nicht leben. Gemeinschaft ergibt sich dann aus Gründen der Triebbefriedigung und nicht aus wahrhaftiger Verbundenheit.*

Gemeinschaft lebt, solange es diese wahre Verbundenheit nicht gibt, aus der gegenseitigen Abwehr der möglichen Wiederholung kindlicher Verletzung. Sie ist also nichts anderes als Konkurrenz.

Gemeinschaft ist dann Machtkampf. Läßt man sich auf ihn ein, so legt man sich auf eine Ich-Findung fest, die außerhalb von sich selbst geschehen soll. Und dies ist der Weg in die Selbstzerstörung.

Die Selbstzerstörung des Menschen nimmt durch die verschleuderten Möglichkeiten groteske Formen an. Sie ist das Unglaublichste auf der Welt. – Und es gibt reale Gründe dafür: Wir nannten den Machtkampf. Was ist das eigentlich? Machtkampf ist nichts anderes als der Versuch des Einsseins am falschen Ort, nämlich außerhalb von sich, statt innerhalb. Ohnmacht ist unerträglich. Jeder Mensch braucht das Gefühl der Eigenmacht. Wenn ein Mensch im Sinne eines »göttlichen Funkens« auf die Welt kommt, dann kommt ein Stück »Omnipotenz« auf die Welt. Nun hat uns durch diese Analyse der esoterischen Bedeutung der Märchen hindurch andauernd das Bild des Königseins des Märchenhelden als Ziel begleitet. Was ist dies anderes als eine Form der Omnipotenz? Wir reden von nichts anderem als vom Unabhängigwerden des Menschen. Was ist das anderes als Omnipotenz? Der Mensch ist eine »Undine« (Döbereiner), solange er das Territorium seiner eigenen Seele noch nicht gefunden hat, ausgeliefert der Gefahr, von den anderen Menschen verstoßen zu werden. Was ist das Territorium der eigenen Seele anderes als der Ort der eigenen Omnipotenz? Innerhalb der Materie, im Bereiche der Körperwelt, führt nun aber der Omnipotenz-Anspruch zum Kampf aller gegen alle: »Homo homini lupus« (Thomas Hobbes). Astrologen ist dies ohnehin klar, denn jeder Mensch hat in seinem Horoskop den Mars, das ist der Kriegsgott, das Prinzip des »Tötens um des Überlebens willen« oder des Krieges alle gegen alle.

Die Lösung dieses Konfliktes ist keine moralische. Sie liegt einzig in der nüchternen Einsicht, daß der Omnipotenz-Anspruch der Menschen-Götter im materiellen Bereich nicht erfüllbar ist, weil sonst alle einander den Schädel einschlagen. Durch Gesetze, welche den Verkehr untereinander regulieren, wird dies notdürftig verhindert. Die Lösung liegt darin, ohne jegliche Moralität, einzusehen, daß der Omnipotenzanspruch »naturgemäß« gegeben ist, nicht aus der Welt geschaffen werden kann, aber an anderem Orte gelebt werden muß: *innen, inner-*

seelisch, genau dort und nur dort und nirgendwo anders. Denn:

Innerseelisch sind wir nicht angreifbar. Innen ist indiskutabler Spielraum. Innen ist Omnipotenz lebbar. Innen ist »Isolation und Allverbundenheit«.

Isolation ist der Preis, den wir zahlen. Isolation heißt: Wir klammern uns aus dem Machtkampf aus. Das ist der Preis, den wir zahlen. Aber der Gewinn?

Wir gewinnen das Territorium, das jeder Mensch hat und das ihm nicht streitig gemacht werden kann.

Jeder Mensch bringt den Spielraum für Omnipotenz schon mit, aber benützt ihn nicht, weiß von ihm nichts: das eigene seelische Land, den Ort der Liebe zu sich selber.

Ich muß damit rechnen, daß es Leser gibt, die nicht verstehen, was ich sage. Und wir könnten versuchen, dasselbe immer wieder in anderer Weise und in immer wieder neuen Aspekten zu beschreiben, es bliebe ein ergebnisloses Unterfangen. Weil sie dieses Land noch nicht kennen. Dann ist es zu früh. – Für jene, für die es nicht zu früh ist, setzen wir fort:

Machtkampf ist nämlich nichts anderes als der Kampf gegen die Polarität. Wir wollen diese nicht, wir wollen Einheit. Wir wollen die Wahrheit nicht, daß es immer Krankheit und Gesundheit gibt. Polarität ist aber das Prinzip der Vielheit. Wir wollen inmitten der Vielheit die Vielheit nicht, wir wollen Einheit. Wir wollen die sichtbare Einheit (was es nicht gibt), wir wollen das Paradies auf Erden.

Doch wenn wir wissen, daß alles Sichtbare von der Zahl Zwei regiert wird und deshalb im Sichtbaren die Eins und das Eine nicht sein kann, entdecken wir schließlich, wie wir in einem nicht endenden Kampf eine Scheinwelt zum Wirklichen umfunktionieren wollen. Aber:

Wenn wir auf den Grund der Dinge gehen, so muß alle

»sichtbare« Welt zu Grunde gehen. Sie muß in uns selber zu Grund gehen.

Solange wir dies nicht wollen, haben wir zur Kenntnis zu nehmen:

Aller Machtkampf weiht sich dem unglückseligen Versuch, aus der Zwei eine Eins zu machen. Am falschen Ort. Denn das Paradies ist innen, es ist nicht außen, und es ist nicht zwischen den Menschen.

Somit wissen wir: Macht kämpft aussichtslos, um eine unwahre Einheit. Die Märchen lehren uns, wie die Einheit von Eltern und Kindern und Kindern und Eltern nur bedingt wahr ist, und die Psychologie lehrt uns das gleiche. Wird diese Einheit doch über die Zeit und das Maß hochgehalten, so ist dies nichts anderes als »Verzauberung«. Zur Auflösung möglicher Mißverständnisse wollen wir dies gemeinsam noch einmal genau betrachten.

Die Eltern sind die Nahtstelle zwischen Seele und Körper. Diese Nahtstelle setzt eine, wenn auch zeitlich begrenzte, innige Verschmelzung, die von Anfang an die künftige Auflösung birgt. Das ist notwendig und kann nicht anders sein, sonst würde der Gang der Welt nicht aufrechterhalten werden. Ferner: Alles Gebären in diese Welt erzeugt Sterbliches; alles Schöpferische im Sichtbaren enthält die Zerstörung. Eingedenk all dessen ist und bleibt die notwendige Auflösung der Verschmelzung von Kindern und Eltern und Eltern und Kindern doch etwas vom Schmerzlichsten, das es unter dieser Sonne gibt. Wir kämpfen oft mit allen Mitteln dagegen, nicht nur die Eltern, auch die Kinder.

Es gilt, die kurzfristige Einigkeit zwischen Eltern und Kindern, dort wo sie überhaupt vorkommt, zu begreifen. Warum besteht sie eigentlich? Und warum so kurz?

Eltern sind an der Schöpfung beteiligt. Sie sind Werkzeuge der Formung und Gestaltung innerhalb des göttlichen Planes. Schöpfung ist immer das Gebären einer Einheit in eine Vielheit. Wir sind darum berechtigt, von einer anfänglichen Einheit zwischen Eltern und Kindern zu sprechen. Und diese kurzfristige Einheit ist der ständig wiederholte Versuch einer Reproduktion der paradiesischen Einheit in der Welt. Die paradiesische Einheit ist eine Idylle und nur über kurze Zeit haltbar. Das griechische Wort »Eidyllion« heißt Bildchen – ein zärtliches, himmlisches Bildchen.

Eltern und Kinder befinden sich in ihrer gegenseitigen Anziehung in einer Lage, worin sie immer wieder neu dieser Verführung anheimfallen, miteinander das »verlorene Paradies« einzufangen und zu rekonstituieren. *Die versuchte Reproduktion des Paradieses als Einheit von Kindern und Eltern ist das größte Drama auf Erden.*

Die Verantwortung aber liegt auf beiden Seiten; Eltern und Kinder haben daran zu tragen, wenn sie dies nicht wahrhaben wollen. Schwingen wir uns auf in die Höhe der Betrachtung, welche wir durch das Märchen gelernt haben, so decken wir unsere doppelbödige Bewußtseinslage und Verhaltensweise auf. Wir benötigen eine Psychologie – sagen wir besser: Einstellung zum Leben –, welche sowohl den Kindern wie den Eltern gerecht wird. Hier haben wir sie; sie sagt uns: Kinder und Eltern halten gleichermaßen an der Einigkeit fest, welche es in der sichtbaren Welt höchstens partnerschaftlich gibt, aber niemals zwischen Unabhängigen und Abhängigen. Wir rühren hier an schmerzlichen Dingen. Doch um den Schlüssel für diese Dinge zu finden, müssen wir noch einmal auf die Reinkarnations-Thematik eingehen.

Es handelt sich um die Frage nach der Beendigung der Reinkarnations-Kette. Die Reinkarnation zielt auf ihr Ende, nach dem Ende der Wiedergeburten soll sich das Wesen in anderen Wirklichkeiten weiterentwickeln.

Freilich mag die Reinkarnation als Glück empfunden werden. Doch je mehr man sich an dieses Wissen gewöhnt, um so mehr stellt sich die Frage, wie schließlich die Kette der Inkarnationen beendet wird. Was verzögert die Beendigung, was verunmöglicht sie vielleicht gar, was hält sie auf? Die Antwort lautet: Es ist immer ein Festhalten. Woran? Wir haben diese Frage im Zusammenhang mit unseren Betrachtungen zum Hades schon beantwortet. Wenn es nicht gelingt, in die Bildlosigkeit zu gelangen, halten wir an den Bildern fest, sei es an Dämonenbildern, sexuellen Bildern oder anderen. Doch halten wir nur an ungelebten Bildern fest. Erinnern wir uns: Nur das »Nicht-Geheiratete« ist das Ungeheure. Wenn wir die Bilder nicht geheiratet haben, damit integriert und konsumiert haben, wenn wir sie also noch außerhalb von uns haben und folglich nicht »verbraucht« haben, dann halten sie an uns fest.

Das zweite Thema aber ist die Ablehnung der Polarität. Sie kann erst akzeptiert werden, wenn wir Einheit nicht mehr innerhalb von ihr wollen. Die Polarität aber muß akzeptiert werden, weil sie die Einheit in der Sichtbarkeit ist, und in der Sichtbarkeit ist die Einheit die Zweiheit. Unser Auftrag besteht darin, die göttliche Einheit auf der Erlebnis- und der Erfahrungsebene der sichtbaren, unendlich vielfältigen Welt zu erkennen, und auf dieser Ebene ist die Eins die Zwei, gibt es Krieg und Frieden. Das Mysterium der göttlichen Eins ist dann, wenn sie sichtbar wird, die Zwei. Sie ist in Wahrheit aber die Eins.

Wir setzen die Reihe der Inkarnationen so lange fort, bis wir die Zwei akzeptieren. Wird die Zwei nicht akzeptiert, dann wird auch das Geborenwerden nicht bejaht. Die Ablehnung des Geborenwerdens aber kommt dem Festhalten an der paradiesischen Einheit gleich.

Sprechen wir in Bildern des biblischen Mythos: *Solange*

Illustration von Otto Ubbelohde zum Märchen »Der Eisenhans«.
Der verzauberte Riese ist ein Symbol des höheren Selbst;
dieses gilt es zu befreien.

wir inkarnieren, haben wir den Sturz aus der paradiesischen Einheit noch nicht bejaht.

Der Weg der Entwicklung durch das irdischen Leben ist ein Mysterium, ein Drama. Die Märchen schildern es, aber die Märchen spannen auch einen Bogen über alle Inkarnationen. Mit der Königskrone ist der Weg, der in der chymischen Hochzeit gipfelt, beendet. – Solange wir inkarniert werden, haben wir das Geborenwerden nicht wirklich akzeptiert. Die Inkarnationen wiederholen sich deshalb in immer neuen Rollen und Schicksalen bis zu dem Augenblick, wo die individuelle Seele ihre Trennung von Gottes Ureinheit verstanden und damit bejaht hat, um letztlich in diesem Bejahen zu entdecken, daß diese Trennung in Wirklichkeit nie bestanden hat. Aber ein einziges Menschenleben genügt wahrlich für diesen gigantischen Erkenntnisprozeß nicht.

Dieser Erkenntnisprozeß ist das Essen vom Baume der Erkenntnis von Gut und Böse. Er dient dazu, die Einheit Gottes in der Auslegeordnung der unendlichen Vielfalt der sichtbaren Welt »einzusehen«.

Inkarnationen dienen der Erkenntnis des einen im vielen: *»unum in multum«.*

Das religiöse Motiv der Kinder-Eltern-Beziehung

Der elterlich-kindliche Versuch der Reproduktion der Paradiesesidylle ist also das Kernstück der Ablehnung des Sturzes aus dem Paradiese. Wir können, weil dies an der Wiege unseres Lebens steht, darin die Wurzel all unseres Verhaltens sehen. Nach diesem Modell verneinen wir die Welt, obwohl wir in ihr leben. Wir lehnen es ab, Nirwana in Maya zu entdecken.

Nun steigern wir die Dramatik unserer Betrachtung. Die Eltern-Kind-Beziehung ist eine Analogie zur Gott-Mensch-Thematik. Die Eltern werden von den Kindern »vergöttert«. Dies gilt ganz sicher für den Zeitraum zwischen der Geburt und dem Alter von sieben Jahren, und dies ist die prägende Zeit. Die Eltern sind die ersten realen Helfer. Als solche – dies haben wir festgestellt – treten sie im Märchen allerdings nicht auf oder nur so wie der falsche König, die Räuber usw., nämlich im Sinne der Verkehrung ins Gegenteil. Wie auch immer sie sich verhalten, die Eltern sind im Märchen Erfüllungsgehilfen des Schicksals. Sie stehen im Dienste des großen Helfers. Treffender noch:

Eltern stehen im Dienste des eigenen höheren Selbst.

In der indischen Gurulehre – der Lehre vom spirituellen Meister – gibt es vier Stufen, nämlich erstens die Eltern, die uns zu diesem Körper verhelfen und uns mit dem Leben und seinen Schwierigkeiten vertraut machen, zweitens alle weltlichen Lehrer, drittens den eigentlichen spirituellen Meister, der den Weg kennt und uns zur Erkenntnis von Sinn und Zweck des Lebens führt, und schließlich viertens den kosmischen Guru, den Avatara, zu welchem uns der spirituelle Meister führt und der als göttliche Inkarnation vollkommen und erleuchtet ist. Für die Christen ist Jesus Christus der kosmische Guru. Wir sehen in dieser Optik die Eltern als die ersten Gurus an. Sie haben damit eine religiöse Funktion, sie haben darüber hinaus auch eine religiöse Identifikation, sie werden in der frühkindlichen Zeit »vergottet«; aber diese Apotheose muß revidiert werden, die »Götter« müssen später gestürzt werden, was oft entweder nur an der Oberfläche oder gar nicht gelingt.

Die Götter müssen gestürzt werden, damit wir Zugang finden zu unserer eigenen göttlichen Dimension. Aber auch die Umkehrung der Formulierung ist hier wichtig. Nicht nur müssen die Eltern als Götter gestürzt werden, es gilt auch, daß die Eltern die Kinder loswerden müssen, daß sie sie eigentlich um der eigenen wieder zu erlangenden Freiheit willen wegschicken müssen, nachdem die Aufgabe erfüllt ist. Dieser letzte Gedanke ist zweifelsohne unbeliebt.

Aber vom Kinde aus gesehen:

Der Platz für die »göttliche Repräsentanz« muß frei werden. Er muß von den Eltern freigeräumt werden, denn das Kind braucht diesen Platz für seinen eigenen direkten Bezug zum Göttlichen. Sonst »hocken die Eltern dort, wo eigentlich Gott hockt«.

Die Märchen, von denen wir ausgegangen sind, zeigen den Menschen, der unterwegs ist zu seiner Freiheit, die mit der Krönung zum Abschluß kommt. In anderer Sprache können wir sagen, es handelt sich um den Menschen auf dem Weg zu seinem Selbst. Darum ist der Märchenheld derart ich-los. Auf dem Wege zum Selbst braucht man kein Ich, jedenfalls nicht dieses reaktive Ich des Machtkampfes und der äußeren Demonstration. Man braucht eine andere Art des Ichs, nämlich das innere, unanfeindbare, versöhnte Ich. Wie wir zu diesem versöhnten Ich gelangen, darüber haben wir mehrmals gesprochen. Jede Stufe, die wir betreten, hält nur, wenn die Vorstufe gelebt ist. Wir müssen einfachere Ich-Stufen gelebt haben, damit wir auf das demonstrative und machtbetonte Ich verzichten können. Wir müssen die Tiefenpsychologie zuerst durchschritten haben, bevor wir uns auf die Ebene der Höhenpsychologie begeben. Denn eine Höhe, die nicht untermauert ist, bringt uns zu Fall.

Eine der wenigen Quellen des versöhnten Menschen, die Volksmärchen (Zauber- und Königsmärchen), haben uns zu diesen Betrachtungen geführt. Setzen wir ans Ende die letzten Zeilen der vierten Ekloge von Vergil, wo der »versöhnte Mensch« angerufen wird:

> Knäblein, erkenne schon jetzt mit lieblichem Lächeln die
> Mutter,
> hat sie neun Monate doch beschwerliche Bürde getragen;
> Knäblein beginne: denn wer nicht zugelächelt der Mutter,
> den zieht kein Gott zur Tafel, noch teilt eine Göttin sein
> Lager.

Wir schließen unsere Untersuchung mit der nochmaligen Zusammenfassung der Konsequenzen aus dem Menschenbild im Märchen.

Die Konsequenzen aus dem Menschenbild im Märchen

Dem Helden und der Heldin im Märchen geschieht alles außen. Der Mensch setzt alles in Handlung um. Das Innenleben formt sich nach außen um, wie bei den Kindern. Vielleicht ist solches gemeint, wenn es in der Bibel heißt, wir sollen werden wie die Kinder. Ganz sicher ist das Verzaubertsein der Kinder nicht gemeint. Doch das Ende ähnelt dem Anfang, wenn auch nur äußerlich. Der Greis bedarf der Hilfe beim Gehen wie das Kleinkind, aber sein Körper ist aus anderen Gründen schwach. Die Daseinsweise des Menschen im Märchen ist der Verzicht auf das egoistische Innenleben. Damit verläßt er die Tiefenpsychologie. Die Auflösung der Tiefenpsychologie ist die Höhenpsychologie; sie ist der Verzicht auf das »reaktive Ich«, aber ohne Rückzug in Seelentiefe, denn diese ist sozial *und* kosmisch isoliert. Seelentiefe brütet unbewußt immer über das kindliche Trauma.

Der Verzicht auf Seelentiefe ist das Versöhntsein, die Heilung der kindlichen Verletzung. Seelisch unverletzt ist der Mensch so »bei den Dingen der Welt«, aber zur Welt gehören Himmel und Erde. Der Mensch im Märchen ist in Bewegung, er ist ein Wanderer. Er ist auf dem »Weg« vom Schweinehirten zum König, zum Einssein mit seinem »höheren Selbst«. Das ist seine Krönung. Dieser Weg darf nicht zu früh begonnen werden, sonst müssen wir notwendigerweise scheitern. Die Vorbedingung dieses Weges ist das Einssein mit sich selbst im rein subjektiven Sinne: also tiefenpsychologisch. Bevor wir diesen Weg gehen, haben wir zu erkennen, welche ungelebten Bilder in uns herrschen. Der Weg der Prüfungen im Märchen ist der Weg durch diese noch nicht gelebten Bilder und der Befreiung von ihnen. Auch der Versöhnte wird noch geprüft, auf allen Ebenen gibt es Reinigungen und Stufen des Heils.

Nachwort

Verschiedene Zeichen deuten darauf hin, daß wir Menschen reif geworden sind, die verborgene Botschaft vom Menschenbild im Märchen aus seinem Schlummerdasein zu wecken und eben nicht nur als interessantes literarisches Phänomen zu betrachten, sondern als Leitmotiv des Lebens zu entdecken.

Es sind gewiß gleichzeitig mehrere Autoren damit beschäftigt, denn was in der Zeitqualität liegt, das meldet sich an vielen Orten synchron. So verwenden zum Beispiel auf einmal viele Menschen, die reden und schreiben, Worte und Begriffe, die davor nicht üblich waren, ohne voneinander zu wissen. Wir sind eines universalen Geistes teilhaftig. Die Erde ist *ein Lebewesen.* Auch sie soll, wie jetzt viele Menschen entdecken, »beherzigt« werden, nicht nur die Mutter des Knäbleins im Gedicht von Vergil, sondern insgesamt die Mutter Erde. Dies ist eine Frage des Überlebens geworden.

Die versöhnten und unaggressiven Märchenhelden zeigen uns eine Demut fern aller intellektuellen und besitzgierigen Hybris, welche ganz offensichtlich auf die Höhe der Freiheit und des Einsseins mit »all dem, was ist« führt. Es sei noch einmal betont: Das Menschenbild im Märchen zeigt keine hervorragenden Eigenschaften ihrer Trägerfiguren, sie verfügen über keinerlei bemerkenswerte Qualitäten. Sie sind einfach, fügen sich ins Ganze von Natur und Kosmos ein, sind damit verbunden und erreichen gerade auf diese Weise eine Höhe des Menschseins, die vielleicht allmählich bei einigen oder gar vielen Menschen einer geheimen Sehnsucht entspricht.

Nachwort

Literaturverzeichnis

Altjüdisches Schrifttum außerhalb der Bibel, übersetzt und erläutert von Paul Rießler, Freiburg/Heidelberg 1984

Apuleius, Das Märchen von Amor und Psyche, Lateinisch/Deutsch, Reclam, Stuttgart 1983

Apuleius, Der goldene Esel, Insel Taschenbuch, Frankfurt am Main 1981

Aristoteles, Poetik, Griechisch/Deutsch, Reclam, Stuttgart 1982

Bellinger, Gerhard J., Knaurs Lexikon der Mythologie, München 1989

Berne, Eric, Was sagen Sie, nachdem Sie guten Tag gesagt haben? Psychologie des menschlichen Verhaltens, München 1975

Berne, Eric, Spiele der Erwachsenen, Reinbek bei Hamburg 1967

Bibel, oder die ganze Heilige Schrift, nach der Übersetzung von Martin Luther, Stuttgart 1961

Campbell, Joseph, Der Heros in tausend Gestalten, Frankfurt am Main 1953

Champdor, Albert, Das ägyptische Totenbuch, Bern und München 1977

Dahlke, Rüdiger, Der Mensch und die Welt sind eins, Analogie zwischen Mikrokosmos und Makrokosmos, München 1987

Das ägyptische Totenbuch, übersetzt und kommentiert von Gregoire Kolpatchy, Bern, München, Wien 1985

Das Totenbuch der Ägypter, eingeleitet, übersetzt und erläutert von Erik Hornung, Zürich und München 1991

Der kleine Pauly, dtv, Lexikon der Antike in fünf Bänden, München 1975

De la Motte Fouqué, Friedrich, Undine, Reclam, Stuttgart 1985

De Rachewiltz, Boris, Eros Noir, Moeurs sexuelles de l'Afrique de la préhistoire à nos jours, Milan 1963

Dethelfsen, Thorwald, Ödipus der Rätsellöser, Der Mensch zwischen Schuld und Erlösung, München 1991
Die heilige Schrift in farbigen Bildern nach Schnorr von Carolsfeld, Konstanz 1989
Die Religion in Geschichte und Gegenwart, Handwörterbuch für Theologie und Religionswissenschaft, 6 Bände, Tübingen 1957
Die Sagen der Juden, gesammelt von Micha Josef bin Gorion, Frankfurt am Main 1962
Döbereiner, Wolfgang, Astrologisch-homöopathische Erfahrungsbilder zur Diagnose und Therapie von Erkrankungen, Münchner Rhythmenlehre, 2 Bände, München 1986 (1981)
Döbereiner, Wolfgang, Heyne Tierkreis-Bücher, 12 Bände, München 1974
Döbereiner, Wolfgang, Horoskop für jeden Tag, München 1972
Drury, Nevill, Lexikon esoterischen Wissens, München 1988
Echnaton, Bildmonographie rororo, dargestellt von Hermann A. Schlögl, Reinbek bei Hamburg 1986
Eliade, Mircea, Das Heilige und das Profane, Frankfurt am Main 1985
Eliade, Mircea, Das Mysterium der Wiedergeburt; Initiationsriten, ihre kulturelle und religiöse Bedeutung, Zürich 1961
Evola, Julius/Gruppe von Ur, Magie als Wissenschaft vom Ich, Praktische Grundlegung der Initiation, Interlaken 1985
Fetscher, Iring, Wer hat Dornröschen wachgeküßt? Das Märchen-Verwirrbuch, Frankfurt am Main 1986
Frenzel, Elisabeth, Motive der Weltliteratur, Ein Lexikon dichtungsgeschichtlicher Längsschnitte, Stuttgart 1980
Frenzel, Elisabeth, Stoffe der Weltliteratur, Ein Lexikon dichtungsgeschichtlicher Längsschnitte, Stuttgart 1983
Frobenius, Leo, Das Zeitalter des Sonnengottes, Berlin 1904
Gibran, Kahlil, Der Prophet, Wegweiser zu einem sinnvollen Leben, Olten, 23. Aufl. 1988
Gilgamesch-Epos, Reclam, Stuttgart 1958
Gluck, Christoph Willibald, Orpheus und Euridike, Reclam, Stuttgart 1981

Goethe, Johann Wolfgang, Die Faustdichtungen, Sämtliche Werke, Band 5, Zürich 1979
Grieder, Peter, Tibet, Land zwischen Himmel und Erde, eine Reise nach Innen, Olten 1990
Grillparzer, Franz, Medea, Dritte Abteilung des dramatischen Gedichtes »Das goldene Vlies«, Reclam, Stuttgart 1982
Guggenbühl-Craig, Adolf, Macht als Gefahr beim Helfer, Basel 1983 (1971)
Handwörterbuch des deutschen Aberglaubens, 10 Bände, herausgegeben von Hanns Bächtold-Stäubli unter Mitwirkung von Eduard Hofmann-Krayer, Berlin 1927/1986
Heidegger, Martin, Erläuterungen zu Hölderlins Dichtung, Frankfurt am Main 1971
Heidegger, Martin, Holzwege, Frankfurt am Main 1950
Heidegger, Martin, Platons Lehre von der Wahrheit, Bern 1947
Heidegger, Martin, Sein und Zeit, Tübingen 1953
Heidegger, Martin, Vorträge und Aufsätze, Pfullingen 1954
Heiler, Friedrich, Die Religionen der Menschheit, Stuttgart 1982
Hennecke-Schneemelcher, Neutestamentliche Apokryphen, Band I, Evangelien, Tübingen 1968
Henning, R., Terrae Incognitae, Leiden 1944
Heraklit, Fragmente, Griechisch und Deutsch, München und Zürich 1983
Herkunftswörterbuch, Der große Duden, Die Etymologie der deutschen Sprache, Mannheim 1963
Homer, Odyssee und Homerische Hymnen, übersetzt von Anton Weiher, München 1990
Hübner, Kurt, Die Wahrheit des Mythos, München 1985
Husserl, Edmund, Ideen zu einer reineren Phänomenologie und phänomenologischen Philosophie, 2. Buch, Haag 1952
Jacobi, Jolande, Komplex, Archetypus, Symbol in der Psychologie, C. G. Jungs, Zürich und Stuttgart 1957
Jaeckle, Erwin, Evolution der Lyrik, Stuttgart 1972
Jung, C. G., Erinnerungen, Träume, Gedanken, aufgezeichnet und herausgegeben von Aniela Jaffé, Zürich 1979
Jung, C. G., Praxis der Psychotherapie, Zürich und Stuttgart 1958
Jung, C. G., Psychologie und Alchemie, Zürich 1952

Kerényi, Karl, Antike Religion, München und Wien 1978
Kerényi, Karl, Die Mysterien von Eleusis, Zürich 1962
Kerényi, Karl, Die Mythologie der Griechen, Zürich 1951
Kinder- und Hausmärchen gesammelt durch die Brüder Grimm, 3 Bände, Insel Taschenbuch, mit den Zeichnungen von Otto Ubbelohde, Frankfurt am Main 1984
Kinder- und Hausmärchen gesammelt durch die Gebrüder Grimm, 2 Bände, mit den Illustrationen von Ludwig Richter und Moritz von Schwind, Zürich (ohne Jahreszahl, Manesse-Ausgabe)
Kindlers Malerei-Lexikon, 6 Bände, Zürich 1964
Kurnitzky, Horst, Ödipus, Ein Held der westlichen Welt, Berlin 1978
Lao Tse, Tao Te King, übertragen von Walter Jerven, München 1952
Leuenberger, Hans-Dieter, Schule des Tarot, 3 Bände, Freiburg im Breisgau 1985 ff
Lexikon der antiken Mythen und Gestalten, dtv, München 1985
Lexikon der östlichen Weisheitslehren, Bern, München, Wien 1986
Lexikon zur Bibel, Herausgegeben von Fritz Rienecker, Volksausgabe, Wuppertal 1985
Liber Usualis Missae et Officii pro Dominicis et Festis cum Cantu Gregoriano, Paris, Turin und Rom 1956
Lortzing, Albert, Undine, Reclam, Stuttgart 1978
Lüthi, Max (Herausgeber), Europäische Volksmärchen, Zürich 1951
Lüthi, Max, Das europäische Volksmärchen, Form und Wesen, Bern 1981
Lüthi, Max, Das Volksmärchen als Dichtung, Ästhetik und Anthropologie, Düsseldorf, Köln 1975
Lüthi, Max, Es war einmal ... Vom Wesen des Volksmärchens, Göttingen 1975
Lüthi, Max, Märchen, Stuttgart 1979 (1962)
Lüthi, Max, So leben sie noch heute, Betrachtungen zum Volksmärchen, Göttingen 1976

Lüthi, Max, Volksliteratur und Hochliteratur, Menschenbild, Thematik, Formstreben, Bern und München 1970
Lüthi, Max, Volksmärchen und Volkssagen, Zwei Grundformen erzählender Dichtung, Bern und München 1975
Meisterwerke altägyptischer Dichtung, Zürich und München 1978
Messbuch, Das vollständige Römische, lateinisch und deutsch, von Anselm Schott O.S.B., Freiburg 1949
Meyers Enzyklopädisches Lexikon in 25 Bänden, Mannheim 1971
Meyer, Rudolf, Die Weisheit der deutschen Volksmärchen, Perspektiven der Anthroposophie, Frankfurt am Main 1981
Miers, Horst E., Lexikon des Geheimwissens, Freiburg 1979
Nietzsche, Friedrich, Also sprach Zarathustra, Reclam, Stuttgart 1983
Novum Testamentum, Graece et Latine, Stuttgart 1962
Otto, Rudolf, Das Heilige, Über das Irrationale in der Idee des Göttlichen und sein Verhältnis zum Rationalen, München 1987
Reclams Bibel-Lexikon, Stuttgart 1982
Sartre, Jean-Paul, Das Sein und das Nichts, Versuch einer phänomenologischen Ontologie, Hamburg 1962
Rilke, Rainer Maria, Duineser Elegien, Sonette an Orpheus, Zürich 1951
Scherf, Walter, Lexikon der Zaubermärchen, Stuttgart 1982
Schmidbauer, Wolfgang, Die hilflosen Helfer, Über die seelische Problematik der helfenden Berufe, Reinbek bei Hamburg 1977
Schwab, Gustav, Die schönsten Sagen des klassischen Altertums, Goldmann-Taschenbuch, München 1990
Sophokles, König Oidipus, Reclam, Stuttgart 1984
Sophokles, König Oidipus, mit griechischem Text, Übertragung und Einleitung von Karl Arno Pfeiff, Göttingen 1969
Uehli, Ernst, Mythos und Kunst der Griechen, Dornach 1979
Vergil, Hirtengedichte (Eklogen), Reclam, Stuttgart 1982
Von Eschenbach, Wolfram, Parzival, Reclam, 2 Bände, Stuttgart 1981

Von der Sterren, Driek, Oidipus, München 1974
Von Ranke-Graves, Robert, Griechische Mythologie, Quellen und Deutung, Reinbek bei Hamburg 1985
Von Ranke-Graves, Robert, und Patai, Raphael, Hebräische Mythologie, Über die Schöpfungsgeschichte und andere Mythen aus dem Alten Testament, Reinbek bei Hamburg 1986
Wagner, Richard, Parsifal, Reclam, Stuttgart 1976
Wasson, Ruck, Hofmann, Der Weg nach Eleusis, Das Geheimnis der Mysterien, Frankfurt am Main 1984
Watzlawick, Paul, Die Möglichkeiten des Anderssein, Zur Technik der therapeutischen Kommunikation, Bern 1977
Watzlawick, Paul, Weakland, John H., Fisch, Richard, Lösungen, Zur Theorie und Praxis menschlichen Wandels, Bern 1974